Diskussionsentwurf für ein
Landesresozialisierungsgesetz
Nichtfreiheitsentziehende Maßnahmen und Hilfeleistungen für Straffällige

Heinz Cornel,
Frieder Dünkel,
Ineke Pruin,
Bernd-Rüdeger Sonnen,
Jonas Weber

Diskussionsentwurf für ein Landesresozialisierungsgesetz

*Nichtfreiheitsentziehende Maßnahmen
und Hilfeleistungen für Straffällige*

MG 2015
Forum Verlag Godesberg

Bibliographische Information der Deutschen Nationalbibliothek

Die Deutsche Nationalbibliothek verzeichnet diese Publikation
in der Deutschen Nationalbibliografie; detaillierte bibliografische
Daten sind im Internet über http://dnb.d-nb.de abrufbar.

© Forum Verlag Godesberg GmbH, Mönchengladbach
Alle Rechte vorbehalten.
Mönchengladbach 2015
Layout: Kornelia Hohn
Gesamtherstellung: BoD - Books on Demand, Norderstedt
Printed in Germany

ISBN 978-3-942865-44-9

Diskussionsentwurf für ein Landesresozialisierungsgesetz

Nichtfreiheitsentziehende Maßnahmen und Hilfeleistungen für Straffällige

Heinz Cornel, Frieder Dünkel, Ineke Pruin
Bernd-Rüdeger Sonnen, Jonas Weber*

Inhaltsverzeichnis

*   Zu Beginn der Erarbeitung dieses Diskussionsentwurfs war auch *Bernd Maelicke* aus Lüneburg/Hamburg beteiligt. Wir bedanken uns für zahlreiche Anregungen und seine Mitarbeit. *Bernd Maelicke* hat im Januar 2014 eine erste nur von ihm verantwortete stark gekürzte Fassung auf der Basis eines ersten gemeinsamen Entwurfs publiziert.

Einleitung

Der vorliegende Diskussionsentwurf ist in mehrjähriger Beratung entstanden. Er unterbreitet konkrete inhaltliche und organisatorische Vorschläge für eine Weiterentwicklung nichtfreiheitsentziehender Maßnahmen und Hilfeleistungen für straffällig gewordene Menschen. Trotz Berührungen zum Bundesrecht muss diese neue Rechtsmaterie in Äquivalenz zu den Strafvollzugsgesetzen der Länder in Form eines Landesgesetzes geregelt werden. Es geht hierbei nicht um die strafrechtlichen Rahmenbedingungen der Anordnung nichtfreiheitsentziehender Maßnahmen, sondern die organisatorische und inhaltliche Ausgestaltung der *Vollstreckung* von ambulanten Sanktionen und der Durchführung von Hilfemaßnahmen. Der Diskussionsentwurf knüpft dabei an Initiativen aus den 1980er Jahren an und nimmt zusätzlich neue soziale und rechtliche Entwicklungen sowie kriminologische und sozialpädagogische Erkenntnisse auf.

Der Diskussionsentwurf will ferner deutlich machen, dass Resozialisierung als eigenständiges aus dem Sozialstaatsprinzip sowie der Menschenwürde abgeleitetes Verfassungsprinzip nicht nur im Zusammenhang mit Freiheitsentzug relevant ist. Vielmehr ist sie auch bei nichtfreiheitsentziehenden Maßnahmen und verpflichtenden Hilfen von herausragender Bedeutung. Zu beachten ist dabei, dass auch diese ambulanten Reaktionen Eingriffe in Grundrechte darstellen und das Verhältnismäßigkeitsprinzip bei deren Anordnung und Umsetzung leitend sein muss.

Der Diskussionsentwurf beschränkt sich auf die nach Auffassung der Autoren rechtsstaatlich gebotenen landesrechtlichen Regelungen. Eine umfassende Umsetzung der Resozialisierung im Bereich nichtfreiheitsentziehender Maßnahmen und Hilfen geht jedoch über die im vorliegenden Diskussionsentwurf geregelten Inhalte hinaus, weshalb wir im Teil 3 ergänzend einige notwendige Reformen des StGB, der StPO sowie des JGG vorschlagen, die aber nicht im Fokus dieser Publikation stehen und zweifellos noch eingehenderer Begründungen bedürften.

Der vorliegende Entwurf ist in 7 Abschnitte gegliedert.

Im *ersten Abschnitt* werden der Anwendungsbereich (§ 1) und das Ziel (§ 2) beschrieben. Es folgen die für den Entwurf wesentlichen Begriffsbestimmungen bzgl. der Begriffe „Klientin/Klient", „Fachkräfte der Sozialen Arbeit", „Hilfen",

„Maßnahmen" und „Resozialisierung" (§ 3). In § 4 werden die einzelnen Hilfe-arten enumerativ aufgeführt.

Im *zweiten Abschnitt* (§§ 5-14) werden die grundlegenden Gestaltungs-prinzipien dargestellt und dabei insbesondere verfassungs- und menschenrecht-liche Standards zugrunde gelegt. Die Achtung der Menschenrechte und das Ver-bot erniedrigender Behandlung (§ 5) stehen dabei an erster Stelle. Im Kontext nichtfreiheitsentziehender Maßnahmen werden nachfolgend das Diskriminie-rungsverbot (§ 6), der Grundsatz der Verhältnismäßigkeit (§ 7) und die Orientie-rung jeglicher Maßnahmen am Prinzip der Wiedergutmachung i. S. der Restora-tive Justice (§ 8) besonders hervorgehoben. Der Vorrang pädagogischer Hilfen vor Kontrolle (§ 9), der Vorrang der Hilfen des Regelsystems vor speziellen Hil-fen (§ 10) und das Prinzip der durchgehenden sozialen Hilfe (§ 11) sind für den vorliegenden Entwurf von zentraler Bedeutung (vgl. i. E. die Begründung in Teil 2). In den §§ 12-14 werden die Rechte und Mitwirkungspflichten der Klien-tinnen und Klienten, die notwendige Mitwirkung der Gesellschaft und die ehrenamtliche Mitarbeit im Grundsatz geregelt.

Der *dritte Abschnitt* ist den Hilfen im Einzelnen gewidmet (§§ 15-30). Dabei folgen wir im Wesentlichen einem verfahrensbezogenen Aufbau, beginnend mit der Ermittlungshilfe im Vorverfahren durch die Sozialen Dienste der Justiz bzw. die Jugendhilfe (§§ 15, 16). Es folgen Regelungen zur Frühhilfe (§ 17), zur Haftentscheidungshilfe (§ 18) und zum Täter-Opfer-Ausgleich (§ 19), der ide-alerweise im Vorfeld strafrechtlicher Sanktionierung und als Alternative zum Strafverfahren eingesetzt werden soll, jedoch in allen Stadien des Verfahrens bis hin zur Vollstreckung bzw. zum Vollzug freiheitsentziehender Sanktionen zu beachten ist. Gemeinnützige Arbeit und erzieherische ambulante Maßnahmen des Jugendstrafrechts (§§ 20, 21) haben ihren Anwendungsbereich im Rahmen der Diversion und der förmlichen justiziellen Sanktionierung, die gemeinnützige Arbeit im Erwachsenenstrafrecht (abgesehen von der in der Praxis eher bedeu-tungslosen Einstellung des Verfahrens nach § 153a Nr. 3 StPO) allerdings nur im Rahmen der Vollstreckung von Geldstrafen zur Vermeidung von Ersatz-freiheitsstrafen. Die traditionell im Mittelpunkt der Arbeit der Sozialen Dienste der Justiz stehende Form der Hilfeleistung, die Bewährungshilfe, ist in § 22, die 1975 eingeführte Führungsaufsicht in § 23 geregelt. Es folgen die Hilfen zur Vorbereitung einer Entlassung aus Freiheitsentzug und nach einer Entlassung (§§ 24, 25). Dazu gehören systematisch die Hilfen in betreuten Wohnformen und Übergangseinrichtungen (§ 26).

Abschließend folgen Hilfen im Vollstreckungsverfahren (§ 27) und Sonder-fälle im Hinblick auf ausländerrechtliche Maßnahmen (§ 28) sowie im Rahmen von Gnadenentscheidungen (§ 29). In ihrer Bedeutung nicht zu unterschätzen sind sozialstaatlich gebotene Hilfen für Angehörige von Straffälligen, die als „Drittbetroffene" von Freiheitsentzug, aber auch von nichtfreiheitsentziehenden

Sanktionen (z. B. bei elektronisch überwachtem Hausarrest) wesentlich tangiert sein können.

Im *vierten Abschnitt* geht es um die Grundsätze zur Durchführung der Hilfen (§§ 31-35). Dabei stehen Fragen der Koordination der Hilfen (§ 31), des Hilfeplans (§ 32), der Beendigung der Hilfen (§ 33), der nachgehenden Hilfe (§ 34) und der Krisenintervention (§ 34) in Mittelpunkt. Um eine evidenzbasierte Fortentwicklung der Hilfeleistungen zur ermöglichen bedarf es einer systematischen Dokumentation und Evaluation (§ 35).

Eines der zentralen Anliegen des Entwurfs ist die Neugestaltung der Organisation und Kooperation der Leistungserbringer. Demgemäß werden im *fünften Abschnitt* Regelungen zu den Trägern, der Organisation und zur Ausstattung der Sozialen Dienste der Justiz und der anderen Leistungserbringer getroffen (§§ 36-42).

Datenschutz und Rechtsbehelfe werden in *sechsten Abschnitt* behandelt (§§ 43-45). Zu berücksichtigen ist, dass Rechtsbehelfe im Rahmen der Vollstreckung nichtfreiheitsentziehender Maßnahmen durch Bundesrecht zu regeln sind, worauf in Teil 3 des vorliegenden Bandes eingegangen wird.

Im abschließenden *siebten Abschnitt* des Diskussionsentwurfs finden sich zwei Regelungen zur Einführung eines sog. Resozialisierungsfonds und zur Gewährleistung kriminologischer Begleit- und Evaluationsforschung (§§ 46, 47).

Mit dem vorliegenden Diskussionsentwurf eines Landesresozialisierungsgesetzes wollen wir die Debatte über eine Gestaltung von Resozialisierungsmaßnahmen im ambulanten Sanktionsbereich anstoßen und zugleich komplementäre Strukturen zum Strafvollzug bzw. Freiheitsentzug schaffen, die ein wirksames Konzept der ambulanten Straffälligenhilfe und im Fall von freiheitsentziehenden Sanktionen der Überleitung in Freiheit beinhalten.

Berlin,
Bern,
Greifswald,
Hamburg,
Mannheim, im April 2015

1. Diskussionsentwurf für ein Landesresozialisierungsgesetz – Nichtfreiheitsentziehende Maßnahmen und Hilfeleistungen für Straffällige

Gesetzestext

1. Gliederung

2. Gesetzestext

Erster Abschnitt   Allgemeine Bestimmungen

§ 1 Anwendungsbereich

(1) Dieses Gesetz regelt die sozialen Hilfen bei der Durchführung von strafrechtlichen Rechtsfolgen ohne Freiheitsentzug für Beschuldigte und Verurteilte
zur Wiedereingliederung in die Gesellschaft (Resozialisierung).
(2) Dieses Gesetz regelt auch die vorbereitenden und nachsorgenden Hilfen im
Rahmen der Entlassung aus Freiheitsentzug, soweit sie nicht durch die Fachkräfte des Straf- oder Maßregelvollzugs geleistet werden.

§ 2 Ziel

(1) Die Hilfen nach diesem Gesetz verfolgen das Ziel, die Wiedereingliederung
Straffälliger zu fördern und sie zu befähigen, ein Leben in Eigenverantwortung
ohne weitere Straftaten zu führen. Die Hilfen dienen damit dem Schutz der
Gesellschaft und der Wiederherstellung des sozialen Friedens.
(2) Die Hilfen sollen die Straffälligen befähigen, sich mit der Tat und deren Folgen auseinanderzusetzen und durch Straftaten entstandene Schäden wieder gutzumachen.
(3) Die Hilfen sollen die Beschuldigten und Straffälligen befähigen, ihre Lebenslage zu verbessern, Ausgrenzungen entgegenzuwirken und soziale Beziehungen zu stabilisieren.
(4) Die Hilfen sollen dazu beitragen, Inhaftierung zu vermeiden oder auf das
zwingend notwendige Maß zu verkürzen.
(5) Die Hilfen erfordern eine geregelte enge Kooperation und Vernetzung aller
an der Resozialisierung mitwirkenden Personen und Organisationen. Damit soll
auch ein Beitrag zur kommunalen Kriminalprävention sowie zur landesweiten
und überregionalen Zusammenarbeit und Planung geleistet werden.

§ 3 Begriffsbestimmung

Im Sinne dieses Gesetzes werden folgende Begriffe wie folgt bestimmt:
1. *Klientin/Klient*: jugendliche, heranwachsende oder erwachsene Beschuldigte, Angeklagte, Verurteilte, Probandinnen und Probanden, Gefangene, Untergebrachte oder Entlassene, die eine Hilfe nach diesem
   Gesetz erhalten oder beantragen.

2. *Fachkräfte der Sozialen Arbeit*: Sozialarbeiterinnen und Sozialarbeiter oder Sozialpädagoginnen und Sozialpädagogen mit staatlicher Anerkennung oder vergleichbaren Qualifikationen.

3. *Hilfen*: Hilfen im Sinne dieses Gesetzes sind alle Interaktionen, durch die eine Person darin unterstützt wird, das Ziel der gesellschaftlichen Integration zu erreichen. Fachliche professionell organisierte Hilfe wird als Soziale Arbeit geleistet.

4. *Maßnahmen*: Maßnahmen im Sinne dieses Gesetzes sind nichtstrafende Reaktionen auf straffälliges Verhalten, die helfende sowie kontrollierende und damit in Grundrechte eingreifende Aspekte beinhalten.

5. *Resozialisierung*: Als Resozialisierung wird der Prozess zwischen der Gesellschaft und Straffälligen bezeichnet, der deren Wiedereingliederung und insbesondere zukünftige Straffreiheit befördert. Resozialisierung ist Teil des lebenslangen Sozialisationsprozesses, immer eingerahmt von der allgemeinen Lebenslage der Straffälligen und kann und darf nicht gegen deren Willen oder ohne ihr Mitwirken erzwungen werden.

§ 4 Hilfearten

Hilfen zur Resozialisierung sind insbesondere:
1. Ermittlungshilfe
2. Jugendhilfe im Strafverfahren
3. Frühhilfe
4. Haftentscheidungshilfe
5. Täter-Opfer-Ausgleich
6. Hilfe bei der Abwendung der Vollstreckung von Ersatzfreiheitsstrafe durch freie Arbeit
7. Erzieherische ambulante Maßnahmen des Jugendstrafrechts
8. Bewährungshilfe
9. Führungsaufsicht
10. Hilfe zur Entlassung bei Freiheitsentzug
11. Hilfen nach Entlassung aus Freiheitsentzug
12. Hilfen in betreuten Wohnformen und Übergangseinrichtungen
13. Hilfe im Vollstreckungsverfahren
14. Hilfe für von ausländerrechtlichen Maßnahmen betroffene Straffällige
15. Hilfe zur Vorbereitung von Gnadenentscheidungen
16. Hilfe für Angehörige von Straffälligen

Zweiter Abschnitt   Gestaltungsgrundsätze

§ 5   Achtung der Menschenrechte und Verbot erniedrigender Behandlung

(1) Die fundamentalen Grund- und Freiheitsrechte der Klientinnen und Klienten sind zu achten. Maßnahmen der Resozialisierung dürfen weder erniedrigend noch stigmatisierend sein. Sie dürfen keine größeren Belastungen oder Rechtsbeschränkungen auferlegen, als in der gerichtlichen oder behördlichen Entscheidung vorgesehen.

(2) Hilfen und Maßnahmen i. S. dieses Gesetzes können Eingriffe in Grundrechte der Betroffenen beinhalten. Bei den Fachkräften der Sozialen Dienste der Justiz und den Mitarbeiterinnen und Mitarbeitern der sonstigen an der Resozialisierung beteiligten Stellen gilt es, ein entsprechendes Bewusstsein zu bewahren oder zu schaffen, dass alle Formen der Hilfe und Kontrolle Eingriffscharakter aufweisen können, die der Legitimation auch mit Blick auf den Verhältnismäßigkeitsgrundsatz bedürfen.

§ 6   Grundsatz der individualisierten Hilfen und Diskriminierungsverbot

Bei der Gestaltung der Hilfen nach diesem Gesetz sind die individuellen Eigenschaften, Umstände und Bedürfnisse der Klientinnen und Klienten zu berücksichtigen. Die Interventionen erfolgen ohne Diskriminierung, insbesondere wegen des Geschlechts, der Abstammung, der Hautfarbe, der Sprache, der Religion, einer Behinderung, der sexuellen Ausrichtung, der politischen oder sonstigen Anschauung, der nationalen oder sozialen Herkunft, der Zugehörigkeit zu einer ethnischen Minderheit, des Vermögens, der Geburt oder eines sonstigen Status.

§ 7   Grundsatz der Verhältnismäßigkeit

(1) Eingriffe nach diesem Gesetz sind nur dann zulässig, wenn mit ihnen das Ziel der Resozialisierung der Klientinnen und Klienten erreicht werden kann.

(2) Die Eingriffe müssen zur Erreichung dieses Ziels erforderlich und angemessen (verhältnismäßig i. e. S.) sein.

§ 8 Wiedergutmachung

(1) Die Straffälligen sollen motiviert und dabei unterstützt werden, den durch die Straftat verursachten materiellen und immateriellen Schaden wieder gut zu machen. Gem. § 47 wird ein Resozialisierungsfonds eingerichtet und so ausgestattet, dass eine Opferentschädigung auch denjenigen Straffälligen ermöglicht wird, denen eine sofortige materielle Schadenswiedergutmachung ansonsten nicht möglich wäre.

(2) Im Übrigen gelten die Grundsätze des § 19 zum Täter-Opfer-Ausgleich.

§ 9 Vorrang pädagogischer Hilfen vor Kontrolle

Um das Ziel der Resozialisierung zu erreichen, haben sozial konstruktive Maßnahmen und (sozial-) pädagogische Hilfen Vorrang vor lediglich kontrollierenden Maßnahmen. Ausschließlich technische Kontrollmaßnahmen sind nicht zulässig.

§ 10 Vorrang der Hilfen des Regelsystems vor speziellen Hilfen

Hilfen nach diesem Gesetz sind gegenüber den allgemeinen Leistungen nach dem Sozialgesetzbuch subsidiär. Sie sollen durch ihre spezifische Ausrichtung Benachteiligungen hinsichtlich des Zugangs zum allgemeinen Hilfesystem ausgleichen, soziale Kompetenzen stützen und erweitern sowie dem Ziel der Resozialisierung dienen.

§ 11 Durchgehende soziale Hilfe

(1) Zur Vermeidung von Beziehungsabbrüchen, Hilfeunterbrechungen und unnötigen Doppelbetreuungen soll möglichst durchgehende soziale Hilfe in dem Sinne geleistet werden, dass ein Wechsel der Fachkraft vermieden wird. Dem Vorschlag der Klientin oder des Klienten, eine bestimmte Fachkraft zu beauftragen, soll entsprochen werden, soweit dem nicht wichtige Gründe entgegenstehen.

(2) Kommen mehrere Hilfen in Betracht, so soll die Fachkraft, die bereits eine Hilfe leistet, auch die weiteren Hilfen leisten, wenn die Klientin oder der Klient einwilligt.

(3) Bei Beendigung der Zuständigkeit und weiterhin bestehendem Hilfebedarf wird die Fallverantwortlichkeit an eine dazu zuständige Kollegin oder einen zuständigen Kollegen übergeben.

(4) Während einer Freiheitsentziehung ist die Kontaktaufnahme der Inhaftierten zu den Sozialen Diensten der Justiz, zu den Heimatkommunen und Freien Trägern der Straffälligenhilfe von Seiten der Anstalt zur Gewährleistung einer durchgehenden sozialen Hilfe zu fördern.

(5) Auf Antrag der Klientin oder des Klienten kann die Zuständigkeit einer Fachkraft gewechselt werden, wenn das Vertrauensverhältnis nicht mehr besteht und nicht wieder hergestellt werden kann. Nach Möglichkeit soll es ein Übergabegespräch mit beiden Fachkräften und dem Klienten bzw. der Klientin geben, in welchem die Gründe des Wechsels erörtert werden.

§ 12   Rechte und Mitwirkungspflichten der Klientinnen und Klienten

(1) Zu Beginn jeder Hilfeleistung werden Klientinnen oder Klienten über ihre Rechte und Pflichten belehrt und insbesondere darüber aufgeklärt, welche Konsequenzen sich aus vorangegangenen gerichtlichen Entscheidungen ergeben.

(2) Grundsätzlich ist die Mitwirkung an dem sie betreffenden Hilfeprozess freiwillig. Bestehende gesetzliche Mitwirkungspflichten im Rahmen der Unterstellung unter Bewährungshilfe bzw. Führungsaufsicht bleiben davon unberührt.

(3) Die Klientinnen und Klienten sind zur Mitwirkung am Wiedereingliederungsprozess, insbesondere am Hilfeplan (vgl. § 32 Abs. 2), zu motivieren.

§ 13   Mitwirkung der Gesellschaft

(1) Resozialisierung ist eine gesamtgesellschaftliche Aufgabe und erfordert eine nachhaltige Mitwirkung aller Mitglieder der Zivilgesellschaft.

(2) Kommunen und gesellschaftliche Gruppen wie Verbände, Kirchen und Religionsgemeinschaften sowie Vereinigungen der Freien Wohlfahrtspflege sind aufgefordert, sich bei der Erreichung des Ziels des § 2 besonders zu engagieren.

§ 14   Ehrenamtliche Mitarbeit

(1) An den Hilfen nach § 4 sollen Bürgerinnen und Bürger ehrenamtlich beteiligt werden, wenn dies dem Wiedereingliederungsziel dient.

(2) Voraussetzung der Beteiligung ist, dass die betroffenen Klientinnen und Klienten zustimmen.

(3) Ehrenamtliche Mitarbeiterinnen und Mitarbeiter sollen auf ihre Aufgaben vorbereitet und fortgebildet werden. Ihnen ist Gelegenheit zum fachlichen Austausch zu geben. Sie können für ihre Aufgabe besonders verpflichtet werden. Unkosten sind angemessen zu erstatten.

(4) Auch ehemalige Klientinnen und Klienten können als ehrenamtliche Mitarbeiter beteiligt werden.

Dritter Abschnitt   Hilfen im Einzelnen

§ 15 Ermittlungshilfe durch die Sozialen Dienste der Justiz

(1) Die Sozialen Dienste der Justiz leisten Ermittlungshilfe auf der Grundlage von § 160 Abs. 3 StPO, gegebenenfalls in Amtshilfe für andere Soziale Dienste der Justiz oder Gerichtshilfestellen.

(2) Ermittlungshilfe ist insbesondere dann zu leisten, wenn die Tat oder ihre Umstände auf besondere persönliche oder soziale Schwierigkeiten der Beschuldigten hinweisen.

(3) Die Ermittlungshilfe berichtet auf der Grundlage fachlicher Anamnese und Diagnose über die Ursachen und Bedingungen der Straffälligkeit, insbesondere über die Arbeits- und Wohnsituation, Lebensunterhalt, Verschuldung, Suchtprobleme und soziale Beziehungen. Sie macht Vorschläge zu Rechtsfolgen, zur Strafzumessung und zu resozialisierenden Hilfen.

(4) Die Ermittlungshilfe kann sich auch auf die Berichterstattung zur Situation des Opfers beziehen.

(5) Die Beschuldigten erhalten Gelegenheit, an der Erarbeitung des Berichts aktiv mitzuwirken und ihre Sichtweise einzubringen.

(6) Die mit der Ermittlungshilfe betraute Fachkraft soll mit Einverständnis der oder des Beschuldigten unmittelbar notwendige Hilfen gem. § 17 dieses Gesetzes einleiten.

§ 16 Jugendhilfe im Strafverfahren

(1) Die Sozialen Dienste der Justiz leisten Hilfen für junge Menschen nachrangig und in Absprache mit den Fachkräften der Jugendämter, die für die Jugendhilfe im Strafverfahren auf der Grundlage von §§ 52 SGB VIII und §§ 38, 72a, 72b JGG zuständig sind.

(2) Bei allen Hilfen nach § 4 dieses Gesetzes für jugendliche oder heranwachsende Beschuldigte ist die Jugendhilfe im Strafverfahren möglichst frühzeitig heranzuziehen. Wird den Fachkräften der Sozialen Diensten der Justiz bekannt, dass das Jugendamt von einem Strafverfahren gegen einen Jugendlichen oder

Heranwachsenden in ihrem Zuständigkeitsbereich noch nicht in Kenntnis gesetzt wurde, so informieren sie entsprechend.

(3) Soweit die Hilfeleistungen während des Strafverfahrens und der Strafvollstreckung sowie gegebenenfalls nach Vollverbüßung minderjährige Personen betreffen, sind in Absprache mit den Jugendlichen die Sorgeberechtigten einzubeziehen.

(4) Die Jugendlichen und deren Sorgeberechtigten sowie die Heranwachsenden erhalten Gelegenheit, an der Erarbeitung von Berichten und Stellungnahmen aktiv mitzuwirken und ihre Sichtweise einzubringen.

(5) Soweit die Zuständigkeit des Jugendamtes nach der Strafvollstreckung oder durch Erreichung der Volljährigkeit bzw. der Vollendung des 27. Lebensjahres endet, soll bei weiterem Hilfebedarf unter Mitwirkung des jungen Menschen eine Fallübergabe an die Sozialen Dienste der Justiz erfolgen.

§ 17 Frühhilfe

(1) Frühhilfe ist durch die Sozialen Dienste der Justiz im Ermittlungsverfahren zu leisten, wenn eine besondere soziale Notlage der oder des Beschuldigten eine sofortige Hilfe erfordert und andere Hilfen nicht zur Verfügung stehen.

(2) Frühhilfe wird nur auf Antrag der Beschuldigten geleistet. Über diese Möglichkeit sind die Beschuldigten durch die Sozialen Dienste der Justiz frühzeitig zu informieren, insbesondere bei einer Festnahme.

§ 18 Haftentscheidungshilfe

(1) Die Haftentscheidungshilfe wird auf der Grundlage von §§ 38 Abs. 2 S. 3, 71, 72a, 72b JGG bzw. § 160 Abs. 3 StPO geleistet. Sie dient der unverzüglichen Aufklärung der für die Entscheidung über die Anordnung, Fortdauer oder Beendigung der Untersuchungshaft bedeutsamen Umstände und der Prüfung der Frage, wie der Zweck der Sicherung des Strafverfahrens und der Vollstreckung auch ohne Untersuchungshaft erreicht werden kann. Ziel ist es, Untersuchungshaft möglichst zu vermeiden oder zu verkürzen.

(2) Die Haftentscheidungshilfe ermittelt in Bezug auf die Haftgründe die für den Antrag auf Erlass eines Haftbefehls bzw. für die entsprechende gerichtliche Entscheidung notwendigen Informationen zur sozialen Lage der Beschuldigten entsprechend § 15 Abs. 3. Die Haftentscheidungshilfe informiert über Möglichkeiten und vermittelt Hilfen, um die Anordnung oder die Vollstreckung der Untersuchungshaft entbehrlich zu machen.

(3) Die Haftentscheidungshilfe wird rechtzeitig vor dem Erlass eines Haftbefehls und der gerichtlichen Anhörung von der Staatsanwaltschaft informiert und erhält Gelegenheit, mit den Beschuldigten vertraulich zu sprechen. Die

zuständigen Strafverfolgungsorgane sind verpflichtet, die Beschuldigten unverzüglich über die Möglichkeit einer Haftentscheidungshilfe zu informieren.

(4) Die Beschuldigten erhalten Gelegenheit an der Erarbeitung des Berichts der Haftentscheidungshilfe aktiv mitzuwirken und ihre Sichtweise einzubringen.

(5) Die Haftentscheidungshilfe bleibt auch nach Erlass eines Haftbefehls weiterhin zuständig. Die Fachkräfte der Haftentscheidungshilfe haben im selben Umfang wie ein Verteidiger das Recht des ungehinderten Zugangs zu den Klientinnen und Klienten.

(6) Die Regelungen von Abs. 1 bis Abs. 5 gelten auch für die einstweilige bzw. vorläufige Unterbringung.

§ 19   Täter-Opfer-Ausgleich

(1) Die Möglichkeit eines Täter-Opfer-Ausgleichs wird auf der Grundlage von §§ 155a, 155b StPO, § 46a StGB und von §§ 10, 15, 23, 45, 47 JGG in jedem Stadium des Verfahrens geprüft. Die Sozialen Dienste der Justiz stellen sicher, dass ein Täter-Opfer-Ausgleichsverfahren zeitnah und gut erreichbar angeboten wird und dies auch bei Polizei, Staatsanwaltschaften und Gerichten bekannt ist.

(2) Mit dem Täter-Opfer-Ausgleich soll zwischen Beschuldigten und Verletzten eine einvernehmliche Regelung unter Beteiligung allparteilicher Vermittlerinnen und Vermittler erreicht werden, in der beide Seiten ihre Anliegen berücksichtigt sehen. Den Konfliktbeteiligten soll die Möglichkeit gegeben werden, in der persönlichen Begegnung die der Straftat zugrundeliegenden oder aus ihr resultierenden Konflikte zu bereinigen und den Schaden zu regulieren.

(3) Voraussetzung eines Ausgleichs ist die Übernahme von Verantwortung durch die Täterinnen oder Täter. Eine erneute Beeinträchtigung der Verletzten ist zu vermeiden.

(4) Die Mitwirkung am Ausgleichsverfahren ist für die Beschuldigten und Verletzten freiwillig und kann in jeder Phase des Verfahrens beendet werden. Auf die Freiwilligkeit ist bereits bei der Kontaktaufnahme hinzuweisen.

(5) Der Täter-Opfer-Ausgleich ist mit der Erfüllung der vereinbarten Regelungen abgeschlossen. Ziel ist es, weitere straf- und zivilrechtliche Maßnahmen entbehrlich zu machen.

(6) Die Fachkräfte im Täter-Opfer-Ausgleichsverfahren müssen über besondere Fachkenntnisse im Straf- und Zivilrecht, in der Kriminologie, Viktimologie, Konflikttheorie und in der Gesprächsführung verfügen. Sie haben zusätzlich eine geeignete mindestens einjährige berufsbegleitende Fortbildung in Mediation abgeschlossen und sind zu regelmäßiger Weiterbildung verpflichtet.

(7) Täter-Ofer-Ausgleich kann sowohl durch Fachkräfte der Sozialen Dienste der Justiz als auch freie Träger geleistet werden. Den Opfern ist dabei auch durch die Organisationsstrukturen und Position der Fachkraft deutlich zu machen, dass im Täter-Opfer-Ausgleich nicht einseitig Täterinteressen vertreten werden.

§ 20 Hilfe zur Ableistung gemeinnütziger Arbeit

(1) Arbeitsleistungen und freie Arbeit erfolgen auf der Grundlage von §§ 10, 15, 23, 45, 47, 88 JGG, § 153a Abs. 1 S. 1 Nr. 3 StPO, §§ 56b Abs. 2 S. 1 Nr. 3, 57 Abs. 3, Art. 293 EGStGB, § 43 StGB und der entsprechenden Rechtsverordnung des Landes zur Abwendung der Vollstreckung von Ersatzfreiheitsstrafe. Die Sozialen Dienste der Justiz und – soweit zuständig – die Jugendgerichtshilfe vermitteln die Klientinnen und Klienten in Einrichtungen zur Erbringung von Arbeitsleistungen. Sie motivieren und betreuen die Klientinnen und Klienten und berichten der anordnenden Stelle über die geleistete Arbeit.

(2) Neben der Vermittlung freier Arbeit findet ggf. auch eine besondere Betreuung durch die zuständige Fachkraft statt, um notwendige soziale Hilfen einzuleiten und Rückfallrisiken für erneute Straftaten zu reduzieren.

(3) Die Sozialen Dienste der Justiz bzw. die Jugendgerichtshilfe sind verpflichtet, geeignete Einsatzstellen für die Erbringung von Arbeitsleistungen wohnortnah vorzuhalten. Dabei kooperieren sie mit Freien Trägern und mit kommunalen Einrichtungen.

(4) Die Arbeiten sollen der Erreichung des Resozialisierungsziels dienen. Erniedrigende oder sozialpädagogisch sinnlose Arbeiten sind auszuschließen. Die Arbeitsleistungen sind so zu organisieren, dass sie einer Erwerbstätigkeit nicht entgegenstehen. Die Ausgestaltung der Arbeit soll gewährleisten, dass der strafrechtliche Bezug der Arbeitsleistenden nicht erkennbar und eine Stigmatisierung vermieden werden.

(5) Bei der Zuteilung zu Arbeitseinsatzstellen ist auf das Alter, die persönliche Eignung und die Interessen der Klientinnen und Klienten Rücksicht zu nehmen. Die Klientinnen und Klienten werden an der Auswahl der Einsatzstellen beteiligt und erhalten Gelegenheit ihre Sichtweise einzubringen.

(6) Bei der Ableistung gemeinnütziger Arbeit sind die gesetzlichen Regelungen zum Arbeits- und Gesundheitsschutz uneingeschränkt zu beachten.

(7) Bei der Durchführung dieser Hilfen kooperieren die Sozialen Dienste der Justiz bzw. die Jugendgerichtshilfe mit den Vollstreckungsbehörden, deren Zuständigkeiten unberührt bleiben.

(8) Die zu Geldstrafe Verurteilten sind durch die Vollstreckungsbehörde über die Möglichkeit, durch freie Arbeit die Vollstreckung von Ersatzfreiheitsstrafen abzuwenden, zu informieren. Im Falle der Ableistung von Arbeit wird ein Tagessatz der Geldstrafe durch 3 Stunden Arbeit abgegolten.

§ 21   Erzieherische ambulante Maßnahmen des Jugendstrafrechts

(1) Soweit ambulante Maßnahmen des Jugendstrafrechts nicht ohnehin als Jugendhilfeleistungen den Bestimmungen des SGB VIII unterliegen, müssen sie als Maßnahmen gemäß §§ 45, 47 JGG, Erziehungsmaßregeln gem. § 10 JGG oder Zuchtmittel gem. § 13 ff. JGG nach § 2 Abs. 1 JGG am Erziehungsgedanken und an den Gestaltungsgrundsätzen dieses Gesetzes ausgerichtet werden.

(2) Bei der Durchführung erzieherischer ambulanter Maßnahmen des Jugendstrafrechts ist auf die Eignung des sozialpädagogischen Angebots, die Motivierung und Partizipation der betroffenen jungen Menschen und deren Förderung zu achten.

(3) Stigmatisierungen sind bei der Beschreibung der Zielgruppe und der Ausgestaltung der Maßnahmen zu vermeiden.

(4) Es ist sicherzustellen, dass zumindest folgende Einzel- und Gruppenangebote in Wohnortnähe der Jugendlichen und Heranwachsenden zur Verfügung stehen:

1. Beratungsgespräch,
2. Betreuung im Rahmen von Betreuungsweisungen,
3. Kompetenztraining,
4. Sozialkognitives Einzeltraining,
5. Vermittlung zu nicht pädagogisch betreuten Arbeitsleistungen,
6. Pädagogisch betreute Arbeitsleistungen, u. a. zur beruflichen, Orientierung,
7. Sozialer Trainingskurs und sonstige offene Angebote sozialer Gruppenarbeit,
8. Suchtpräventive Maßnahme,
9. Verkehrserziehungskurs,
10. Täter-Opfer-Ausgleich.

(5) Bei allen Maßnahmen ist, auch sofern sie nicht als Jugendhilfeleistungen im Sinne des SGB VIII erbracht werden, die enge Kooperation mit dem Jugendamt und insbesondere der Jugendgerichtshilfe gem. § 38 JGG zu suchen. Steht der Jugendliche oder Heranwachsende unter Bewährungsaufsicht, so soll mit seinem Einverständnis bei Beginn und Abschluss der Maßnahme auch ein gemeinsames Gespräch mit dem Bewährungshelfer oder der Bewährungshelferin stattfinden.

(6) Bei der Durchführung erzieherischer ambulanter Maßnahmen des Jugendstrafrechts sind Fachkräfte der Sozialen Arbeit zu beschäftigen.

§ 22   Bewährungshilfe

(1) Bewährungshilfe wird auf der Grundlage der §§ 56 ff., 57 ff. StGB bzw. §§ 24 ff., 88 JGG durch die Sozialen Dienste der Justiz von einem hauptamtli-

chen oder ehrenamtlichen Bewährungshelfer (vgl. § 36 dieses Gesetzes) geleistet. Die Probandinnen und Probanden haben unabhängig vom Anlassdelikt ihrer Verurteilung Anspruch auf Hilfe in einem Umfang und auf eine Art entsprechend ihrem Hilfebedarf. Art und Umfang der Überwachung gemäß § 56d Abs. 3 Satz 2 richten sich auch nach dem Risiko des Rückfalls und der Art der bedrohten Rechtsgüter, wie sie auf der Basis wissenschaftlicher Prognoseverfahren festgestellt werden.

(2) Die Arbeit der Bewährungshilfe ist am Ziel der Wiedereingliederung ausgerichtet und beinhaltet damit vorrangig Hilfe und Betreuung. Die Beaufsichtigung ist nicht als reine Kontrollaufgabe zu verstehen, sondern beinhaltet vielmehr die Beratung, Unterstützung und Motivierung von Straffälligen. Falls erforderlich, wird sie mit anderen Interventionen wie Ausbildungsmaßnahmen, Kompetenzentwicklung, Förderung der Beschäftigungschancen und Behandlungsmaßnahmen, die von der Bewährungshilfe oder anderen Einrichtungen durchgeführt werden, kombiniert.

(3) Die Probandinnen und Probanden werden bei den sie betreffenden Berichten und Stellungnahmen beteiligt und werden motiviert ihre Sichtweise einzubringen.

(4) Die Bewährungshilfe nimmt unmittelbar, spätestens innerhalb einer Woche nach der Entscheidung der Strafaussetzung zur Bewährung mit Unterstellung unter Bewährungsaufsicht, Kontakt zu den Probandinnen und Probanden auf.

(5) Die Bewährungshilfe wirkt gem. § 24 dieses Gesetzes bei der Hilfe zur Entlassung mit. Nach einer Haftentlassung bietet die Bewährungshilfe auch die Hilfen i. S. d. § 25 Abs. 2-4 an.

(6) Die Bewährungshilfe kann neben der Einzelfallhilfe auch ergänzend als Gruppenarbeit geleistet werden.

(7) Werden Probandinnen oder Probanden der Bewährungshilfe inhaftiert, wirkt diese bei den Hilfeleistungen nach §§ 15-18 mit. Im Falle der Verurteilung zu Freiheits- oder Jugendstrafe ohne Bewährung wirken die Fachkräfte der Sozialen Dienste der Justiz bei der Vollzugs- und Eingliederungsplanung mit. Die Verpflichtungen der Fachdienste des Vollzugs im Rahmen des Aufnahmeverfahrens in der Untersuchungshaft und im Strafvollzug und bei der Vollzugs- und Eingliederungsplanung bleiben unberührt.

(8) Auch im Falle der Betreuung durch einen ehrenamtlichen Bewährungshelfer entfällt der Anspruch der Probandinnen und Probanden auf professionelle Hilfe einer Fachkraft nicht.

(9) Einer Bewährungshelferin oder einem Bewährungshelfer dürfen regelmäßig nicht mehr als 30 Probanden zugeteilt werden. Soweit aufgrund von Spezialisierungen, besonderen Hilfeangeboten (z. B. Gruppenarbeit) oder Risikolagen besondere Aufgaben übernommen werden, ist dies entsprechend zu berücksichtigen. Soweit im Rahmen differenzierter Leistungsgestaltung Probandinnen oder Probanden mit besonderen Risikolagen zu betreuen sind, ist die Fallbelastung entsprechend niedriger anzusetzen.

(10) Die Staatsanwaltschaft informiert die Sozialen Dienste der Justiz frühzeitig, wenn gegen Probandinnen oder Probanden der Bewährungshilfe ermittelt wird. Gleichzeitig werden die Probandinnen und Probanden von dieser Information ihrer zuständigen Bewährungshelferinnen und Bewährungshelfer in Kenntnis gesetzt.

(11) Bei Jugendlichen, für die gemäß § 60 JGG ein Bewährungsplan erstellt worden ist, unterstützt die Bewährungshilfe die Jugendlichen darin, jeden Wechsel des Aufenthalts, Ausbildungs- oder Arbeitsplatzes anzuzeigen. Sie soll bei Änderungen des Bewährungsplans mitwirken.

§ 23 Führungsaufsicht

(1) Die Wahrnehmung der Aufgaben der Führungsaufsicht erfolgt durch die Sozialen Dienste der Justiz im Zusammenwirken mit der Führungsaufsichtsstelle auf der Grundlage der §§ 68-68g StGB und § 7 JGG. Probandinnen und Probanden haben im Rahmen der Führungsaufsicht vorrangig Anspruch auf Hilfe in einem Umfang und auf eine Art entsprechend ihrem Hilfebedarf. Sie sind zur Mitwirkung zu motivieren.

(2) Art und Umfang der Kontrolle gemäß § 68a Abs. 3 und 7 StGB richten sich auch nach dem Risiko des Rückfalls und der Art der bedrohten Rechtsgüter, wie sie auf der Basis wissenschaftlicher Prognoseverfahren festgestellt werden.

(3) Auch im Fall einer Weisung mit elektronischer Überwachung nach § 68b Abs. 1 Nr. 12 StGB ist vorrangig betreuende Hilfe zu leisten. Der Umfang der technischen Überwachung hat nicht größer zu sein als im jeweiligen Einzelfall erforderlich. Veränderte Risikolagen sind zu berücksichtigen. Mit zunehmendem Zeitablauf sollen Ausmaß und Intensität der technischen Überwachung reduziert und gegebenenfalls aufgehoben werden.

(4) Erfolgt durch das Gericht eine Therapieweisung gem. § 68b Abs. 2 StGB, stehen im Einvernehmen mit den Probandinnen und Probanden die Sozialen Dienste der Justiz neben der Forensischen Ambulanz diesen helfend und betreuend zur Seite.

(5) Die Sozialen Dienste der Justiz sind frühzeitig, spätestens ein Jahr vor dem tatsächlichen Strafende in das Verfahren nach § 68f StGB einzubinden. Die Fachkräfte sind über den voraussichtlichen Entlassungszeitpunkt rechtzeitig zu informieren. Unter Beteiligung der Probandinnen und Probanden ist zu klären, ob die Voraussetzungen des § 68f Abs. 2 StGB vorliegen und unter welchen Bedingungen die Maßregel entfallen kann.

(6) Nach einer Haftentlassung bietet die Fachkraft der Sozialen Dienste der Justiz, die die Führungsaufsicht durchführt, auch die Hilfen i. S. d. § 25 Abs. 2-4 an.

§ 24 Hilfe zur Entlassung bei Freiheitsentzug

(1) In Zusammenarbeit mit dem Sozialdienst im Vollzug ist jeder und jedem Inhaftierten durch die ambulanten Sozialen Dienste der Justiz, die Jugendgerichtshilfe oder die Freie Straffälligenhilfe frühzeitig, i. d. R. mindestens ein Jahr vor der voraussichtlichen Entlassung, Hilfe zur Entlassung anzubieten. Dies betrifft insbesondere die Unterstützung bei der Existenzsicherung, zur Integration in das soziale Umfeld, zur schulischen und beruflichen Bildung, zur Erhaltung oder Wiederherstellung der Gesundheit und bei der Erfüllung gerichtlicher Weisungen und Auflagen sowie Beratung bei der Ordnung der persönlichen, sozialen und wirtschaftlichen Angelegenheiten. Über verschiedene Möglichkeiten der Hilfeleistungen auch für den Zeitraum nach der Entlassung i. S. d. § 25 ist zu beraten.

(2) Die Sozialen Dienste der Justiz bringen den zu erwartenden Hilfebedarf zur Entlassung i. S. v. Abs. 1 möglichst frühzeitig in den Eingliederungsplan des Vollzuges ein.

(3) Die Inhaftierten werden dabei unterstützt, zur Vorbereitung der Wiedereingliederung erforderliche Lockerungen wahrnehmen zu können, insbesondere auch Aufenthalte in Übergangseinrichtungen gem. § 26 dieses Gesetzes.

(4) Die Sozialen Dienste der Justiz arbeiten zur Entlassungsvorbereitung frühzeitig mit den Kommunen, den Agenturen für Arbeit, den Trägern der Sozialversicherung und der Sozialhilfe, den Hilfeeinrichtungen anderer Behörden, den forensischen Ambulanzen, den Verbänden der freien Wohlfahrtspflege und weiteren Personen und Einrichtungen außerhalb des Vollzugs zusammen, insbesondere um zu erreichen, dass die Inhaftierten nach ihrer Entlassung über eine geeignete Unterbringung und eine Arbeits- oder Ausbildungsstelle verfügen.

(5) Um Hilfe zur Entlassung anbieten zu können, ist den dafür zuständigen Fachkräften der Sozialen Dienste der Justiz oder der Freien Straffälligenhilfe frühzeitig die Kontaktaufnahme in der Justizvollzugsanstalt zu ermöglichen. Spätestens ein Jahr vor dem voraussichtlichen Strafende hat jede und jeder Gefangene Anspruch auf ein solches Beratungsgespräch. Die Fachkräfte sind über den voraussichtlichen Entlassungszeitpunkt rechtzeitig zu informieren. Ihnen ist ein entsprechender Zugang zu den Gefangenen zu ermöglichen.

(6) Die Entlassung kann neben der beratenden Einzelfallhilfe auch ergänzend durch Gruppenarbeit vorbereitet werden.

(7) Die Sozialen Dienste der Justiz haben die Aufgabe, die Chancen einer vorzeitigen Entlassung durch die Schaffung der materiellen Voraussetzungen und die Vorbereitung des sozialen Umfeldes zu verbessern und den Entscheidungsträgern entsprechende positive Veränderungen so frühzeitig mitzuteilen, dass diese bei deren Entscheidung berücksichtigt werden können.

(8) Die Fachkräfte der Sozialen Dienste, die die ambulante Hilfe zur Entlassung leisten, kooperieren mit der nachgehenden Betreuung durch die Anstalt, wenn die Entlassenen das wünschen.

(9) Die genannten Hilfen sind auch bei Personen entsprechend zu leisten, die aus Untersuchungshaft oder einer freiheitsentziehenden Maßregel der Besserung und Sicherung entlassen werden, soweit sich nicht aus dem Zweck der Freiheitsentziehung etwas anderes ergibt. Auch wenn die Haftentlassenen auf freiwilliger Grundlage vorübergehend in der Anstalt verbleiben oder auf eigenen Wunsch wieder aufgenommen werden wollen, wird ihnen Hilfe zur Entlassung angeboten.

(10) Die im Strafvollzugs- bzw. Unterbringungsgesetz geregelten Aufgaben der Entlassungsvorbereitung durch die Fachdienste der Anstalt bleiben von der vorliegenden Bestimmung der Hilfe zur Entlassung unberührt.

§ 25 Hilfen nach Entlassung aus Freiheitsentzug

(1) Hilfen nach Entlassung aus Freiheitsentzug werden, soweit nicht von §§ 22 und 23 dieses Gesetzes erfasst (Unterstellung unter Bewährungs- oder Führungsaufsicht), von den Sozialen Diensten der Justiz und den Freien Trägern der Entlassenenhilfe geleistet. Die allgemeinen Zuständigkeiten der Jugendhilfe- und der Sozialhilfeträger bleiben unberührt.

(2) Die Entlassenen haben Anspruch darauf, Hilfen entsprechend ihrem Hilfebedarf zur Erreichung des Ziels der Resozialisierung zu erhalten. Einen Anspruch auf Integrationshilfen haben auch Personen, die aus Untersuchungshaft entlassen werden. Ihre besonderen sozialen und emotionalen Belastungen sind zu berücksichtigen.

(3) Die Hilfen umfassen Angebote zur Unterstützung bei der Existenzsicherung der Entlassenen, zur Integration in ihr soziales Umfeld, zur schulischen und beruflichen Bildung, zur Erhaltung oder Wiederherstellung der Gesundheit sowie die Beratung bei der Ordnung ihrer persönlichen, sozialen und wirtschaftlichen Angelegenheiten.

(4) Die Hilfen umfassen auch die Unterbringung in betreuten Wohnformen einschließlich der Übergangseinrichtungen gem. § 26 dieses Gesetzes.

(5) Die Hilfen nach Entlassung sind mit den Hilfen zur Entlassung abzustimmen. Hierzu ist eine enge Kooperation mit den Vollzugseinrichtungen und den in § 24 Abs. 4 genannten Leistungserbringern anzustreben, um eine durchgehende Hilfe zu gewährleisten.

(6) Die Inanspruchnahme von Hilfen nach der Entlassung beruht auf dem Prinzip der Freiwilligkeit und kann jederzeit von den Entlassenen beendet werden.

§ 26 Hilfen in betreuten Wohnformen und Übergangseinrichtungen

(1) Haftentlassene ohne geeignete Wohnmöglichkeit und mit einem besonderen Betreuungsbedarf, der sich aus der bisherigen Delinquenz, den Hafterfahrungen oder dem Ziel der Resozialisierung ergibt, haben einen Anspruch auf Hilfe in betreuten Wohnformen oder Übergangseinrichtungen. Der Aufenthalt in diesen Einrichtungen ist freiwillig.

(2) Die Dauer des Aufenthalts richtet sich nach dem individuellen Bedarf und der Behandlungskonzeption der Einrichtung. Von Beginn an soll auf eine Verselbständigung des Wohnens hingearbeitet werden. Dazu ist ambulante Nachsorge sowie eine Rückkehrmöglichkeit anzubieten. Der Hilfebedarf ist nach 12 Monaten alle 6 Monate zu überprüfen.

(3) Die Bewohnerinnen und Bewohner sind an den erforderlichen Arbeiten zur Haushaltsführung, an der Instandhaltung der Einrichtung und an den Kosten für Miete und Lebenshaltung entsprechend ihren Möglichkeiten zu beteiligen.

(4) Um Diskriminierungen und Stigmatisierungen der Klientinnen und Klienten entgegenzuwirken, können in diesen Wohneinrichtungen auch Menschen ohne Hilfebedarf leben, die an den Kosten für Miete und Lebenshaltungskosten angemessen zu beteiligen und in den Alltag einzubeziehen sind. Bei der Auswahl dieser Bewohnerinnen und Bewohner sowie der Mietdauer ist der Zweck des betreuten Wohnens bzw. der Übergangseinrichtung zu berücksichtigen.

(5) In den Übergangseinrichtungen können mit ihrer Zustimmung auch Gefangene im Zuge eines Langzeitausgangs untergebracht werden. Dabei ist konzeptionell und im Einzelfall auf die Mitverantwortung und Mitwirkung der anderen Bewohnerinnen und Bewohner zu achten.

(6) Die Fachkräfte des betreuten Wohnens bzw. der Übergangseinrichtungen kooperieren mit dem Einverständnis der Klientinnen und Klienten mit dem Justizvollzug und den Sozialen Diensten der Justiz sowie den Freien Trägern der Straffälligenhilfe. Sie wirken gegebenenfalls in den sozialen Integrationszentren gem. § 41 dieses Gesetzes mit.

§ 27 Hilfe im Vollstreckungsverfahren

(1) Hilfe im Vollstreckungsverfahren findet durch die Sozialen Dienste der Justiz auf der Grundlage von § 463d StPO und in Jugendstrafverfahren auf der Grundlage von § 82 JGG statt.

(2) Zur Vorbereitung der nach den §§ 453 bis 461 StPO bzw. § 82 JGG zu treffenden Entscheidungen berichtet die Hilfe im Vollstreckungsverfahren auf der Grundlage fachlicher Anamnese und Diagnose insbesondere über die Arbeits- und Wohnsituation, den Lebensunterhalt, die Verschuldung, Suchtprobleme und

soziale Beziehungen des oder der Verurteilten. Sie macht Vorschläge insbesondere zu einer Entscheidung über den Widerruf der Strafaussetzung oder über die Aussetzung des Strafrestes und gegebenenfalls zu geeigneten Maßnahmen mit dem Ziel, einen Widerruf möglichst zu vermeiden.

(3) Die Fachkraft der Sozialen Dienste der Justiz soll das Gericht über bestehende Eingliederungs- und Hilfepläne informieren, Hintergründe der aufgetretenen Probleme nennen und Resozialisierungsperspektiven aufzeigen.

§ 28 Hilfe für von ausländerrechtlichen Maßnahmen betroffene Straffällige

(1) Soweit strafrechtliche Ermittlungen gegen Nichtdeutsche betrieben werden, sind diese über die ausländerrechtlichen Konsequenzen und den dagegen einzuschlagenden Rechtsweg zu informieren – bei Bedarf unter Hinzuziehung eines Sprachmittlers.

(2) Die Sozialen Dienste der Justiz unterstützen die Beschuldigten darin, alle Klärungen so frühzeitig zu erreichen, dass Abschiebehaft möglichst vermieden wird.

(3) Soweit zur Förderung der freiwilligen Rückkehr straffällig gewordener ausreisepflichtiger Personen finanzielle Rückkehrhilfen auf der Basis ausländerrechtlicher Regelungen gewährt werden können, sollen die Fachkräfte der Sozialen Dienste der Justiz oder von diesen hinzugezogene Fachkräfte darüber informieren und gegebenenfalls frühzeitig unterstützen.

§ 29 Hilfe zur Vorbereitung von Gnadenentscheidungen

(1) Hilfe zur Vorbereitung von Gnadenentscheidungen findet durch die Fachkräfte der Sozialen Dienste der Justiz auf der Grundlage von Art. 60 Abs. 2 GG, § 23 EGGVG und der Gnadenordnung des Landes statt.

(2) Ziel der Hilfe zur Vorbereitung von Gnadenentscheidungen ist es, durch die Ermittlung der notwendigen Informationen die Prüfung zu unterstützen, ob besondere Anhaltspunkte, die erst nachträglich bekannt geworden oder eingetreten sind, einen Gnadenerweis angezeigt erscheinen lassen.

§ 30 Hilfe für Angehörige von Straffälligen

(1) Während des Aufenthaltes in der Untersuchungshaft, während der Vollstreckung von freiheitsentziehenden Strafen und Maßregeln und nach der Haftentlassung werden die Klientinnen und Klienten von den Sozialen Diensten der

Justiz in Kooperation mit den Fachdiensten der Anstalt bei der Aufrechterhaltung sozialer Beziehungen zu ihren Angehörigen unterstützt, soweit dies nicht dem Ziel der Resozialisierung widerspricht. Zu diesem Zweck können zur Ermöglichung von Besuchen mittellose Angehörige sowie Partnerinnen oder Partner auf Antrag bei den Sozialen Diensten der Justiz durch Zahlung eines Fahrgeldes unterstützt werden.

(2) Zur Vorbereitung der Entlassung können Angehörige durch gemeinsame Teilnahme an Bildungsveranstaltungen sowie begleitete Langzeitbesuche außerhalb der Anstalt unterstützt werden.

(3) Angehörigen von Klientinnen und Klienten wird Unterstützung angeboten für alle mit der Straffälligkeit verbundenen Problemlagen. Gegebenenfalls ist ein Hilfeplan zu erstellen und mit den Trägern der Jugend- und Sozialhilfe zu kooperieren. Personenbezogene Daten der Klientinnen und Klienten dürfen dabei nur mit deren Zustimmung offenbart werden. Angehörigen soll auch Beratung über das Strafverfahren, die Situation in Haft und Perspektiven der Resozialisierung angeboten werden.

Vierter Abschnitt   Durchführung der Hilfen

§ 31 Koordination der Hilfen

(1) Die Kooperation der verschiedenen für die Hilfeleistung zuständigen Organisationen und Fachkräfte wird koordiniert. Zu diesem Zweck wird regelmäßig auf lokaler und regionaler Ebene eine Gesamtplanung unter Einbeziehung der Sozialen Integrationszentren (§ 41), der Landeskonferenz Resozialisierung (§ 41 Abs. 7) und des Landesamts Ambulante Resozialisierung (§ 37) abgestimmt.

(2) Ziel ist die Hilfeleistung aus einer Hand. In der Regel übernehmen die Sozialen Dienste der Justiz die Aufgabe, die Durchführung der Hilfen auf der Grundlage eines Hilfeplans zu koordinieren und die anderen Träger und Leistungserbringer entsprechend zu beteiligen. Sind die Sozialen Dienste der Justiz nicht nach den Regelungen des StGB oder JGG zuständig und wünscht die Klientin oder der Klient die Koordination durch eine andere Fachkraft, so übernehmen Fachkräfte der kommunalen oder Freien Straffälligenhilfe diese Koordination.

(3) Auf Vorschlag der Klientinnen oder Klienten, deren Sorgeberechtigten oder eines Hilfeanbieters kann eine Sozialnetzkonferenz einberufen werden. In dieser werden unter Beteiligung des sozialen Umfeldes der Klientinnen oder Klienten, insbesondere Angehörige, Freunde, und ggf. den Verletzten und deren sozialen Netzwerken Lösungs- und Entscheidungsprozesse bei sozialen Problemen, bevorstehender Haftentlassung oder auch zum Zweck der Wiedergutmachung erörtert. Der Teilnehmerkreis wird mit den Klientinnen oder Klienten besprochen und ihre Einwände werden berücksichtigt. Die Sozialnetzkonferenzen sol-

len innerhalb von vier Wochen stattfinden. Ihre Ergebnisse sind schriftlich festzuhalten. Die Sozialen Dienste der Justiz unterstützen die Klientinnen und Klienten bei der Umsetzung der Beschlüsse. Auf die Möglichkeit einer Sozialnetzkonferenz sind die Klientinnen und Klienten hinzuweisen.

§ 32 Hilfeplan

(1) Spätestens vier Wochen nach dem Erstkontakt zu einer Fachkraft einer der
hilfeleistenden Organisationen ist in einer Konferenz ein Hilfeplan zu erstellen.
Zu dieser Hilfekonferenz sind alle beteiligten Fachkräfte einzuladen. Verantwortlich für die Einberufung der Hilfekonferenz und die Erstellung des Hilfeplans sowie dessen Fortschreibung ist die gem. § 31 Abs. 2 zuständige Institution.
(2) Die Klientinnen und Klienten sind an der Erstellung des Hilfeplans zu beteiligen und zu motivieren, ihre persönliche Entwicklung und Lebensumstände,
ihre sozialen Beziehungen und Bedürfnisse in den Planungsprozess einzubringen. Sie sollen ermuntert werden, sich aktiv an der Erstellung, Weiterentwicklung und Umsetzung des Hilfeplans zu beteiligen.
(3) Der Hilfeplan wird regelmäßig alle vier Monate auf seine Umsetzung überprüft, mit der Klientin oder dem Klienten erörtert und fortgeschrieben. Bei der
Fortschreibung sind die weitere Entwicklung der Klientin oder des Klienten und
in der Zwischenzeit gewonnene Erkenntnisse zu berücksichtigen.
(4) Der Hilfeplan und seine Fortschreibungen enthalten insbesondere folgende
Angaben:
1. die dem Hilfeplan zugrunde liegenden Annahmen zu Ursachen und
   Umständen der Straffälligkeit,
2. der festgestellte Hilfebedarf der Klientin oder des Klienten,
3. die Erläuterung der Ziele, Inhalte und Methoden der geplanten Hilfeleistungen,
4. die Vereinbarungen zur Wiedergutmachung,
5. die Pflege der familiären Beziehungen,
6. die Vereinbarungen zu Ausbildung und Arbeit,
7. die Teilnahme an Gruppen- und Freizeitangeboten,
8. Name, Anschrift und Erreichbarkeit des koordinierenden Hilfeleisters.

(5) Der Hilfeplan und seine Fortschreibungen werden den Klientinnen und Klienten ausgehändigt. Auf Verlangen werden sie den Personensorgeberechtigten
mitgeteilt.
(6) Nach einer Entlassung aus dem Vollzug wird der Eingliederungsplan nach
den Strafvollzugs- und Maßregelvollzugsgesetzen in den Hilfeplan nach diesem
Gesetz integriert.

§ 33 Beendigung der Hilfe

Ist eine Hilfe nicht mehr erforderlich, so ist sie mit einem Abschlussgespräch mit der Klientin oder dem Klienten zu beenden. Ist die Hilfe gerichtlich angeordnet, ist ihre Beendigung anzuregen.

§ 34 Nachgehende Hilfe und Krisenintervention

Nach Beendigung einer Hilfe sollen einzelne Leistungen fortgesetzt, wieder aufgenommen oder ergänzt werden, wenn eine nachgehende Hilfe zur Erreichung des in § 2 aufgeführten Ziels oder zur Krisenintervention dringend geboten ist und die frühere Klientin oder der frühere Klient sie beantragt.

§ 35 Dokumentation und Evaluation

(1) Die Erstellung des Hilfeplans, seine Fortschreibung, seine Umsetzung und deren Wirkungen bezogen auf die weitere Entwicklung der Klientinnen und Klienten sind durch die koordinierende Stelle gemäß § 31 Abs. 2 fortlaufend zu dokumentieren.
(2) Darüber hinaus finden regelmäßige einzelfallübergreifende Evaluationen statt, die Grundlage zur kontinuierlichen Verbesserung des fachlichen Handelns der Fachkräfte und des regionalen Hilfesystems sind.

Fünfter Abschnitt   Träger, Organisation und Ausstattung

§ 36 Soziale Dienste der Justiz

(1) Die Aufgaben der Hilfen nach dem dritten Abschnitt dieses Gesetzes (§§ 15-30) werden für ihre Klientinnen und Klienten durch die Sozialen Dienste der Justiz wahrgenommen. Die Jugendgerichtshilfe ist für die Jugendhilfe im Strafverfahren zuständig und an den Hilfen in Satz 1 im Fall Jugendlicher oder heranwachsender Klientinnen und Klienten zu beteiligen.
(2) An der Durchführung der in Absatz 1 genannten Aufgaben können Freie Träger der Jugend- und Erwachsenenstraffälligenhilfe beteiligt werden. Ihnen kann auch für spezifische Zielgruppen die Durchführung dieser Aufgaben übertragen werden, wenn dies fachlich geboten ist, die Freien Träger die fachlichen Voraussetzungen für die Aufgabenwahrnehmung erfüllen und sie mit der

Beteiligung oder Übertragung einverstanden sind. Sie sollen dabei angemessen unterstützt und gefördert werden.

(3) Die Aufgaben des Täter-Opfer-Ausgleichs, der Hilfe bei der Abwendung der Vollstreckung von Ersatzfreiheitsstrafe durch gemeinnützige Arbeit, der Hilfe zur Entlassung nach Vollverbüßung von Jugend- und Freiheitsstrafen, der Hilfen in betreuten Wohnformen und Übergangseinrichtungen und der Hilfe für Angehörige von Straffälligen können entsprechend der regionalen Gegebenheiten wahlweise von den Sozialen Diensten der Justiz oder den Trägern der Freien Straffälligenhilfe wahrgenommen werden. Im Zuge der Koordination der Hilfen (§ 31) und insbesondere der Gesamtplanung gem. § 31 Abs. 1 werden die Zuständigkeiten abgestimmt und festgelegt, so dass ein flächendeckendes Angebot gewährleistet werden kann.

(4) Das Ministerium der Justiz kann den Sozialen Diensten der Justiz weitere Aufgaben zuweisen, durch die die Erreichung des Ziels des § 2 gefördert wird.

§ 37 Landesamt Ambulante Resozialisierung

(1) Im Geschäftsbereich des Justizministeriums wird eine obere Landesbehörde mit der Bezeichnung „Landesamt Ambulante Resozialisierung" aus folgenden Fachbereichen gebildet:
1. Soziale Dienste der Justiz,
2. Führungsaufsichtsstellen,
3. Forensische Ambulanz.

(2) Das Landesamt nimmt die Aufgaben
1. der Sozialen Dienste der Justiz nach § 36 Abs. 1 und Abs. 3,
2. der Führungsaufsichtsstellen und deren Leitung,
3. der Forensischen Ambulanz.
sowie weitere übertragene Aufgaben wahr.

(3) Das Justizministerium überträgt dem Landesamt im Rahmen der jeweiligen Haushaltsansätze die Durchführung von Programmen zur Förderung der Freien Straffälligenhilfe (§ 39).

(4) Die Dienst- und Fachaufsicht über das Landesamt obliegt dem Justizministerium. Die Weisungsbefugnisse des Gerichts nach § 56d Abs. 4 Satz 2 und nach § 68a Abs. 5 des StGB bleiben unberührt.

(5) Leiterinnen und Leiter des Landesamts Ambulante Resozialisierung sollten eine sozialpädagogische/sozialarbeiterische Qualifikation besitzen und müssen Beamtinnen oder Beamte des höheren Dienstes sein. Die Leitung der Führungsaufsichtsstellen müssen gem. Art. 295 EGStGB die Befähigung zum Richteramt besitzen oder Beamtinnen oder Beamte des höheren Dienstes sein. Richterinnen und Richter können die Leitungsfunktion auch im Nebenamt ausüben.

§ 38 Öffentliche Träger der Jugend- und Sozialhilfe

(1) Leistungen der Resozialisierung werden im Rahmen ihrer gesetzlichen Zuständigkeiten auch von öffentlichen örtlichen und überörtlichen Trägern der Jugend- und Sozialhilfe erbracht.
(2) Die Hilfeleistungen dieser Träger haben Vorrang vor den Hilfen nach diesem Gesetz, sofern es sich nicht um Pflichtaufgaben der Sozialen Dienste der Justiz nach § 36 handelt. In Zweifelsfällen werden die Hilfen gem. § 31 so koordiniert, dass sie für Klientinnen und Klienten erreichbar sind, sie gegenüber nichtstraffälligen Personen nicht benachteiligen oder stigmatisieren und der Zielerreichung gem. § 2 dienen.
(3) Die öffentlichen Träger wirken bei der Durchführung der Hilfen entsprechend §§ 31 bis 35 mit.

§ 39 Freie Träger der Straffälligenhilfe

(1) Verbände der Freien Wohlfahrtspflege, die nach den Vorschriften des Sozialgesetzbuches als Freie Träger anerkannt sind, können zugleich Freie Träger der Straffälligenhilfe sein. Andere Verbände und Vereinigungen, die Straffälligenhilfe leisten, können als Freie Träger der Straffälligenhilfe anerkannt werden.
(2) Die Freien Träger der Straffälligenhilfe können in den regionalen Netzwerken Aufgaben des Täter-Opfer-Ausgleichs, der Hilfe bei der Abwendung der Vollstreckung von Ersatzfreiheitsstrafe durch gemeinnützige Arbeit, der Hilfen zur Entlassung und nach Entlassung bei Freiheitsentzug, der erzieherischen ambulanten Maßnahmen des Jugendstrafrechts sowie der Hilfen für Angehörige von Straffälligen wahrnehmen.
(3) Für die Wahrnehmung der Aufgaben der Sozialen Dienste der Justiz gilt § 31 Abs. 2.
(4) Die Freien Träger der Straffälligenhilfe wirken bei der Durchführung der Hilfen entsprechend §§ 31 bis 35 mit. Ihre Leistungen sind entsprechend § 42 angemessen zu finanzieren.

§ 40 Weitere Leistungserbringer

(1) An der Wahrnehmung der Aufgaben der Resozialisierung wirken weitere Leistungserbringer wie insbesondere Jobcenter bzw. ARGEN, Organisationen der Schuldenregulierung, der Sucht- und Drogenhilfe, der Gesundheitsämter, der Wohnraumversorgung, der Ausbildung und der Opferhilfe regional und überregional mit.
(2) Für ihre Mitwirkung gelten die §§ 31 bis 35 entsprechend.

§ 41 Soziale Integrationszentren

(1) Zur Wahrnehmung der Aufgaben der regionalen ambulanten Resozialisierung entsprechend §§ 4, 15 bis 30 werden in den kreisfreien Städten und Landkreisen Soziale Integrationszentren eingerichtet.

(2) Die Sozialen Integrationszentren sollen die flächendeckende Versorgung straffälliger Menschen und gegebenenfalls ihrer Angehörigen sicherstellen, ein Dach für die spezifisch an der Resozialisierung mitwirkenden Institutionen bilden, weitere Hilfeanbieter vernetzen und regionale Entscheiderinnen und Entscheider einbeziehen. In ihnen sollen mindestens die Sozialen Dienste der Justiz, die Freie Straffälligenhilfe, die örtlichen Jobcenter bzw. ARGEN und die Sozialen Dienste der Justizvollzugsanstalten einzelfallbezogen und einzelfallübergreifend zusammenarbeiten.

(3) Die Dienststellen der Sozialen Dienste der Justiz werden in den Sozialen Integrationszentren angesiedelt und dadurch zu Anlaufstellen für alle Straffälligen und ihre Angehörigen.

(4) Die Forensischen Ambulanzen werden in den Sozialen Integrationszentren angesiedelt oder bieten dort Sprechstunden an.

(5) Die Fachkräfte und Organisationseinheiten, die in den Sozialen Integrationszentren mitwirken, unterstützen auch die kommunale Kriminalprävention.

(6) Die Sozialen Integrationszentren werden regional durch ein Regionales Beratungsgremium (Beirat) begleitet, das sich aus jeweils einer Fachkraft der im Integrationszentrum vertretenen Institutionen und aus Vertreterinnen und Vertretern regional relevanter Organisationen, wie z. B. Kirchen, Gewerkschaften, Handwerkskammern, Bildungsträgern, lokalen Vereinen und Wohlfahrtsverbänden, dem oder der Ausländerbeauftragten sowie aus Rechtsanwaltschaft und Justiz zusammensetzt.

(7) Je eine Vertreterin oder ein Vertreter der Regionalen Integrationszentren bildet gemeinsam mit Vertreterinnen und Vertretern der Ministerien für Justiz, Inneres, Bildung, Jugend, Soziales, der Freien Straffälligenhilfe und der Wohlfahrtsverbände sowie einem vom Justizministerium ernannten Fachwissenschaftler eine landesweite Konferenz „Resozialisierung", um rechtliche Veränderungen, neue Förderprogramme, Bedarfserhebungen, Steuerungsfragen, Evaluationen und Fragen der Qualitätsentwicklung und Qualitätssicherung zu erörtern. Das Justizministerium lädt federführend ein und unterstützt organisatorisch.

§ 42 Ausstattung

(1) Das Land, die Kommunen und Landkreise haben eine personelle und sächliche Ausstattung insbesondere der Sozialen Dienste der Justiz, der kommunalen Dienste und der Freien Straffälligenhilfe so zu gewährleisten, dass diese ihre

Aufgaben der Resozialisierung wirksam erfüllen können. Dabei finden die Standards des § 2 Abs. 5 Beachtung.

(2) Die in Abs. 1 genannten Organisationseinheiten werden neben den Fachkräften der Sozialen Arbeit bei Bedarf auch aus den Bereichen der Psychologie, Pädagogik und Verwaltung angemessen ausgestattet. In jedem Sozialen Integrationszentrum muss auch psychologische Fachlichkeit zugänglich sein.

(3) Die Träger und Leistungserbringer der Resozialisierung gewährleisten für die Erfüllung ihrer Aufgaben eine angemessene Fortbildung ihrer Fachkräfte und Supervision.

(4) Im Rahmen der örtlichen und überörtlichen Gesamtplanung nach § 31 Abs. 2 sind auch Festlegungen zur Entwicklung des Gesamtsystems der ambulanten und stationären Resozialisierung und des Einsatzes von personellen und sächlichen Ressourcen zu treffen.

Sechster Abschnitt   Datenschutz, Rechtsbehelfe

§ 43 Verarbeitung personenbezogener Daten

(1) Personenbezogene Daten dürfen nur erhoben und weiterverarbeitet werden, soweit
   1.   dies zur Wahrnehmung von Aufgaben nach § 4 erforderlich ist oder
   2.   der betroffene Klient oder die betroffene Klientin eingewilligt hat.

(2) Für alle Träger, die Aufgaben nach diesem Gesetz wahrnehmen oder an ihrer Wahrnehmung beteiligt sind, ist sicherzustellen, dass der Schutz personenbezogener Daten in entsprechender Weise gewährleistet ist. Dies gilt auch für die Zusammenarbeit nach §§ 31 bis 35 und 41.

(3) Das Justizministerium regelt durch Verordnung das Nähere über die Erhebung und Weiterverarbeitung personenbezogener Daten.

§ 44 Anregungen und Gegenvorstellungen

(1) Klientinnen und Klienten können sich in Angelegenheiten, die sie betreffen, mit Anregungen und Gegenvorstellungen an die Leitung der jeweiligen hilfeleistenden Organisation wenden.

(2) Bei Jugendlichen steht dieses Recht auch den Personensorgeberechtigten zu.

§ 45 Gerichtliche Entscheidung

Gegen eine in diesem Gesetz vorgesehene Maßnahme der Sozialen Dienste der Justiz, der Öffentlichen Träger der Jugend- und Sozialhilfe, der Freien Träger der Straffälligenhilfe und der weiteren Leistungserbringer kann gerichtliche Entscheidung entsprechend der jeweils gültigen bundesrechtlichen Vorschriften beantragt werden.

Siebter Abschnitt   Resozialisierungsfonds, Kriminologische Forschung

§ 46 Resozialisierungsfonds

(1) Ein beim Justizministerium angesiedelter Resozialisierungsfonds ermöglicht für geeignete Klientinnen und Klienten einen Neuanfang in wirtschaftlich geordnete Verhältnisse. Er gewährt zinslose Darlehen, die dazu verwendet werden, Schulden der Klientinnen und Klienten abzulösen.
(2) Durch den Fonds soll Rückfallkriminalität aus wirtschaftlicher Not verhindert und ein Beitrag zur Wiedergutmachung geleistet werden. Zugleich werden Mittel für zinslose Darlehen zur Verfügung gestellt, um eine Opferentschädigung zu fördern.
(3) Das Nähere regelt eine Landesverordnung.

§ 47 Kriminologische Forschung

(1) Die Wirksamkeit der ambulanten Resozialisierung ist kontinuierlich und dauerhaft zu überprüfen. Ergebnisse sind für den Prozess der Fortentwicklung des Gesamtsystems der ambulanten und stationären Resozialisierung aufzubereiten und zur Verfügung zu stellen.
(2) Mit Forschungsprojekten sollen neben dem Kriminologischen Dienst des Justizministeriums Hochschulen oder Fachinstitute beauftragt werden.

2. Diskussionsentwurf für ein Landesresozialisierungsgesetz – Nichtfreiheitsentziehende Maßnahmen und Hilfeleistungen für Straffällige

Begründung

Einführende Begründung

Das Bundesverfassungsgericht hat das kriminalpolitische Ziel der Resozialisierung direkt aus der Würde des Menschen, dem Recht auf freie Entfaltung der Persönlichkeit und dem Sozialstaatsprinzip abgeleitet[1] und ihm insofern Verfassungsrang zugesprochen. „Von der Gemeinschaft aus betrachtet, verlangt das Sozialstaatsprinzip staatliche Vor- und Fürsorge für Gruppen der Gesellschaft, die aufgrund persönlicher Schwäche oder Schuld, Unfähigkeit oder gesellschaftlicher Benachteiligung in ihrer persönlichen sozialen Entfaltung gehindert sind; dazu gehören die Gefangenen und Entlassenen."[2]

Resozialisierung ist somit ein bestimmendes Element für die Anforderungen und Zielvorgaben einer tertiären Kriminalprävention, die sich auf straffällig gewordene Menschen bezieht. In der deutschen kriminalpolitischen Diskussion wurde und wird zu Recht eine Form eines „Rist-Managements" kritisiert, der es allein um die Identifizierung und Prognose möglicher Rückfallrisiken geht. In diesem Verständnis von Risk-Management wird das in der Rechtsprechung des Bundesverfassungsgerichts thematisierte Spannungsfeld von Individuum und Gesellschaft einseitig reduziert und eine Sicherheit versprochen, die so nicht zu

---

[1] Vgl. BVerfGE 35, S. 202 ff., 236; vgl. auch BVerfGE 40, 276, 284 und BVerfGE 45, 187, 238f. und Beschluss des BVerfG vom 25.9.2006 ZfStrVo 2007, S. 39

[2] BVerfGE 35, 202, 236

erzielen ist[3] Außerdem werden die Möglichkeiten moderner methodischer Sozialer Arbeit unterschätzt, Lebenslagen und Verhalten erfolgreich zu beeinflussen, und die internationalen Erkenntnisse der Straftäterbehandlung negiert.[4] Ein richtig verstandenes Risk-Management basiert jedoch auf der Idee, dass man Straftätern aufgrund einer Risikoeinschätzung eine „passgenaue" Behandlung anbieten soll, um so dem in der Straftäterbehandlung entwickelten *risk principle* zu entsprechen und eine möglichst große Wirksamkeit der eingesetzten Behandlungs- oder Betreuungsressourcen zu erreichen.[5] Das Risk-Management ist damit kein Widerspruch zum Resozialisierungsvollzug, sondern Voraussetzung seiner angemessenen Ausgestaltung.

Allerdings ist in jüngster Zeit darauf hingewiesen worden, dass der sog. *Risk-Needs-Responsivity*-Ansatz (RNR) zu einseitig die Defizite von Straftätern betont. Dem ist unter Bezugnahme auf positive Entwicklungspotenziale und unter Zugrundelegung eines positiv-humanistischen Behandlungsansatzes das sog. *Good-lives*-Modell gegenüber gestellt worden.[6] Auch hierbei handelt es sich um keinen echten Gegensatz zum RNR-Ansatz, sondern um eine komplementäre, ergänzende Behandlungsorientierung, die im Grunde auch schon im Risikomanagement angelegt war, nämlich die Ansprechbarkeit (*responsivity*)

---

3   Zur Kritik der Transformation des wohlfahrtsstaatlichen Resozialisierungsansatzes in Richtung eines Risiko- und Ressourcenmanagements vgl. grundlegend *Garland* 2008, S. 313 ff., 316 ff. Hierbei geht *Garland* davon aus, dass die Bewährungshilfe sich von ihrem Auftrag, Straftätern helfend und beratend zur Seite zu stehen, immer mehr entferne (S. 317). Zutreffend ist seine Kritik an den neuen Intensivformen der Überwachung im Rahmen der elektronischen Überwachung zu Hause oder mit GPS-Systemen (*electronic tagging*, vgl. S. 317), welche sich allerdings in Deutschland (im Gegensatz zu einigen europäischen Nachbarländern (z. B. Belgien, England, Schweden) nur in Randbereichen der Führungsaufsicht durchsetzen konnten, vgl. hierzu zusammenfassend *Harders* 2014; *Rohrbach* 2014. Auch *Kunz* (2011, S. 325 ff.) sieht Zeichen der Krise des wohlfahrtsstaatlichen (reintegrationsorientierten) Ansatzes, obwohl sich der Wandel in Westeuorpa weniger radikal entwickle als in den USA (vgl. S. 326). Der vorliegende Diskussionsentwurf steht in der Tradition des wohlfahrtsstaatlichen Denkens und darf als Versuch seiner Revitalisierung und zugleich als Konkretisierung eines humanen und „evidenzbasiert" wirksamen Resozialisierungskonzepts angesehen werden.

4   Vgl. dazu zusammenfassend *Andrews u. a.* 1990; *MacKenzie* 2006; *Andrews/Bonta* 2010; *Lösel* 2012.

5   Vgl. *Lipton, u. a.* 2002; *Andrews u. a.* 1990; *Robinson* 2005; *Hanson/Bourgon/Helmus/ Hodgson* 2009; *Andrews/Bonta* 2010. Selbstverständlich geht es bei einem wohlverstandenen Risikomanagement auch um den Schutz erheblicher Rechtsgüter im Bereich der Gewalt- und Sexualdelinquenz, aber auch hier primär durch das Aufzeigen und die Entwicklung von Behandlungs- und Resozialisierungsangeboten, wie die nachfolgend zitierte Rspr. des BVerfG regelmäßig betont.

6   Vgl. hierzu grundlegend *Ward/Brown* 2004; *Ward/Collie/Bourke* 2009; *Ward* 2010; *Ward/Göbbels/Willis* 2014; *Feelgood* 2015.

von Straffälligen entsprechend ihren jeweiligen Kompetenzen und ihrer jeweiligen Lebensperspektive in den Blickpunkt zu nehmen. Diese Orientierung entspricht zweifellos dem Resozialisierungsgrundsatz nach dem deutschen Verfassungsrecht und nimmt zudem wesentliche Elemente sozialarbeiterischer Resozialisierungsarbeit auf wie sie traditionell im Hinblick auf die Lebenslagenverbesserung von Klientinnen und Klienten sowie die im vorliegenden Diskussionsentwurf zentral genannten Hilfeleistungen charakteristisch sind.

Das Menschenbild des Grundgesetzes und die der Rechtsprechung des Bundesverfassungsgerichts zu Grunde liegende Resozialisierungskonzeption hält es zum einen für geboten, „durch eine entsprechende Einwirkung auf den Verurteilten die inneren Voraussetzungen für eine spätere Lebensführung zu legen" und zum anderen „die äußeren Bedingungen" dafür zu schaffen, „dass der Straffällige sich nach seiner Entlassung in die normale freie Gesellschaft eingliedert."[7] Dieses Selbstverständnis des Grundgesetzes wurde im Rahmen der Rechtsprechung zur Sicherungsverwahrung nochmals in besonderem Maß verdeutlicht. Es geht – im Gegensatz zu manchen anglo-amerikanischen Konzepten wie z. B. der sog *incapacitation* („Unschädlichmachung") – eben gerade nicht um die bloße Sicherung der Allgemeinheit vor bestimmten als gefährlich eingeschätzten Tätergruppen, sondern der Auftrag ist eindeutig selbst für die Klientel der Sicherungsverwahrung auf einen freiheitsorientierten und therapiegeleiteten Vollzug ausgerichtet, wie er inzwischen in § 66c StGB seinen gesetzlichen Ausdruck gefunden hat.[8]

Mit dieser doppelten Programmatik sind einerseits Erwartungen an den Delinquenten formuliert, sein Verhalten normenkonform einzurichten. Andererseits wird von der Gesellschaft erwartet, entsprechende Angebote vorzuhalten, die es dem Delinquenten ermöglichen, soziale Benachteiligungen und individuelle Defizite auszugleichen.[9]

In umfangreicher Rechtsprechung zum Strafvollzug ist der Verfassungsrang der Resozialisierung in den letzten Jahren immer wieder bestätigt worden. Aber im Sozialstaat kann das Ziel der Resozialisierung nicht nur und noch nicht einmal vornehmlich durch Strafvollzug erreicht werden, sondern zu diesem Zweck wurden in den letzten 100 Jahren vielerlei ambulante Sanktionsformen und Methoden der Kriminalprävention und Straffälligenhilfe entwickelt.[10] Es sei hier beispielsweise auf die Jugendgerichtshilfe, die Aussetzung einer Strafe oder eines Strafrests zur Bewährung und die Bewährungshilfe, die Haftentlassenen-

---

7   BVerfGE 35, S. 236

8   Vgl. dazu grundlegend BVerfG NStZ 2011, S. 450 ff.; zusammenfassend *Drenkhahn/ Morgenstern* 2012 m. w. N.

9   Vgl. Empfehlungen für ein Brandenburgisches Resozialisierungsgesetz, vgl. *Arbeitsgruppe Resozialisierungsgesetz* 2011.

10   Vgl. *Cornel* 2009c, S. 29 Rn. 5

hilfe, vielerlei Angebote der Freien Straffälligenhilfe, aber auch die Geldstrafe, die Möglichkeiten der gemeinnützigen Arbeit zur Abwendung der Vollstreckung einer Ersatzfreiheitsstrafe und die Führungsaufsicht hingewiesen. Diese sind historisch unabhängig voneinander entstanden und in aller Regel arbeiten sie wenig koordiniert und vernetzt.[11] Ein Resozialisierungsgesetz hat die Aufgabe, die Maßnahmen zur Resozialisierung so zu regeln, dass sie durch ihr Zusammenwirken hinsichtlich der Wiedereingliederung unter Achtung der Menschenwürde den größtmöglichen Effekt in Bezug auf Kriminalprävention und damit zugleich auch Opferschutz erzielen. Seine besondere Relevanz bezieht ein solches Resozialisierungsgesetz aus der Kritik der häufig unkoordinierten Hilfen, das Alleinlassen hilfloser Straffälliger mit der Folge erneuter Delinquenz, den Betreuungslücken und der Doppelbetreuung, dem Fehlen einer durchgehenden Hilfe zwischen Strafvollzug und Bewährungshilfe, der fehlenden Transparenz des Hilfeangebots und nicht zuletzt mangelnder Kooperationsstrukturen zwischen Justiz und kommunalen Hilfeträgern.

Manche dieser Hilfen kann man auf dem Verordnungswege oder durch bilaterale Verträge optimieren und die neuen Landesstrafvollzugsgesetze haben die Übergänge besser im Blick als das Bundesstrafvollzugsgesetz von 1976. Aber Kooperation kann sinnvollerweise nicht allein nur von einer Seite verordnet werden und ein vom Parlament verabschiedetes Gesetz zur Resozialisierung hat eine andere symbolische Bedeutung und eine breitere Bindungswirkung als Einzelmaßnahmen einiger Institutionen oder Ministerialverwaltungen.[12] Landesgesetze entfalten zudem ressortübergreifende Wirksamkeit. Entscheidend ist aber, dass es bei der hier vorliegenden Materie auch und gerade um Eingriffe in Grundrechte geht, die einer gesetzlichen Grundlage bedürfen, sodass eine Regelung auf dem Verordnungsweg den verfassungsrechtlichen Erfordernissen nicht entspräche.

Ein Resozialisierungsgesetz führt das Ziel seiner Umsetzung im Titel. Ein solches Gesetz muss deshalb auf aktuellen empirischen Erkenntnissen über seine kriminalpräventive Wirksamkeit aufbauen und hinsichtlich seiner Methoden so offen gestaltet sein, dass neue Erkenntnisse empirischer Forschungen zur Legalbewährung, zu Strukturen und Methoden der Resozialisierung in Weiterentwicklungen einfließen können.

Ein Resozialisierungsgesetz kann heute aufgrund der Gesetzgebungskompetenz seit der Föderalismusreform von 2006 nur noch ein Landesresozialisierungsgesetz sein. Deshalb legen wir hier einen Diskussionsentwurf vor, an dem sich die einzelnen Bundesländer entsprechend ihren bisherigen gesetzlichen Vorgaben und der Struktur einschlägiger Normen orientieren können. Im Prinzip

---

11   Vgl. *Cornel* 2009b, S. 61 ff., insb. Rn. 5.

12   Vgl. *Cornel* 2013a, S. 184.

ist ein Resozialisierungsgesetz in zwei Grundvarianten (mit vielen Zwischenformen und Untervarianten) denkbar und wird auch so diskutiert:

Zum einen kann es ein umfassendes Landesresozialisierungsgesetz sein, das neben Bewährungshilfe, Gerichtshilfe, Täter-Opfer-Ausgleich, forensischen Ambulanzen und freien Trägern der Straffälligenhilfe auch alle stationären Reaktionen auf Straffälligkeit einbezieht, also beispielsweise neben allgemeinen Bestimmungen und Regelungen, die für alle Bereiche gelten, auch Regelungen zum Strafvollzug, zur Untersuchungshaft, zum Jugendstrafvollzug, Jugendarrest und zur Sicherungsverwahrung. Einige mittel- und osteuropäische Länder haben dementsprechend Strafvollsteckungsgesetzbücher erlassen, die alle nichtfreiheitsentziehenden und freiheitsentziehenden Sanktionen in einem Gesetz.[13] Solche Resozialisierungsgesetze bzw. Strafvollsteckungsgesetzbücher unterstreichen die gemeinsame kriminalpolitische Zielsetzung, machen Bezugnahmen aus unterschiedlichen Perspektiven leicht und ermöglichen gesetzestechnisch einheitliche Regelungen beispielsweise zu den Grundsätzen der Hilfen, zur Qualitätssicherung und Evaluation, zu den Rechtsbehelfen und zum Datenschutz. Die Brandenburgische Arbeitsgruppe Resozialisierungsgesetz hat diesen Weg zu einem Zeitpunkt empfohlen als es dort noch keine landesspezifischen Gesetze zum Strafvollzug, zur Untersuchungshaft, zum Jugendarrest und zur Sicherungsverwahrung gab.[14]

Alternativ dazu kann ein Resozialisierungsgesetz auch neben die bestehenden Landesgesetze zum Strafvollzug, Jugendstrafvollzug, Untersuchungshaftvollzug usw. gesetzt werden. Es ist dann immer noch weit mehr als ein Bewährungshilfegesetz, weil es zum einen viele andere Institutionen der Straffälligenhilfe betrifft und zum anderen ein taugliches Resozialisierungsgesetz nur dann ist, wenn es auch Regelungen für die Kooperationen und Übergänge zwischen Strafvollzug und Bewährungshilfe, Freier Straffälligenhilfe und Untersuchungshaft, Täter-Opfer-Ausgleich und Jugendgerichtshilfe trifft. Meist wird der Begriff Resozialisierungsgesetz in diesem engen Sinn verstanden und so bezieht sich auch unser Musterentwurf nur auf diesen Bereich. Eine Übertragung der Inhalte mit seinen Anregungen und Ideen auf andere Strukturen unter Einbeziehung des gesamten stationären Bereichs wäre leicht möglich.

Unser Diskussionsentwurf hat eine Vorgeschichte, die wir als Rahmung unserer Überlegungen und Vorschläge kurz benennen wollen:

---

13   Vgl. bzgl. im Überblick *Dünkel* 2009a; bzgl. Litauen *Sakalauskas* 2006; bzgl. Polen *Grzywa-Holten* 2015.

14   Vgl. Empfehlungen für ein Brandenburgisches Resozialisierungsgesetz, S. 18 f.; Inzwischen wurde das Gesetz über den Vollzug der Freiheitsstrafe, der Jugendstrafe und der Untersuchungshaft im Land Brandenburg (Brandenburgisches Justizvollzugsgesetz – BbgJVollzG) am 24. April 2013 verabschiedet (GVBl.I/13), so dass dieser „ganzheitliche" Ansatz dort nicht mehr verfolgt wird.

Nachdem das Strafvollzugsgesetz 1977 in Kraft getreten war, blies nicht nur der kriminalpolitische Wind mit der etwas kruden „Nothing-works-These"[15] dem Leitbild des Behandlungsvollzugs ins Gesicht, sondern das Ende des hundertjährigen Bemühens um ein Strafvollzugsgesetz[16] als vorläufigem Schlusspunkt der Strafrechtsreformbewegung der sechziger und siebziger Jahre des 20. Jahrhunderts machte auch den Blick frei auf das, was noch fehlte.

Ende der 1970er Jahre blickte die Bewährungshilfe auf eine inzwischen fünfundzwanzigjährige Geschichte,[17] Gerichtshilfe und Führungsaufsicht waren neu normiert und die Soziale Arbeit hatte sich mit neuer Fachlichkeit aus der Tradition der Fürsorgetätigkeit und Sozialpädagogik entwickelt und war im Begriff, sich als wissenschaftliche Disziplin und Profession zu etablieren.

In mehreren Bundesländern wurde in den 1980er Jahren über neue Organisationsformen der Bewährungshilfe und Kooperationen zwischen verschiedenen Sozialen Diensten diskutiert und insgesamt sollten mehr ambulante Hilfen (und Kontrollen) für Straffällige dem Strafvollzug gegenübergestellt werden.[18] In der kriminalpolitischen Debatte wurden Alternativen zum Strafvollzug gesucht,[19] zumal ambulante Sanktionierungen als weniger eingriffsintensiv und kostenaufwändig als stationäre galten und gelten. Für all diese neuen Arbeitsweisen, Institutionen, Hilfeangebote und Kontrollmaßnahmen brauchte man rechtliche Grundlagen. Dieses Argument hat nach wie vor seine besondere Berechtigung, weil es zwar in aller Regel um mildere Eingriffe als beim Vollzug von Freiheitsstrafen geht, gleichzeitig aber doch um Eingriffe in die Grundrechte von Beschuldigten, Angeklagten, Verurteilten, Haftentlassenen oder Probandinnen und Probanden.

Zunächst legte am 4. Juni 1988 die Arbeitsgemeinschaft Sozialdemokratischer Juristinnen und Juristen (ASJ) den „Diskussionsentwurf eines Gesetzes zur Wiedereingliederung Straffälliger durch nicht freiheitsentziehende Maßnahmen – Bundesresozialisierungsgesetze (BResoG)" vor. Der damalige Vorsitzende der ASJ *Horst Isola* nannte als Ziel des Entwurfs, „die Möglichkeiten der

---

15		Vgl. *Martinson* 1974, S. 22 ff.; Robert Martinson hatte seinen Beitrag auf der Basis einer Sekundäranalyse amerikanischer Resozialisierungsprogramme zwar schon 1974 publiziert – eine breite Debatte darüber setzte in Deutschland aber erst Ende der 1970er Jahre ein. Der Report to the United States Congress (so genannte *Sherman*-Report) von 1998 fragte schon differenzierter: „What works, what doesn't, what's promising?", vgl. *Sherman u. a.* 1998; vgl. auch *Goldblatt/Lewis* 1998; *Dünkel/Drenkhahn* 2001, S. 387 ff.

16		Vgl. *Entwurf eines Gesetzes über die Vollstreckung der Freiheitsstrafen für das Deutsche Reich* 1879, S. 1 ff., das aber wie zahlreiche Nachfolgeentwürfe niemals verabschiedet wurde.

17		Vgl. *Cornel* 2011, S. 384 ff.

18		Vgl. *Sonnen* 2013, S. 471; zu aktuellen Entwicklungen vgl.auch *Dünkel* 2009.

19		Vgl. *Cornel* 1983, S. 1461 ff.; 1997, S. 176 ff.; 2008, S. 54 ff.

Resozialisierung von Straftätern durch ambulante Maßnahmen zu verbessern. Jede gelungene Resozialisierung ist ein wichtiger Beitrag zur Kriminalitätsbekämpfung. Die Erfahrungen im In- und Ausland zeigen überdies, daß die Behandlung in Freiheit, insbesondere durch die Bewährungshilfe, vielfach höhere Erfolgsquoten aufweist als das inhumane, jahrelange Wegsperren von Menschen. ... Der Sozialstaat ist ... dort zum Handeln verpflichtet, wo im Interesse des Opfers, des Täters und damit auch im Interesse der Gesellschaft zur Vermeidung, Beseitigung oder Änderung sozialer Defizite Sozialarbeit eingesetzt werden muß."[20]

Seither sind mehr als 25 Jahre vergangen, einheitliche Soziale Dienste der Justiz oder in anderen Strukturen und Organisationsformen miteinander kooperierende ambulante Dienste für Straffällige sind keine Ausnahme mehr und die neuen Landesstrafvollzugsgesetze streben durchweg mehr Zusammenarbeit mit den ambulanten Diensten an. Die kriminologische Forschung weiß mehr über Behandlungserfolge, kriminelle Karrieren und deren Abbrüche sowie die Möglichkeiten und Grenzen der Prognose von Delinquenz. Unter dem Begriff des Übergangsmanagements[21] wurden in den letzten Jahren zudem in einer Fülle von Projekten neue Formen der Gestaltung der Übergänge für Haftentlassene konzipiert und erprobt.[22] Darüber hinaus gibt es international neue Erfahrungen mit Sozialnetzkonferenzen (Neuseeland und Österreich),[23] die sich lohnen, für das deutsche Hilfesystem ausgewertet zu werden. Auch der Täter-Opfer-Ausgleich hat sich seit mehr als 30 Jahren bewährt.[24] *Bernd-Rüdeger Sonnen* hat mit Bezug auf ein Zitat *Winfried Hassemers* darauf hingewiesen, dass es bei

---

20 *Wiedereingliederung Straffälliger durch nicht freiheitsentziehende Maßnahmen* 1990, S. 5.

21 Vgl. *Cornel* 2012, S. 286 ff.; 2012a, S. 11 ff.; *Matt* 2014; vgl. auch *Bertram* 2004, der im Anschluss an die Diskussion der 1980er Jahre den „organisierten Beziehungsabbruch" kritisierte; ferner *Hellpapp/Welchner* 2007.

22 Vgl. *Roos/Weber* 2009; *Koch* 2009; *Jesse/Kramp* 2008; *Matt* 2007; 2010; 2010a, 2014; *Matt/Hentschel* 2008; *Matt/Siewert* 2008; *Walter/Fladausch-Rödel* 2008; *Weilbächer/Klein* 2008; *Weber/Klein* 2009; *Welling* 2009; zusammenfassend *Dünkel/Drenkhahn/Morgenstern* 2008; zu Problemen der Entlasungsvorbereitung und der Organisation des Übergangs in Freiheit im Jugendstrafvollzug vgl. *Hosser/Lauterbach/Höynck* 2007; ferner allgemein *Katzmarzik* 2009; *Glaeser* 2011; *Schreier* 2012.

23 Vgl. zu den Erfahrungen bei Neustart, Österreich http://www.neustart.at/at/_files/pdf/ sozialnetz-konferenz2014.pdf und http://www.justiz.gv.at/web2013/html/default/ 2c94848b48ac03fd01497671ea155053.de.html; vgl. auch *Grafl u. a.* 2014; zu den neuseeländischen Modellen vgl. *Becroft* 2013; kritisch zu dem in Australien und Neuseeland praktizierten „*Shaming-approach*" vgl. *Trenczek* 2014, S. 613 ff.; kritisch ebenso *Kunz* 2011, S. 128 f.

24 Vgl. zusammenfassend *Dünkel/Grzywa-Holten/Horsfield* 2015 m. w. N. und unten § 8 und § 19.

einem Landesresozialisierungsgesetz darum gehe, im abgestimmten Miteinander „die Wahrheit aus der Kriminologie und die praktische Vernunft aus der Kriminalpolitik" zusammenzuführen.[25]

Letztlich basiert dieser Diskussionsentwurf auf drei Grundannahmen einer verantwortungsbewussten und rationalen Kriminalpolitik:

1. Die Delinquenz der Probanden korrespondiert häufig mit sozialen Notlagen, dem Entwicklungsstand der sozialen und kognitiven Kompetenzen und problembelasteten sozialen Beziehungen. Resozialisierungshilfen i. S. dieses Gesetzes können dazu beitragen, diese Notlagen zu beseitigen und das Risiko neuer Delinquenz zu senken. Diese professionelle Hilfe zur Selbsthilfe ist seit mehr als 60 Jahren die Basis der Bewährungshilfe und sonstiger Hilfen zur Resozialisierung im deutschen Strafrecht.

2. Die Vollstreckung von Freiheitsstrafen ist im Grundsatz nur dann legitim, wenn nicht minderschwere Eingriffe und Hilfeangebote strafrechtlich geschützte Rechtsgüter ebenso gut schützen können. Wir verkennen nicht, dass es bei besonders schweren Straftaten nach wie vor unbedingte Freiheitsstrafen als *ultima ratio* geben wird. Deren Vollzug ist gleichfalls am Resozialisierungsprinzip auszurichten und damit Ausdruck einer auf erfolgreiche Wiedereingliederung und zugleich die Wiedergutmachung ausgerichteten Strafrechtspflege.

3. Die kriminalpolitische Forderung des Vorrangs ambulanter Maßnahmen und Sanktionen ist in der Praxis nur umzusetzen, wenn ein System wirksamer, vernetzter professioneller Hilfeleistungen in angemessener Ausstattung besteht.

Der vorliegende Diskussionsentwurf eines Landesresozialisierungsgesetzes soll Voraussetzungen dafür definieren und installieren.

Deshalb entwirft dieser Diskussionsentwurf eines Landesresozialisierungsgesetzes ein System von Regelungen zur Wiedereingliederung, das deutschen und internationalen Erfahrungen, den bundesgesetzlichen Regelungen des StGB und der StPO sowie dem professionellen Verständnis Sozialer Arbeit und der Organisationssoziologie Rechnung trägt.

Unsere Gründe für die Vorlage dieses Diskussionsentwurfs sind vielfältig. Wir wollen zum einen das kriminalpolitische Interesse auf die Möglichkeiten ambulanter Hilfen lenken, um unter Wahrung der Interessen der potentiellen und tatsächlichen Opfer von Straftaten insbesondere Freiheitsstrafen wo immer möglich entbehrlich machen. Dabei geht es uns auch um die Erhaltung und Stärkung des Rechtsfriedens mit weniger intensiven Grundrechtseingriffen.

---

25   Vgl. *Sonnen* 2013, S. 475.

Wir wollen zum Zweiten zeigen, dass dieses Ziel mit der Fülle der Methoden ambulanter Hilfe und Kontrolle heute besser erreicht werden kann, wenn man stationäre und ambulante Interventionen besser vernetzt und Organisationsformen findet, die auch die regionalen Strukturen der Sozial- und Jugendhilfe besser einbezieht.

Zum Dritten wollen wir mit diesem Diskussionsentwurf zeigen, dass solche Regelungen auf Landesebene notwendig und möglich sind, ohne in das Bundesrecht einzugreifen. Zugleich werden strafrechtliche und sozialrechtliche Bezüge hergestellt, um die subjektiven Rechte der Betroffenen zu stärken. Mit Bedacht haben wir die verschiedenen Verfahrensphasen und Fallgruppen sehr konkret erfasst, um zu zeigen, dass Lösungen auch bei Multiproblemlagen, die viele Straffällige kennzeichnen, möglich sind.

Weiterhin möchten wir mit dem Entwurf das Bewusstsein stärken, dass auch nicht-freiheitsentziehende Sanktionen und Maßnahmen grundrechtsrelevante Eingriffe darstellen und auch noch so gut gemeinte Maßnahmen der Sozialen Dienste der Justiz verhältnismäßig und in ihrer Eingriffsintensität und Dauer begrenzt bleiben müssen. In den letzten 25 Jahren haben die Vereinten Nationen und der Europarat wichtige internationale Menschenrechtsstandards entwickelt, die im vorliegenden Entwurf berücksichtigt und zum Maßstab einer menschenrechtsorientierten Kriminalpolitik gemacht werden.

Letztlich aber wollen wir vor allem, den Diskurs über all diese Fragen anregen – egal ob sich Länder an diesem Diskussionsentwurf orientieren wollen oder sich an einzelnen Ideen wie im Steinbruch bedienen.

Erster Abschnitt: Allgemeine Bestimmungen

§ 1 Anwendungsbereich

(1) Dieses Gesetz regelt die sozialen Hilfen bei der Durchführung von strafrechtlichen Rechtsfolgen ohne Freiheitsentzug für Beschuldigte und Verurteilte zur Wiedereingliederung in die Gesellschaft (Resozialisierung).
(2) Dieses Gesetz regelt auch die vorbereitenden und nachsorgenden Hilfen im Rahmen der Entlassung aus Freiheitsentzug, soweit sie nicht durch die Fachkräfte des Straf- oder Maßregelvollzugs geleistet werden.

Begründung

Die Durchführung der sozialen Hilfen im Strafrecht ist zum Teil gar nicht, zum Teil in verschiedenen nicht aufeinander abgestimmten formellen und/oder materiellen Gesetzen geregelt. Das Landesresozialisierungsgesetz will diese unterschiedlichen Regelungen zusammenführen und ergänzen, um so eine sinnvolle und effektive Eingliederung der Straftäter zu unterstützen, die entweder im Zusammenhang mit polizeilichen Ermittlungen, Festnahmen und Untersuchungshaft der Hilfe bedürfen, aus dem Vollzug in die Freiheit entlassen werden oder zu strafrechtlichen Rechtsfolgen ohne Freiheitsentzug verurteilt werden.

Die Definition des Anwendungsbereichs mit den nötigen Abgrenzungen ist teils schwierig, weil der soziale Hilfebedarf und die strafrechtliche Verfahrensphase unterschiedlichen Sphären angehören und die Interdependenz immer mitgedacht werden muss. Nicht jede frühzeitige Hilfe im Sozialraum ist möglich, wenn sie beispielsweise die Verdunkelungs- oder Fluchtgefahr erhöht. Zudem können auch Hilfen des Regelhilfesystems vor allem nach den Sozialgesetzbüchern zur Wiedereingliederung beitragen und im Einzelfall darf aus Gründen der Gerechtigkeit eine Hilfe nicht verweigert werden mit dem Argument, dies diene nicht der Resozialisierung.

Die allgemeinen Hilfeansprüche aus den Sozialgesetzbüchern bleiben von den spezifischen Hilfen nach diesem Gesetz unberührt (vgl. auch § 10).

Zudem gibt es Angebote wie den Täter-Opfer-Ausgleich, der sich nicht problemlos in das Strafrechtssystem einordnen lässt und genau genommen auch weder Hilfe noch Maßnahme sondern eine neue Form des Umgangs mit den Konflikten ist, die Ursache der Straftat sind.[26]

Gleichwohl lassen sich Hilfen und Maßnahmen als Anwendungsbereiche definieren, die im Zuge nicht-freiheitsentziehender Rechtsfolgen angeboten oder angeordnet werden. Soweit im Rahmen des Vollzugs der Freiheitsstrafe oder der stationären Maßregel der Besserung und Sicherung Soziale Hilfen angeboten

---

26 Vgl. zusammenfassend *Dünkel/Grzywa-Holten/Horsfield* 2015.

werden, werden diese auch dann nicht von diesem Gesetz regelnd erfasst, wenn sie über die Vollstreckungszeit hinausreichen. Ein Resozialisierungsgesetz hätte zwar auch die Hilfen innerhalb des Straf- und Maßregelvollzugs einbeziehen können. Wir haben uns aber angesichts vorhandener Landesstrafvollzugsgesetze und der Notwendigkeit klarer Zuständigkeitsregelungen dafür entschieden, die Sozialdienste des Strafvollzugs hier nicht mit einzubeziehen. Gleichwohl wird es um vielfache Zusammenarbeit im Sinne durchgehender Hilfe gehen.

§ 2 Ziel

(1) Die Hilfen nach diesem Gesetz verfolgen das Ziel, die Wiedereingliederung Straffälliger zu fördern und sie zu befähigen, ein Leben in Eigenverantwortung ohne weitere Straftaten zu führen. Die Hilfen dienen damit dem Schutz der Gesellschaft und der Wiederherstellung des sozialen Friedens.
(2) Die Hilfen sollen die Straffälligen befähigen, sich mit der Tat und deren Folgen auseinanderzusetzen und durch Straftaten entstandene Schäden wieder gutzumachen.
(3) Die Hilfen sollen die Beschuldigten und Straffälligen befähigen, ihre Lebenslage zu verbessern, Ausgrenzungen entgegenzuwirken und soziale Beziehungen zu stabilisieren.
(4) Die Hilfen sollen dazu beitragen, Inhaftierung zu vermeiden oder auf das zwingend notwendige Maß zu verkürzen.
(5) Die Hilfen erfordern eine geregelte enge Kooperation und Vernetzung aller an der Resozialisierung mitwirkenden Personen und Organisationen. Damit soll auch ein Beitrag zur kommunalen Kriminalprävention sowie zur landesweiten und überregionalen Zusammenarbeit und Planung geleistet werden.

Begründung

Gut strukturierte und implementierte resozialisierende Hilfen und Maßnahmen führen nachweislich zu weniger Straftaten.[27] Zugleich werden durch die Verhütung von Straftaten auch deren potenzielle Opfer besser geschützt.[28]

Die meisten der hier geregelten Hilfen wird man in den Bereich der tertiären Kriminalprävention einordnen können. Die diesbezüglich engagierten Fachkräfte, insbesondere soweit sie in den sozialen Integrationszentren eng mit kommunalen Hilfeanbietern und Vertretern lokaler Verbände und Institutionen zusammenarbeiten, sollten ihre Kompetenzen aber auch hinsichtlich sonstiger Kriminalprävention einbringen. Das bietet sich zum einen aus inhaltlichen Gründen an und wird zum anderen die Vernetzung und damit die Unterstützung

---

27   Vgl. zum Stand der empirischen Forschung zur Straftäterbehandlung *Andrews u. a.* 1990; *Sherman u. a.* 1998; *Andrews/Bonta* 2010; *Lösel* 2012; insbesondere zu Wiedereingliederungsprogrammen im Rahmen der Entlassung aus dem Strafvollzug *Petersilia* 2003; 2004; *Travis/Visher* 2005; *Moore u. a.* 2006; *Solomon u. a.* 2008; *Vennard* 2007; *Visher/Travis* 2012; zusammenfassend *Pruin* 2015.

28   So auch das BVerfG in st. Rspr., vgl. zuletzt BVerfG NStZ 2011, S. 450 ff.

bei der Wahrnehmung sonstiger Aufgaben und insbesondere der Durchführung der Hilfen fördern.

In Absatz 1 wird zunächst das allgemeine, oberste Ziel genannt sowohl hinsichtlich der Integration als auch der kriminalpräventiven Zielsetzung entsprechend unseren empirischen Erkenntnissen, dass mangelnde soziale Integration straffälliger Personen häufig zu neuen Rückfällen führt. Eine erfolgreiche Resozialisierung in diesem Sinne dient zugleich dem Schutz der Gesellschaft und der Wiederherstellung des sozialen Friedens.

Die Auseinandersetzung mit der Tat und ihren Folgen (vgl. Absatz 2) hat für die Kriminalprävention eine hohe Bedeutung, indem die Wirkung von Neutralisationstechniken vermindert, Opferempathie gefördert und damit Hemmschwellen hinsichtlich der Begehung zukünftiger Straftaten aufgebaut werden. Die Schadenswiedergutmachung ist nicht nur eine selbstverständliche zivilrechtliche Pflicht, sondern kann auch der Versöhnung mit dem Opfer dienen und damit der gesellschaftlichen Integration der straffälligen Person.

In Absatz 3 werden drei Aspekte der Zielsetzung sozialer Hilfen genannt:

1. die Lebenslagenverbesserung, weil sie häufig Voraussetzung der Integration ist und zugleich die Menschenwürde und die sozialen Rechte auch des straffälligen Menschen betont

2. das Entgegenwirken gegenüber Ausgrenzungen, weil solche Ausgrenzungen oft nicht nur Anlass der Delinquenz waren, sondern im Prozess der Kriminalisierung und Stigmatisierung, insbesondere nach Inhaftierung, die Wiedereingliederung erschweren und

3. die Stabilisierung sozialer Beziehungen, weil der Mangel an stabilen sozialen Beziehungen zum einen häufig die Delinquenzwahrscheinlichkeit erhöht und zum anderen, weil Ermittlungsverfahren, Strafprozesse und insbesondere Inhaftierungen zu einer Störung und Schwächung vorhandener sozialer Beziehungen führen können.

In Absatz 4 wird darüber hinaus ein kriminalpolitisches Ziel genannt, das sich direkt aus der Menschenwürde und dem aus dem Rechtsstaatsprinzip abzuleitenden Verhältnismäßigkeitsprinzip ableitet.[29] Das Strafrecht darf grundsätzlich nur das Mittel anwenden, das mit den geringsten Grundrechtseingriffen verbunden ist. Inhaftierungen stellen jeweils besonders schwere Grundrechtseingriffe dar. Wir gehen davon aus, dass durch die hier geregelten sozialen Hilfen und Maßnahmen Inhaftierungen bei mindestens gleich hohem kriminalpräventivem Effekt im Sinne des Rechtsgüterschutzes vermieden werden können. Der Grundsatz der Freiheitstrafe als *ultima ratio* und ggf. von möglichst kurzer Dauer gehört zum festen Bestand internationaler Menschenrechtsgrundsätze.[30]

---

29   Vgl. *Morgenstern* 2009; 2012.

30   Vgl. z. B. Nr. 2.6 der sog. Tokyo-Rules der Vereinten Nationen von 1990; Nr. 10 der ERJOSSM von 2008.

In Absatz 5 wird an prominenter Stelle eine Grundidee dieses Diskussionsentwurfs benannt, nämlich dass Resozialisierung vielfältiger Kooperationen bedarf, die rechtlich verbindlich geregelt werden müssen. Diese vernetzten Strukturen der Zusammenarbeit können über die konkreten Resozialisierungshilfen hinaus auch der kommunalen Kriminalprävention nutzen.

§ 3 Begriffsbestimmung

Im Sinne dieses Gesetzes werden folgende Begriffe wie folgt bestimmt:
1. *Klientin/Klient: jugendliche, heranwachsende oder erwachsene Beschuldigte, Angeklagte, Verurteilte, Probandinnen und Probanden, Gefangene, Untergebrachte oder Entlassene, die eine Hilfe nach diesem Gesetz erhalten oder beantragen.*
2. *Fachkräfte der Sozialen Arbeit: Sozialarbeiterinnen und Sozialarbeiter oder Sozialpädagoginnen und Sozialpädagogen mit staatlicher Anerkennung oder vergleichbaren Qualifikationen.*
3. *Hilfen: Hilfen im Sinne dieses Gesetzes sind alle Interaktionen, durch die eine Person darin unterstützt wird, das Ziel der gesellschaftlichen Integration zu erreichen. Fachliche professionell organisierte Hilfe wird als Soziale Arbeit geleistet.*
4. *Maßnahmen: Maßnahmen im Sinne dieses Gesetzes sind nichtstrafende Reaktionen auf straffälliges Verhalten, die helfende sowie kontrollierende und damit in Grundrechte eingreifende Aspekte beinhalten.*
5. *Resozialisierung: Als Resozialisierung wird der Prozess zwischen der Gesellschaft und Straffälligen bezeichnet, der deren Wiedereingliederung und insbesondere zukünftige Straffreiheit befördert. Resozialisierung ist Teil des lebenslangen Sozialisationsprozesses, immer eingerahmt von der allgemeinen Lebenslage der Straffälligen und kann und darf nicht gegen deren Willen oder ohne ihr Mitwirken erzwungen werden.*

Begründung

Um die Gestaltungsgrundsätze und Beschreibung der Durchführung der Hilfen jeweils sprachlich transparent auf alle Adressaten beziehen zu können, sollen diese Personen, denen die vielfältigen Hilfen nach diesem Gesetz in den verschiedenen Stadien des Verfahrens angeboten und zukommen werden, mit einem gemeinsamen einheitlichen Begriff bezeichnet werden. Wir haben uns für den des *Klienten* bzw. der *Klientin* entschieden.

Die Personen, um die es als Adressaten von Hilfe oder nichtfreiheitsentziehenden Maßnahmen in diesem Gesetz geht, sind nicht alle Probandinnen und Probanden der Bewährungshilfe, bei denen eine Strafe oder ein Teil deren zur Bewährung ausgesetzt wurde und die einer Bewährungsaufsicht unterstellt wurden. Deshalb kam der Begriff Proband, den noch das Bundesresozialisierungsgesetz von 1988 verwendete, unseres Erachtens nicht als Sammelbegriff in Frage.

Wir schlagen deshalb den in der Sozialen Arbeit üblichen Begriff des Klienten oder der Klientin in dieser breiten Verwendung und Bedeutung vor, weil wir einen einheitlichen, möglichst wenig diskriminierenden und stigmatisierenden Begriff einführen wollen – die Einheitlichkeit stellt selbst einen Beitrag zur Entstigmatisierung dar. In den Fällen, in denen der Begriff des Probanden nach der Definition des Strafgesetzbuches passt, verwenden wir diesen selbstverständlich auch.

Der Begriff der „*Sozialen Arbeit*"[31] (in dieser Schreibweise) hat sich in den letzten 20 Jahren als Oberbegriff für sozialpädagogisches und sozialarbeiterisches Handeln weitgehend durchgesetzt – unabhängig von Kontroversen darüber, ob es auch eine einheitliche Bezugswissenschaft dazu gibt (etwa: Sozialarbeitswissenschaft). Unumstritten ist heute weitestgehend, dass unabhängig von den Traditionslinien der Sozialpädagogik einerseits, die vor allem an die geisteswissenschaftliche Pädagogik bzw. Erziehungswissenschaft anknüpfte, und andererseits der Sozialarbeit, die aus der Armenhilfe, Wohlfahrtspflege und Fürsorge entstand, Soziale Arbeit sich entsprechend der Problemlagen und empirisch überprüfbaren Sichtweisen, Erklärungsmustern und Handlungskonzepten sowohl auf die personenbezogenen, erzieherischen und beratenden Aspekte der Veränderung als auch auf sozialpolitische, strukturelle und Lebenslagen verbessernden materiellen Unterstützungen beziehen muss. Dies gilt hinsichtlich der Resozialisierung ganz besonders und deshalb wird hier auch einheitlich und durchgehend von Sozialer Arbeit gesprochen.

Fachkräfte der Sozialen Arbeit sind solche, die ein einschlägiges Studium an einer Hochschule abgeschlossen haben und die staatliche Anerkennung erhalten haben. Im Einzelfall muss die Gleichrangigkeit geprüft werden, beispielsweise wenn der Studienabschluss außerhalb Deutschlands erworben wurde. Das Landesresozialisierungsgesetz sollte festlegen, dass die im Folgenden genannten Tätigkeiten von Fachkräften durchgeführt werden, um die Qualität der Resozialisierungsarbeit unter Achtung der Menschenrechte zu sichern.

Mit Bedacht sprechen wir in diesem Diskussionsentwurf eines Landesresozialisierungsgesetzes von *Hilfen* und nicht von Dienstleistungen und Empowerment, wie es heute teils in Mode ist. Zum einen findet dies seine Begründung darin, dass das Achte Buch des Sozialgesetzbuchs weiterhin Kinder- und Ju-

---

31 Im Juli 2014 wurde die folgende Definition der Sozialen Arbeit von der *International Federation of Social Workers* in Melbourne verabschiedet: „Soziale Arbeit ist eine praxisorientierte Profession und eine wissenschaftliche Disziplin, dessen bzw. deren Ziel die Förderung des sozialen Wandels, der sozialen Entwicklung und des sozialen Zusammenhalts sowie die Stärkung und Befreiung der Menschen ist. Die Prinzipien der sozialen Gerechtigkeit, die Menschenrechte, gemeinsame Verantwortung und die Achtung der Vielfalt bilden die Grundlagen der Sozialen Arbeit. Gestützt auf Theorien zur Sozialen Arbeit, auf Sozialwissenschaften, Geisteswissenschaften und indigenem Wissen, werden bei der Sozialen Arbeit Menschen und Strukturen eingebunden, um existenzielle Herausforderungen zu bewältigen und das Wohlergehen zu verbessern."

gendhilfe und das Zwölfte Buch Sozialhilfe heißt und auch im ersten Buch wird in den §§ 8 und 9 weiterhin der Hilfebegriff verwendet. Die Gesetzessprache entspricht nicht immer dem aktuellen fachlichen Diskurs und richtet sich nicht unbedingt danach, dass in der Selbstdefinition der Sozialen Arbeit der International Federation of Social Workers der Begriff der Hilfe nicht mehr auftaucht. Man kann das fachlich so diskutieren - der deutsche Gesetzgeber sieht es anders und verwendet explizit in § 56d Strafgesetzbuch diesen Begriff der Hilfe. Daran knüpfen wir an. Eine Bewährungshilfe, die im Hilfeprozess keine Hilfe leisten darf, ist auch schwer zu vermitteln. Völlig unabhängig davon ist es wichtig festzuhalten, dass es sozialrechtliche und verfassungsrechtliche Ansprüche auf Hilfeleistungen gibt, dass also der Hilfebegriff nicht impliziert, dass ein rechtloser Hilfebedürftiger sich Hilfe erbetteln muss. Der Begriff der Hilfe wird hier entsprechend der Definition so breit verstanden, dass er eine fachliche methodische Soziale Arbeit ermöglicht und nicht auf Hilfeformen der 1950er Jahre beschränkt ist.

In Abgrenzung zum Begriff der Hilfe steht der der *Maßnahme*, der in Nr. 4 definiert wird Für das Strafgesetzbuch definiert ihn § 11 Nr. 8. Diese Legaldefinition ist für den vorliegenden Entwurf jedoch nicht zielführend. Maßnahmen im Sinne dieses Gesetzes sind nicht strafende Reaktionen auf straffälliges Verhalten, die helfende sowie kontrollierende Aspekte beinhalten. Sie enthalten in dieser helfenden und kontrollierenden Funktion immer auch Grundrechtseingriffe.

Das Jugendgerichtsgesetz gebraucht ihn häufig und meint damit teils familienrechtliche Rechtsfolgen und häufig erzieherische Maßnahmen. Eine Maßnahme ist ein Mischkonstrukt, das nicht nur unterstützende, sondern auch zugleich eingreifende Elemente aufweist.[32]

Der Begriff der Maßnahme wird jedoch zum Teil – allerdings nicht in diesem Diskussionsentwurf – auch in einer dem allgemeinen oder sozialwissenschaftlichen Sprachgebrauch nahen, weiter gefassten Bedeutung verwendet. Danach handelt es sich bei einer Maßnahme um eine Handlung, Regelung oder um ein Programm, die oder das auf eine bestimmte Wirkung abzielt, deren Eintritt evaluierbar ist.

Die Definition der *Resozialisierung* ist hier von besonderer Bedeutung, gerade weil sie den zentralen Bezugspunkt darstellt (vgl. § 1 Anwendungsbereich) und das durchgehende Leitmotiv. Gerade weil es nach wie vor keine einheitliche verbindliche Definition gibt und selbst die sprachliche Herkunft und der Bezug

---

32 Vgl. *Wiesner* 1992, S. 6. Während es sich bei den informellen und formellen Rechtsfolgen des Jugendgerichtsgesetzes um Maßnahmen handelt, „verzichtet das Jugendhilferecht im Bereich der sozialrechtlichen Leistungen bewusst auf den Maßnahmebegriff, da er semantisch die Durchsetzung gegen den Willen des Betroffenen impliziert", vgl. *Trenczek* 2010, S. 382.

zur Sozialisation eher diffus ist, der Begriff also weniger ein Fachbegriff als vielmehr Kurzform oder Synonym für ein ganzes Programm darstellt, ist eine klare Definition nötig, die einerseits durchweg in diesem Gesetz einheitlich verwendet wird und andererseits deutlich macht, dass es um einen *zweiseitigen Prozess zwischen Individuum und Gesellschaft* geht. Eine solche Begriffsklärung einschließlich der Klarstellung, dass Resozialisierung nicht erzwungen werden kann und darf, ist auch deshalb nötig, weil selbst das Strafvollzugsgesetz in seiner Fassung von 1976 den Begriff nicht verwendete, geschweige denn definierte und weil es auch international keinen direkt entsprechenden Fachbegriff gibt, zumal die Begriffe der *reintegration* und *rehabilitation* andere theoretische Bezüge aufweisen.[33]

§ 4 Hilfearten

Hilfen zur Resozialisierung sind insbesondere:
1. *Ermittlungshilfe,*
2. *Jugendhilfe im Strafverfahren,*
3. *Frühhilfe,*
4. *Haftentscheidungshilfe,*
5. *Täter-Opfer-Ausgleich,*
6. *Hilfe bei der Abwendung der Vollstreckung von Ersatzfreiheitsstrafe durch freie Arbeit,*
7. *Erzieherische ambulante Maßnahmen des Jugendstrafrechts,*
8. *Bewährungshilfe,*
9. *Führungsaufsicht,*
10. *Hilfe zur Entlassung bei Freiheitsentzug,*
11. *Hilfen nach Entlassung aus Freiheitsentzug,*
12. *Hilfen in betreuten Wohnformen und Übergangseinrichtungen,*
13. *Hilfe im Vollstreckungsverfahren,*
14. *Hilfe für von ausländerrechtlichen Maßnahmen betroffene Straffällige,*
15. *Hilfe zur Vorbereitung von Gnadenentscheidungen,*
16. *Hilfe für Angehörige von Straffälligen.*

Begründung

Mit insgesamt 16 Hilfearten zeigt der Gesetzesentwurf, wie weit das Feld und damit der Regelungsbedarf sind. Detaillierte Begründungen finden sich bei den einschlägigen Paragraphen, weil es sich in § 4 nur um eine Aufzählung handelt, die gleichwohl hier in den ersten Abschnitt gehört, um deutlich zu machen, auf welche Bereiche sich die Gestaltungsgrundsätze im zweiten Abschnitt beziehen.

---

33   Vgl. zum Begriff der Resozialisierung *Cornel* 2009c.

Zweiter Abschnitt: Gestaltungsgrundsätze

§ 5 Achtung der Menschenrechte und Verbot erniedrigender Behandlung

(1) Die fundamentalen Grund- und Freiheitsrechte der Klientinnen und Klienten sind zu achten. Maßnahmen der Resozialisierung dürfen weder erniedrigend noch stigmatisierend sein. Sie dürfen keine größeren Belastungen oder Rechtsbeschränkungen auferlegen, als in der gerichtlichen oder behördlichen Entscheidung vorgesehen.
(2) Hilfen und Maßnahmen i. S. dieses Gesetzes können Eingriffe in Grundrechte der Betroffenen beinhalten. Bei den Fachkräften der Sozialen Dienste der Justiz und den Mitarbeiterinnen und Mitarbeitern der sonstigen an der Resozialisierung beteiligten Stellen gilt es, ein entsprechendes Bewusstsein zu bewahren oder zu schaffen, dass alle Formen der Hilfe und Kontrolle Eingriffscharakter aufweisen können, die der Legitimation auch mit Blick auf den Verhältnismäßigkeitsgrundsatz bedürfen.

Begründung

Der Grundrechtsschutz gilt auch für Probanden, die unter ambulanter Aufsicht stehen bzw. Hilfen nach diesem Gesetz erhalten. Dabei geht es nicht nur um Fragen der Menschenwürde (Art. 1 GG), sondern um die ganze Bandbreite des Grundrechtsschutzes. Diese verfassungsrechtliche Selbstverständlichkeit bedarf der ausdrücklichen Erwähnung, weil die Auffassung immer noch verbreitet ist, dass Alternativen zur Freiheitsstrafe als im Vergleich zum Strafvollzug weniger eingriffsintensive Maßnahmen unter rechtsstaatlichen Gesichtspunkten nicht problematisiert werden müssen.[34] Dass auch Maßnahmen der Resozialisierung stigmatisierend und gegen die Menschenwürde verstoßend ausgestaltet sein können, ist u. a. durch unschöne Beispiele der gemeinnützigen Arbeit (vor allem im Ausland) deutlich geworden (z. B. das Tragen stigmatisierender Kleidung in der Öffentlichkeit, s. u.).

Absatz 1 ist an die Formulierungen in den Rules Nr. 1, 7 und 8 der „European Rules for juvenile offenders subject to sanctions or measures" (Rec. (208)11, ERJOSSM) angelehnt, indem zum einen die Geltung sämtlicher Grundrechte, zum anderen auf das Verbot erniedrigender Behandlung und die Vermeidung zusätzlicher, der Sanktion nicht notwendig inhärenter Belastungen und Eingriffe in Freiheitsrechte abgestellt wird.[35] In Nr. 5 der Probation Rules

---

34 *Morgenstern* 2002, S. 349 hat schon früh zu Recht darauf hingewiesen, dass „resozialisierende Maßnahmen, etwa im Bereich der angelsächsischen probation vom Gesetzgeber erst zögerlich und in der Praxis häufig gar nicht als strafende Maßnahmen anerkannt werden."

35 Vgl. *Council of Europe* 2009, S. 7, 33, 37 f.; Das Verbot erniedrigender Behandlung ist Gegenstand von Art. 3 EMRK; die European Prison Rules stellen in Nr. 1 ebenfalls all-

wird ebenfalls explizit gefordert, dass keine weitergehenden größeren Belastungen oder Rechtsbeschränkungen auferlegt werden dürfen als in der gerichtlichen oder behördlichen Entscheidung vorgesehen. Daraus kann beispielsweise abgeleitet werden, dass ambulante Sanktionen und insbesondere Weisungen und Auflagen gerichtlich eindeutig und klar definiert sein müssen, verfassungsrechtlich ist dies mit Blick auf Art. 103 Abs. 2 GG (Bestimmtheitsgebot) zu fordern.[36]

Absatz 2 verdeutlicht diese Bedeutung des Eingriffscharakters von ambulanten Sanktionen und ihrer Ausgestaltung. Dafür ist bei den beteiligten Mitarbeiterinnen und Mitarbeitern der Sozialen Dienste der Justiz bzw. der im Bereich der ambulanten Straffälligenhilfe Tätigen eine entsprechende Sensibilität zu schaffen. Auch muss dieser Aspekt in der Aus- und Fortbildung thematisiert werden. In der Arbeit mit Straffälligen ist darüber hinaus die jeweilige Eingriffsintensität von Hilfe- und insbesondere Kontrollmaßnahmen auch unter Aspekten des Verhältnismäßigkeitsgrundsatzes zu problematisieren (s. dazu unten § 7).

Historisch gesehen stand auf nationaler Ebene und international vergleichend gesehen der Menschenrechtsschutz für Inhaftierte im Vordergrund, wie er erstmals mit den Mindeststandards der Vereinten Nationen für Gefangene im Jahr 1955 Ausdruck fand.[37] Auf europäischer Ebene wurde mit den Europä-

---

gemein auf die Geltung der Grundrechte ab, in Rule Nr. 102.2 wird für Strafgefangene das Verbot zusätzlicher, über den Entzug der (Bewegungs-)Freiheit hinausgehender Belastungen aufgeführt, vgl. *Council of Europe* 2006.

36   Vgl. BGH NStZ 2013, S. 464; BVerfG StV 2012, S. 481.

37   Vgl. United Nations Standard Minimum Rules for the Treatment of Offenders, im Internet unter http://www.ohchr.org/Documents/ProfessionalInterest/treatmentprisoners. pdf. Die Regelungen werden derzeit aktualisiert. Im Dezember 2010 beauftragte die UN Generalversmmlung mit der Resolution 65/230 die Commission on Crime Prevention and Criminal Justice (CCPCJ) eine internationale Expertengruppe einzusetzen, mit dem Ziel: to "exchange information on best practices (…) and on the revision of existing United Nations Standard Minimum Rules for the Treatment of Prisoners so that they reflect recent advances in correctional science and best practices." Die Gruppe hat bis März 2015 viermal getagt, ein Abschluss der Arbeiten ist noch nicht absehbar. Bereits vor den UN-Standards von 1955 war 1950 die Europäische Menschenrechtskonvention (EMRK) – die Europäische Konvention zum Schutze der Menschenrechte und Grundfreiheiten – erlassen worden, die auch und gerade Beschuldigte und verurteilte Straftäter erfasst. Hierbei handelt es sich um einen völkerrechtlichen Vertrag. In Deutschland hat die Konvention den Rang eines einfachen Bundesgesetzes, nach der jüngsten Rspr. des BVerfG zum Kollisionsfall deutschen Verfassungsrechts mit der EMRK-Rspr. kann man sogar von einer verfassungsrechtlichen Bedeutung der EMRK (zumindest insoweit, dass die deutsche Verfassung im Licht der EMRK auszulegen ist) annehmen, vgl. BVerfG 128, S. 326 ff. (= NStZ 2011, S. 450 ff.). Das BVerfG hat dazu in Leitsatz 2a) festgestellt: „Die Europäische Menschenrechtskonvention steht zwar innerstaatlich im Rang unter dem Grundgesetz. Die Bestimmungen des Grundgesetzes sind jedoch völkerrechtsfreundlich auszulegen. Der Konventionstext und die Rechtspre-

ischen Strafvollzugsgrundsätzen 1973 eine teilweise weitergehende und differenziertere Lösung geschaffen, die erstmals 1987 und zuletzt 2006 überarbeitet wurde.[38] Das Bewusstsein, dass auch bei ambulanten Sanktionen der Grundrechtsschutz relevant werden kann, hat sich im Laufe der 1980er Jahre unter dem Eindruck zunehmend eingriffsintensiverer ambulanter Sanktion entwickelt. Zunächst ging es um die Einführung der gemeinnützigen Arbeit (im europäischen Ausland vor allem in den 1980er Jahren),[39] danach um Intensivformen der Bewährungsaufsicht (*intensive supervision*; *intensive probation* etc.) bis hin zum elektronisch überwachten Hausarrest oder heutzutage der Elektronischen Aufenthaltsüberwachung.[40]

Die internationale Staatengemeinschaft hat das Thema des Menschenrechtsschutzes bei ambulanten Strafrechtssanktionen Ende der 1980er Jahre aufgegriffen. Zunächst wurde auf der Ebene der Vereinten Nationen mit den sog. Tokyo-Rules ein Regelwerk geschaffen, das neben der Beförderung einer weitgehenderen Anwendungspraxis auch die rechtsstaatliche Ausgestaltung ambulanter Sanktionen anstrebte.[41] Es folgte dann die Empfehlung des Europarats über Community Sanctions or Measures (CSM) aus dem Jahr 1992,[42] die den Menschenrechtsschutz im Rahmen ambulanter Sanktionen stärker betonte[43]

So fordern die Empfehlungen von 1992, dass „Art, Inhalt und Methoden der Implementation ... die Privatsphäre und die Würde des Straftäters und seiner Familie nicht gefährden bzw. beeinträchtigen dürfen ... Es muss gewährleistet sein, dass der Straffällige vor Verunglimpfung und unangebrachter Neugier oder Bloßstellung in der Öffentlichkeit geschützt wird" (Rule 23).

Die European Rules for juvenile offenders subject to sanctions or measures von 2008 (Rec. 2008)11)[44] betonen – wie vorangegangene Empfehlungen des Europarats und der Vereinten Nationen – , dass „Sanktionen oder Maßnahmen ... für die betroffenen Jugendlichen weder erniedrigend noch herabsetzend sein"

---

chung des Europäischen Gerichtshofs für Menschenrechte dienen auf der Ebene des Verfassungsrechts als Auslegungshilfen für die Bestimmung von Inhalt und Reichweite von Grundrechten und rechtsstaatlichen Grundsätzen des Grundgesetzes."

38 Vgl. die Rec. (2006)2 „on the European Prison Rules" des Europarats; im Internet zugänglich unter https://wcd.coe.int/ViewDoc.jsp?id=955747; vgl. hierzu *Dünkel/Morgenstern/Zolondek* 2006; *van Zyl Smit* 2006; *van Zyl Smit/Snacken* 2009; *Dünkel* 2010; vgl. aus historischer Sicht auch *Neale* 1991.

39 Vgl. hierzu *Dünkel* 2013; *Dünkel/Lappi-Seppälä* 2013.

40 Vgl. hierzu zusammenfassend *Harders* 2014; vgl. auch *Rohrbach* 2014.

41 Vgl. hierzu *Morgenstern* 2002, S. 72 ff.

42 Vgl. Rec. (1992)16.

43 Vgl. *Morgenstern* 2002, S. 106 ff.; zu aktuellen Entwicklungen auch im Rahmen der Ueropäischen Union vgl. *Morgenstern/Larrauri* 2013, S. 125 ff., 134 ff.

44 Vgl. hierzu zusammenfassend *Dünkel* 2011.

dürfen (Rule 7). Und: „Sanktionen oder Maßnahmen sind so durchzuführen, dass die ihnen eigene belastende Wirkung nicht noch verstärkt wird oder ein unangemessenes Risiko einer physischen oder psychischen Verletzung darstellt." (Rule 8). Im Kommentar zu diesen Regelungen wird auf einige inakzeptable Formen der Gemeinnützigen Arbeit Bezug genommen, die stigmatisierend sein können wie beispielsweise das Tragen spezieller Uniformen oder Kleidung, die Straftäter unmittelbar als solche identifizierbar machen und damit mit den ERJOSSM nicht übereinstimmen.[45] Die Praxis, orangefarbige Uniformen zu tragen, wie dies in England und Wales ebenso wie in den Niederlanden (ferner in den USA und Südafrika) der Fall ist, muss als Verstoß gegen diese Menschenrechtsstandards angesehen werden. Aus europäischer Sicht ebenso völlig inakzeptabel und menschenrechtsverletzend ist die frühere und in Arizona nach wie vor gültige Praxis Straftäter aneinander gekettet arbeiten zu lassen (*chain gangs*) und sie so in einem martialisch-mittelalterlichen Outfit zu stigmatisieren.

Zwei weitere Menschenrechtsaspekte sind in diesem Zusammenhang zu nennen. Rule 37 der ERJOSSM fordert, dass die Kosten der Implementation der Sanktion weder dem jugendlichen Täter noch seinen Eltern auferlegt werden dürfen. Und: Gemeinnützige Arbeit darf nicht dem alleinigen Zweck der Gewinnerzielung dienen (Rule 45 ERJOSSM).

Auch die beiden jüngsten Regelwerke des Europarats, die Probation Rules[46] und die Empfehlung zum Electronic Monitoring[47] betonen den Grundrechtsschutz. Die Einrichtungen der Bewährungshilfe sind zur Beachtung der Menschenrechte, insbesondere der Menschenwürde, der Gesundheit, Sicherheit und des Wohls der Klientinnen und Klienten verpflichtet (siehe Rule 2). Auch die Probation Rules betonen, dass den Verurteilten „keine größeren Belastungen oder Rechtsbeschränkungen" auferlegt werden dürfen, „als in der gerichtlichen oder behördlichen Entscheidung vorgesehen" und die mit Blick auf die Schwere der Tat verhältnismäßig sind (Rule 5).

Die Empfehlungen zum Electronic Monitoring von 2014 enthalten in den Rules 4 und 5 ebenfalls den Hinweis, dass die Maßnahmen in ihrer zeitlichen Dauer und Eingriffsintensität verhältnismäßig sein müssen und keine über die gerichtliche Entscheidung hinausgehende Übelszufügung beinhalten dürfen. In Rule 6 werden zusätzlich die Grundrechte Dritter, die durch die Entscheidung betroffen sind, hervorgehoben (z. B. Familienangehörige).

Damit diese Grundsätze des § 5 und die entsprechenden internationalen Menschenrechtsstandards in der beruflichen Ethik und Praxis wirksam werden,

---

45   Vgl. *Council of Europe* 2009, S. 37.

46   Vgl. die Empfehlung CM/Rec (2010)1 über die Grundsätze der Bewährungshilfe vom 20.1.2010, zugänglich unter www.coe.int.

47   Vgl. die Recommendation CM/Rec (2014)4 of the Committee of Ministers to member States on electronic monitoring vom 19.2.2014, zugänglich unter www.coe.int.

sind sie in der beruflichen Aus- und Fortbildung der Mitarbeiterinnen und Mitarbeiter der Sozialen Dienste der Justiz und der sonstigen an der Resozialisierung beteiligten Stellen zu verankern.

§ 6 Grundsatz der individualisierten Hilfen und Diskriminierungsverbot

Bei der Gestaltung der Hilfen nach diesem Gesetz sind die individuellen Eigenschaften, Umstände und Bedürfnisse der Klientinnen und Klienten zu berücksichtigen. Die Interventionen erfolgen ohne Diskriminierung, insbesondere wegen des Geschlechts, der Abstammung, der Hautfarbe, der Sprache, der Religion, einer Behinderung, der sexuellen Ausrichtung, der politischen oder sonstigen Anschauung, der nationalen oder sozialen Herkunft, der Zugehörigkeit zu einer ethnischen Minderheit, des Vermögens, der Geburt oder eines sonstigen Status.

Begründung

Der Grundsatz der individualisierten Hilfeleistung entspricht den empirischen Erkenntnissen zu Grundsätzen einer erfolgreichen Straftäterbehandlung, die auf die wesentliche Bedeutung eines individuellen Risikomanagements, die Beachtung individueller Eigenschaften i. S. der sog. „criminogenic needs" und der individuellen Ansprechbarkeit des Straffälligen hinweisen.[48] Dieser Ansatz reicht aber nicht aus und bedarf auch der differenzierten Betrachtung, denn es geht hierbei nicht um eine Fixierung auf Defizitpersönlichkeiten und Risikolagen, sondern auch im Sinne einer positiven Psychologie um die Orientierung an Stärken der Klientinnen und Klienten und an protektiven Faktoren in deren sozialem Umfeld. Die Arbeit der Sozialen Dienste ist im Übrigen auf die traditionellen Hilfen i. S. einer Verbesserung der Lebenslagen auszurichten, die eine notwendige, wenngleich nicht immer hinreichende Voraussetzung der Eingliederung darstellen.

Der Grundsatz der Individualisierung findet sich im Strafvollzugsbereich in der dort selbstverständlichen individuellen Vollzugsplanerstellung. Auch im ambulanten Bereich bedarf es individueller Hilfepläne (s. unten § 32).

Der Individualisierungsgrundsatz entspricht den Erkenntnissen der vielfältigen besonderen Problemlagen, die bei Strafvollzugsinsassen, aber in ähnlichem Umfang auch bei Probanden der Bewährungshilfe vorzufinden sind. *Harper* und *Chitty* ermittelten bei einem Sample von 10.000 Insassen des Strafvollzugs und Klientinnen bzw. Klienten der Bewährungshilfe eine Häufung von durchschnittlich 5 (Strafvollzug) bzw. 4 (Bewährungshilfe) besonderen Problemlagen

---

48   Vgl. zusammenfassend *Andrews/Bonta* 2010; *Andrews u. a.* 1990; *Harper/Chitty* 2005; *Lösel* 2012; vgl. auch *Dünkel/Drenkhahn* 2001. *Lloyd/Serin* 2014, S. 3303 bezeichnen das RNR-Prinzip als „the guiding principle worldwide".

(„kriminogene" Faktoren in Bereichen von Wohnung, Arbeitsverhalten, Lebensstil und Freundeskreis, Alkohol-, Drogenmissbrauch, kognitive Probleme, antisoziale Einstellungen etc.).[49] Dies verdeutlicht die Notwendigkeit eines multimodalen Behandlungs- bzw. Betreuungsansatzes, der den multiplen Problemlagen Rechnung trägt.[50] Aktuelle Forschungen am Institut für Kriminologie der Rechtswissenschaftlichen Fakultät der Universität zu Köln zeigen zudem, dass sich im Laufe der Unterstellungszeit die Problemlagen und der Betreuungsbedarf der Probandinnen und Probanden immer wieder verändern, und zwar in einer Art und Weise und einem Umfang, der bei einer diagnostischen Eingangsuntersuchung nicht zuverlässig zu prognostizieren ist und kaum in einem Zusammenhang mit der Vorstrafenbelastung und dem Anlassdelikt steht.[51] Dies verdeutlicht zugleich die Notwendigkeit einer ständigen Fortschreibung von Eingliederungs- und Hilfeplänen.[52]

Auch das Diskriminierungsverbot erscheint auf den ersten Blick als verfassungsrechtliche Selbstverständlichkeit. Jedoch bedarf auch dieser Grundsatz der besonderen Hervorhebung, weil immer wieder Benachteiligungen z. B. von Ausländerinnen und Ausländern oder Personen mit Migrationshintergrund bekannt werden, etwa wenn die sprachlichen Voraussetzungen zur Teilnahme an bestimmten ambulanten Programmen nicht oder nur eingeschränkt gegeben sind. Dies kann beispielsweise kompensatorische Maßnahmen im Bereich der sprachlichen Aus- und Fortbildung erfordern, um Diskriminierungen zu verhindern.

Der Individualisierungsgrundsatz fordert auch die Berücksichtigung von geschlechtsspezifischen Problemlagen und darauf bezogenen Angeboten.

§ 7 Grundsatz der Verhältnismäßigkeit

(1) Eingriffe nach diesem Gesetz sind nur dann zulässig, wenn mit ihnen das Ziel der Resozialisierung der Klientinnen und Klienten erreicht werden kann.
(2) Die Eingriffe müssen zur Erreichung dieses Ziels erforderlich und angemessen (verhältnismäßig i. e. S.) sein.

---

49   *Harper/Chitty* 2005, S. 10.

50   Zu den besonderen Bedürfnissen von Straftätern zusammenfassend *Guéridon/Marks* 2014, S. 21 ff. m. w. N.

51   Vgl. *Boxberg* 2014.

52   Vgl. hierzu die Begründungen zu §§ 11, 22, 24 und 32 des vorliegenden Entwurfs.

Begründung

Absatz 1 verweist auf einen Aspekt des Verhältnismäßigkeitsprinzips, die *Geeignetheit* von Maßnahmen zur Erreichung des Resozialisierungsziels. Diese ist nur gegeben, wenn die Hilfeleistung bzw. der Eingriff nach dem gegenwärtigen Stand der Erkenntnisse zur Straftäterbehandlung als geeignet angesehen werden kann. Damit sind die Sozialen Dienste der Justiz angehalten, nur „evidenzbasierte" Interventionsstrategien einzusetzen und zugleich die Evaluation ihrer Resozialisierungsbemühungen zu ermöglichen. Es liegt nicht nur im Interesse der Gesellschaft, dass Ressourcen in geeigneter Weise verwendet werden, sondern auch im Interesse der Sozialen Dienste der Justiz ihr eigenes Handeln zu reflektieren und auf die Geeignetheit zur Zielerreichung zu überprüfen.

Absatz 2 behandelt die beiden weiteren Dimensionen des Verhältnismäßigkeitsgrundsatzes und verdeutlicht zugleich die stufenbezogene Prüfungsreihenfolge der *Erforderlichkeit* und *Angemessenheit* (Verhältnismäßigkeit i. e. S.).

Der Verhältnismäßigkeitsgrundsatz entfaltet seine Bedeutung nicht nur bzgl. der *Anordnung*, sondern auch bzgl. der (Fort-)*Dauer* von Maßnahmen mit Blick auf die anzustrebende zunehmende Verselbständigung der Klienten nach dem Prinzip der Hilfe zur Selbsthilfe. Hilfe-, aber vor allem Kontrollmaßnahmen sind regelmäßig daraufhin zu überprüfen, ob sie nach wie vor erforderlich und verhältnismäßig sind (vgl. auch § 33). Soweit die Mitarbeiterinnen bzw. Mitarbeiter der Sozialen Dienste der Justiz nicht selbst zur Aufhebung oder Verkürzung von Maßnahmen befugt sind, wirken sie ggf. auf eine Entscheidung des Gerichts hin.

Diese Notwendigkeit der regelmäßigen Überprüfung von Eingriffen im Hinblick auf ihre Verhältnismäßigkeit bedeutet, dass ein entsprechendes standardisiertes Monitoring bei den Sozialen Diensten der Justiz eingeführt werden muss. D. h. Risikoeinschätzungen müssen als dynamische Instrumente verstanden werden, die eine differenzierte Hilfe- und Kontrollintensität im Verlauf der Betreuung gewährleisten.

§ 8 Wiedergutmachung

(1) Die Straffälligen sollen motiviert und dabei unterstützt werden, den durch die Straftat verursachten materiellen und immateriellen Schaden wieder gut zu machen. Gem. § 47 wird ein Resozialisierungsfonds eingerichtet und so ausgestattet, dass eine Opferentschädigung auch denjenigen Straffälligen ermöglicht wird, denen eine sofortige materielle Schadenswiedergutmachung ansonsten nicht möglich wäre.
(2) Im Übrigen gelten die Grundsätze des § 19 zum Täter-Opfer-Ausgleich.

Begründung

Prinzipien einer wiedergutmachenden Strafjustiz (*Restorative Justice*) haben im Strafvollzug[53] und im ambulanten Sanktionsbereich Eingang gefunden. Vor allem im JGG (vgl. §§ 45 Abs. 2, 10, 15, 23, 88 JGG) sind Elemente der Wiedergutmachung zur gängigen, wenngleich immer noch eher zu restriktiven oder zu stark auf Bagatelldelikte und Erstauffällige ausgerichteten Praxis geworden. Im Erwachsenenstrafrecht und -verfahrensrecht sind zwar ebenfalls weitgehende rechtliche Möglichkeiten gegeben (vgl. insbesondere §§ 155a, b StPO, 46a, 56c, 57 Abs. 3 StGB), jedoch spielen sie in der Praxis nur eine untergeordnete Rolle.

In der ambulanten Straffälligenhilfe geht es entweder um die Erreichung einer Einstellung des Verfahrens im Zuge wiedergutmachender Bemühungen des bzw. der Straffälligen, oder die zumindest mildere Sanktionierung nach erfolgter Wiedergutmachung bzw. eines Täter-Opfer-Ausgleichs.

Wiedergutmachung kann aber auch gegenüber der Gesellschaft, deren Normgefüge verletzt wurde geleistet werden, beispielsweise in Form gemeinnütziger Arbeit.

Falls der/die Straffällige mittellos ist, kommt der sog. Opferfonds zum Tragen. Den Klientinnen und Klienten soll dadurch die Möglichkeit gegeben werden, das Opfer materiell zu entschädigen und ggf. das Geld in Raten an den Fonds zurückzubezahlen oder u. U. mit gemeinnützigen Leistungen „abzuarbeiten". Hierzu gibt zahlreiche positive Erfahrungen im In- und Ausland.[54]

---

53 Vgl. hierzu *Walther* 2002; *Gelber* 2012; *Gelber/Walter* 2013; *Dünkel* 2015 m. w. N. In der Strafvollzugsgesetzgebung der Bundesländer geht es dabei um zwei Dimensionen: Zum einen die programmatische Ausgestaltung des Vollzugs auf die Ermöglichung bzw. Erleichterung der Auseinandersetzung des oder der Verurteilten mit der Tat und deren Folgen und daraus folgend die Wiedergutmachung des Schadens gegenüber dem Opfer, zum anderen geht es um die Regelung von Konflikten innerhalb des Vollzugs zwischen Gefangenen und anderen Gefangenen sowie Bediensteten, um formale Disziplinarmaßnahmen zu vermeiden, vgl. zusammenfassend im europäischen Vergleich *Dünkel/Grzywa-Holten/Horsfield* 2015, S. 1072 ff.; *Dünkel* 2015.

54 Zur Forderung der flächendeckenden Einrichtung von Opferfonds vgl. *Helmken* 2009; zur Entwicklung in Deutschland *Kerner/Weitekamp* 2013, S. 40 ff., 108 (47% der be-

§ 9 Vorrang pädagogischer Hilfen vor Kontrolle

Um das Ziel der Resozialisierung zu erreichen, haben sozial konstruktive Maßnahmen und (sozial-)pädagogische Hilfen Vorrang vor lediglich kontrollierenden Maßnahmen. Ausschließlich technische Kontrollmaßnahmen sind nicht zulässig.

Begründung

Der Vorrang pädagogischer Hilfen vor Kontrolle entspricht den Erkenntnissen der Forschungen zur Straftäterbehandlung und der Lebenslaufforschung bzgl. sog. Karrieretätern.[55] Damit wird der Kontrollaspekt nicht negiert, sondern in ein vernünftiges Gesamtkonzept der Resozialisierung eingebettet. Rein technische Kontrollmaßnahmen wie beispielsweise die elektronische (Aufenthalts-) Überwachung haben nach dem Stand empirischer Forschung nur dann einen nachhaltigen Resozialisierungseffekt, wenn sie mit betreuenden Maßnahmen der Bewährungshilfe u. ä. verbunden werden.[56] Dementsprechend schließt Rule Nr. 8 der Europaratsempfehlung bzgl. Electronic Monitoring eine elektronische Überwachung als selbständige Sanktion zwar nicht aus, fordert aber, dass eine betreuende Komponente mit ihr verbunden werden sollte, um einen nachhaltigen Resozialisierungserfolg zu erzielen.[57]

Deshalb sind rein technische Kontrollmaßnahmen ohne betreuende Komponente nach dem hier vertretenen Konzept unzulässig.

Auch gilt hier mit Blick auf die Ausgestaltung und (Fort-)Dauer von stark kontrollorientierten Maßnahmen in besonderem Maß der Verhältnismäßigkeitsgrundsatz, der auch in den EM-Rules des Europarats hervorgehoben wird.[58]

---

fragten TOA-Projekte verfügten über einen Opferfonds); *Dünkel/Păroşanu* 2015, S. 308; im Ausland gibt es dazu vor allem in Belgien gute Erfahrungen, vgl. *Dünkel/ Grzywa-Holten/Horsfield* 2015, S. 1053.

55   Vgl. zur Lebenslaufforschung z. B. *Stelly/Thomas* 2001; *Boers* 2009; *Sampson/Laub* 1993 und die Zusammenfassung von *Hofinger* 2012. Eine Zusammenfassung der Ergebnisse der Forschungen zur Straftäterbehandlung findet sich bei *Pruin* 2015.

56   Vgl. *Lilly/Nellis* 2013, S. 36; *Wallace-Capretta/Roberts* 2013, S. 50 f. und die weiteren Beiträge in *Nellis/Beyens/Kaminski* 2013.

57   Vgl. Recommendation CM/Rec(2014)4 of the Committee of Ministers to member States on electronic monitoring, Rule Nr. 8: „Electronic monitoring may be used as a stand alone measure in order to ensure supervision and reduce crime over the specific period of its execution. In order to seek longer term desistance from crime it should be combined with other professional interventions and supportive measures aimed at the social reintegration of offenders."

58   Vgl. Rule Nr. 4, die auch die regelmäßige Überprüfung der Erforderlichkeit der Maßnahme fordert. Ferner betont Rule 6 hinsichtlich der Dauer und Ausgestaltung auch die Beachtung der Rechte Dritter (Familienmitglieder etc.), die von der Maßnahme mitbetroffen sind.

§ 10 Vorrang der Hilfen des Regelsystems vor speziellen Hilfen

Hilfen nach diesem Gesetz sind gegenüber den allgemeinen Leistungen nach dem Sozialgesetzbuch subsidiär. Sie sollen durch ihre spezifische Ausrichtung Benachteiligungen hinsichtlich des Zugangs zum allgemeinen Hilfesystem ausgleichen, soziale Kompetenzen stützen und erweitern sowie dem Ziel der Resozialisierung dienen.

Begründung

Die Hilfen nach diesem Gesetz sind nachrangig gegenüber den Hilfen des Regelsystems. D. h. die Sozialbehörden, ARGEN und andere Leistungserbringer sind und bleiben vorrangig zuständig. Der vorliegende Modellentwurf sieht aber eine verbesserte Vernetzung und Kooperation der unterschiedlichen Agenturen mit den Sozialen Diensten der Justiz vor (vgl. § 31 zur Koordinierung der Hilfen und § 41 zur institutionellen Absicherung in den sozialen Integrationszentren).

Innerhalb des Regelsystems ist darauf zu achten, dass keine Stigmatisierung entsteht, auch wenn ggf. Spezialisierungen für die Problemgruppe von straffälligen Personen erfolgen.

Die Hilfen nach diesem Gesetz sind einerseits ergänzend zu sehen, andererseits sollen die Mitarbeiterinnen und Mitarbeiter der Sozialen Dienste kompensatorische Funktionen hinsichtlich des Zugangs zum Regelsystem für Klientinnen und Klienten übernehmen, deren eingeschränkte soziale Kompetenz zu Benachteiligungen führen können. Auch insoweit gilt das Prinzip der Hilfe zur Selbsthilfe und der möglichst schnellen Kompetenzerweiterung, damit die Betroffenen ihre Rechte zunehmend selbst erfolgreich wahrnehmen können.

§ 11 Durchgehende soziale Hilfe

(1) Zur Vermeidung von Beziehungsabbrüchen, Hilfeunterbrechungen und unnötigen Doppelbetreuungen soll möglichst durchgehende soziale Hilfe in dem Sinne geleistet werden, dass ein Wechsel der Fachkraft vermieden wird. Dem Vorschlag der Klientin oder des Klienten, eine bestimmte Fachkraft zu beauftragen, soll entsprochen werden, soweit dem nicht wichtige Gründe entgegenstehen.

(2) Kommen mehrere Hilfen in Betracht, so soll die Fachkraft, die bereits eine Hilfe leistet, auch die weiteren Hilfen leisten, wenn die Klientin oder der Klient einwilligt.

(3) Bei Beendigung der Zuständigkeit und weiterhin bestehendem Hilfebedarf wird die Fallverantwortlichkeit an eine dazu zuständige Kollegin oder einen zuständigen Kollegen übergeben.

(4) Während einer Freiheitsentziehung ist die Kontaktaufnahme der Inhaftierten zu den Sozialen Diensten der Justiz, zu den Heimatkommunen und Freien Trägern der Straffälligenhilfe von Seiten der Anstalt zur Gewährleistung einer durchgehenden sozialen Hilfe zu fördern.

(5) Auf Antrag der Klientin oder des Klienten kann die Zuständigkeit einer Fachkraft gewechselt werden, wenn das Vertrauensverhältnis nicht mehr besteht und nicht wieder

hergestellt werden kann. Nach Möglichkeit soll es ein Übergabegespräch mit beiden Fach-
kräften und dem Klienten bzw. der Klientin geben, in welchem die Gründe des Wechsels
erörtert werden.

Begründung

Der Begriff der „durchgehenden Hilfe" wurde bereits 1973 erstmals von *Werner*
Wiesendanger verwendet,[59] ist heute ein zentraler Begriff des Übergangsmanagements in der Straffälligenhilfe[60] und *continuous care* wird auch von den
„European Rules Rules for juvenile offenders subject to sanctions or measures"
vom 5. 11.2008 in Rule 15 und 51 gefordert.

Durchgehende Hilfe vermeidet Beziehungsabbrüche, Hilfeunterbrechungen
und unnötige Doppelbetreuungen allein aufgrund der Zuständigkeiten wech-
selnder Institutionen und Organisationseinheiten in unterschiedlichen Phasen der
Strafverfolgung oder Strafvollstreckung. Sie bedeutet weder das Aufdrängen
von Hilfe noch eine solche „von der Wiege bis zur Bahre."

Häufige Betreuungswechsel und mangelnde Kontinuität in der Hilfeleistung
ergeben sich in Bezug auf die Haftentlassung auch daraus, dass einzelne rechtliche Entscheidungen beispielsweise hinsichtlich der vorzeitigen Entlassung aus
dem Strafvollzug, aus der Abfolge von Fristen, Terminen und gutachterlichen
Stellungnahmen in der Logik des Strafrechts, des Strafverfahrensrechts, des
Strafvollzugsrechts oder Gnadenrechts erfolgen und nicht von einem sozialpädagogischen Gedanken geprägt sind, der beispielsweise dahin gehen könnte,
Beziehungsabbrüche, Versorgungslücken und Doppelbetreuungen zu vermeiden.

Die Vermeidung von Beziehungsabbrüchen ist mehr als eine organisatorische Frage, sondern korrespondiert eng mit Ursachen der Delinquenz selbst:
viele Klienten haben viele Beziehungsabbrüche seit frühester Kindheit erlebt –
Bindungslosigkeit und Bindungsunfähigkeit sind bekanntlich wichtige Katego-
rien. *Feest* spricht bezüglich der Zuständigkeitsregelungen vom „organisierten
Beziehungsabbruch".[61] Wer die Intimitäten der biographischen Ereignisse
kennt, in denen es beispielsweise in der rekonstruktiven Fallarbeit geht, der mag
ermessen, dass man dies nicht gerne immer wieder einer fremden Person erzählt.
Diesen Überlegungen entsprechend ist es wenig verwunderlich, dass nach der
aktuellsten Metaanalyse zur Effektivität von Wiedereingliederungsstrukturen
Programme, die während der Inhaftierung begannen und nach der Entlassung

---

59   Vgl. *Wiesendanger* 1973, S. 126 ff.

60   Vgl. *Klug* 2008, S. 9 ff.; *Cornel* 2012, S. 290; 2012a, S. 14 f.; 2011a, S. 129 f.

61   Vgl. *Feest* 2007, S. 6 f.; ebenso schon *Bertram* 2004.

fortgeführt wurden, größere Erfolge aufwiesen als solche, die das Prinzip der durchgängigen Betreuung nicht verfolgten.[62]

Das Prinzip durchgehender Hilfen, insbesondere beim Übergang vom Strafvollzug in die Nachentlassungssituation, war in den 1980er Jahren in den alten Bundesländern ein heftig umstrittenes Thema. Obwohl schon damals mit Blick auf ausländische Modelle klar war, dass eine stärkere Vernetzung, wenn nicht gar ein einheitlicher Sozialer Dienst der Justiz eine vernünftige Lösung des Problems von die Integration erschwerenden Beziehungsabbrüchen und Hilfe-unterbrechungen gewesen wäre,[63] scheiterten entsprechende Versuche einer Neuorganisation der Sozialen Dienste der Justiz vor allem am Widerstand der Bewährungshilfeorganisationen.[64] Das Thema wurde erst nach der Wiederver-einigung im Zuge der Neugestaltung der Sozialen Dienste in den neuen Bundesländern wieder aktuell. Ziemlich geräuschlos wurden die traditionell getrennten Bereiche von Gerichts- und Bewährungshilfe zusammengefasst und auch mit Blick auf den Vollzug neue Wege gegangen. Am weitesten fortent-wickelt ist die Organisationsstruktur in Mecklenburg-Vorpommern, wo mit dem Projekt der Integralen Straffälligenarbeit (InStar) seit 2007 eine systematische Verzahnung von Vollzug und Sozialen Diensten der Justiz umgesetzt wurde. Die Bewährungshelfer werden ein Jahr vor der voraussichtlichen Entlassung in den nach dem Mecklenburg-Vorpommerschen Strafvollzugsgesetz zu erstellen-den Eingliederungsplan (als Fortschreibung des Vollzugsplans)[65] einbezogen und bereiten die Entlassung gemeinsam mit dem Sozialdienst der Anstalt vor.[66]

---

62   *Ndrecka* 2014, S. 146. Empirisch wurde die positive Wirkung der durchgängigen Be-treuung auch durch *Lewis et al.* 2007, S. 33 ff. belegt; vgl. auch *Robinson* 2005; *Raynor* 2012.

63   Vgl. *Dünkel* 1986; 1986a; 1986b; 1990; 1993; 2009; *Maelicke* 2006; 2008; 2012; *Wegener* 2006.

64   Ein „Meilenstein" war der Entwurf eines Bundesresozialisierungsgesetzes der *Arbeits-gemeinschaft Sozialdemokratischer Juristen* von 1986 bzw. 1988, der aber niemals das Stadium eines Referentenentwurfs oder gar einer parlamentarischen Initiative erreichte, vgl. zum Entwurf *Arbeitsgemeinschaft Sozialdemokratischer Juristen* 1988.

65   Vgl. § 8 StVollzG MV, § 8 StVollzG Saarland, § 8 StVollzG SN und unten die Begrün-dung zu § 32.

66   Vgl. zu InStar *Jesse/Kramp* 2008; *Koch* 2009; *Grosser* 2012; zu Formen des Über-gangsmanagements in anderen Bundesländern vgl. *Roos/Weber* 2009; *Matt* 2010; 2014; *Dünkel/Drenkhahn/Morgenstern* 2008; *Dünkel* 2009; *Welling* 2009; *DBH-Fachverband für Soziale Arbeit, Strafrecht und Kriminalpolitik* 2012; speziell zum Übergang in Arbeit sind die in Nordrhein-Westfalen entwickelten Strukturen vorbildlich, vgl. *Wirth* 2006; 2009; 2012; *Baum* 2012; zu einem Baden-Württembergischen Projekt vgl. *Walter/Fladausch-Rödel* 2009 und die Evaluation von *Pruin* 2013. *Dölling/Hermann/ Entorf* 2014 beschreiben ab S. 138 f. die (unzureichende) Kooperation zwischen Bewährungshilfe und Vollzug und *Hollmann/Haas* 2012 kommen bei der Evaluation

Absatz 1 sieht neben dem Grundsatz der durchgehenden Hilfe vor, dass diese möglichst durch eine von der Klientin bzw. dem Klienten vorgeschlagene Fachkraft geleistet werden soll, soweit dem nicht wichtige Gründe entgegenstehen. Der Erfolg von Wiedereingliederungsmaßnahmen hängt wesentlich auch von der persönlichen Beziehung zwischen den Klienten und den Mitarbeiterinnen bzw. Mitarbeitern der Sozialen Dienste ab.[67] Wenn eine solche Vertrauensbeziehung existiert, sollte möglichst kein Wechsel der Betreuungsperson vorgenommen werden. Jedoch wird sich dies nicht immer vermeiden lassen, z. B. wenn die räumlichen Entfernungen in Flächenländern groß und Anfahrtswege zur Anstalt zu weit sind.

Auch Absatz 2 betont das Prinzip der Kontinuität, indem die Fachkraft, die bereits Hilfe leistet, mit Einwilligung der Klientin oder des Klienten auch die weiteren Hilfen leisten soll.

Ein Fall eines notwendigen Betreuerwechsels ist bei Beendigung der Zuständigkeit eines Hilfeleistenden vorgesehen, wenn weiterer Hilfebedarf besteht (Absatz 3). Klassischerweise ist dies bei der Entlassung aus dem Strafvollzug gegeben, wenngleich die Strafvollzugsgesetze der Länder durchaus Möglichkeiten der Nachsorge von Vollzugsbediensteten vorsehen. Entscheidend zur Vermeidung von Beziehungsabbrüchen ist jedoch die frühzeitige Einbeziehung der Sozialen Dienste der Justiz und anderer Leistungserbringer im Rahmen von § 24 dieses Entwurfs.

Um diese frühzeitige Einbeziehung externer Hilfeleistender zu realisieren, ist eine frühzeitige Kontaktaufnahme zu diesen seitens der Anstalt zu gewährleisten (Absatz 4).

Ein weiterer Fall eines Betreuungswechsels ist sachlich gerechtfertigt, wenn das Vertrauensverhältnis nicht mehr besteht und nicht wieder herstellbar erscheint (Absatz 5). Um einen vorschnellen oder leichtfertigen Wechsel des Betreuungsverhältnisses zu vermeiden, wird den antragstellenden Klientinnen und Klienten aufgegeben, die Gründe des Wechsels darzulegen und mit der alten und neuen Betreuungsperson zu erörtern.

Das Prinzip der durchgehenden sozialen Hilfen findet auf organisatorischer Ebene seine Entsprechung in dem beim Justizministerium anzusiedelnden Landesamt Ambulante Resozialisierung mit den dort genannten Aufgaben- bzw. Fachbereichen (vgl. § 37). Die Verzahnung von Strafvollzug, Bewährungs- und Entlassenenhilfe ist in § 24 detailliert geregelt. Auf der organisatorischen Ebene des Justizministeriums ist Voraussetzung für eine effiziente Struktur die Schaf-

---

des niedersächsischen Übergangsmanagements zu dem Ergebnis, dass die neuen Strukturen noch nicht ausreichend umgesetzt wurden (vgl. die Zusammenfassung ab S. 7 f.).

67 Vgl. zum Stand der Forschung zusammenfassend *Alexander/Lowenkamp/Robinson* 2014.

fung von gemeinsamen Abteilungen für Strafvollzug *und* Bewährungs-/Straffälligenhilfe.[68]

§ 12 Rechte und Mitwirkungspflichten der Klientinnen und Klienten

(1) Zu Beginn jeder Hilfeleistung werden Klientinnen oder Klienten über ihre Rechte und Pflichten belehrt und insbesondere darüber aufgeklärt, welche Konsequenzen sich aus vorangegangenen gerichtlichen Entscheidungen ergeben.
(2) Grundsätzlich ist die Mitwirkung an dem sie betreffenden Hilfeprozess freiwillig. Bestehende gesetzliche Mitwirkungspflichten im Rahmen der Unterstellung unter Bewährungshilfe bzw. Führungsaufsicht bleiben davon unberührt.
(3) Die Klientinnen und Klienten sind zur Mitwirkung am Wiedereingliederungsprozess, insbesondere am Hilfeplan (vgl. § 32 Abs. 2), zu motivieren.

Begründung

Voraussetzung der Wahrnehmung von eigenen Ansprüchen ist die Aufklärung über die subjektiven gesetzlichen Rechte, zu Beginn jeder Hilfeleistung zu erfolgen hat (Absatz 1).

Der Erfolg der (Wieder-)Eingliederung hängt wesentlich von der Mitarbeitsbereitschaft der Klientinnen und Klienten ab. Erste Voraussetzung für die Herstellung von Mitarbeitsbereitschaft ist eine umfassende Aufklärung über die Rechte und Pflichten im Zusammenhang mit der auferlegten Sanktion, wie dies in Abs. 1 gefordert wird. Insbesondere müssen die Klientinnen und Klienten auch über die Folgen fehlender Mitarbeit aufgeklärt werden, soweit diese gesetzlich gefordert wird, etwa im Rahmen von Weisungen und Auflagen.

Andererseits ist die Mitwirkung jenseits jener *gesetzlichen* Mitwirkungspflichten grundsätzlich *freiwillig*, vgl. Absatz 2.

Das Motivierungsgebot ist nicht nur im Strafvollzug von essentieller Bedeutung, sondern auch im Bereich ambulanter Sanktionen und Maßnahmen. Die Motivation ist zu Beginn der Eingliederungsplanung, aber auch danach immer

---

68 Dies ist beispielsweise in Mecklenburg-Vorpommern im Zuge der Neugestaltung der Sozialen Dienste der Justiz sowie der Gründung eines Landesamts Straffälligenarbeit (LaStar) erfolgt. In anderen Bundesländern gibt es z. T. noch getrennte Zuordnungen etwa des Strafvollzugs zu einer Abteilung Strafvollzug und der Bewährungshilfe zu einer Strafrechtsabteilung o. ä. Letzteres führt erfahrungsgemäß zu erheblichen Reibungsverlusten, zumal dann keine einheitliche Fach- und Dienstaufsicht gegeben ist, vgl. dazu unten die Begründung zu § 37.

wieder durch intensive Gespräche zu wecken und zu fördern.[69] Ziel muss dabei die zunehmende Verselbständigung der Klientinnen und Klienten sein. Ferner sollte eine Motivierung, familiäre Verpflichtungen im Rahmen von Unterhaltsleistungen u. ä. ernst zu nehmen, erfolgen. Besonderes Augenmerk ist dabei auch auf die Motivierung, den Schaden wiedergutzumachen, zu legen.

§ 13 Mitwirkung der Gesellschaft

(1) Resozialisierung ist eine gesamtgesellschaftliche Aufgabe und erfordert eine nachhaltige Mitwirkung aller Mitglieder der Zivilgesellschaft.
(2) Kommunen und gesellschaftliche Gruppen wie Verbände, Kirchen und Religionsgemeinschaften sowie Vereinigungen der Freien Wohlfahrtspflege sind aufgefordert, sich bei der Erreichung des Ziels des § 2 besonders zu engagieren.

Begründung

Das BVerfG hat in seiner ständigen Rspr. zum Resozialisierungsgrundsatz als Verfassungsprinzip hervorgehoben, dass Resozialisierung insbesondere auf dem Sozialstaatsprinzip basiert und die Gesellschaft eine Verpflichtung hat, die Wiedereingliederung zu fördern.[70] Nach den Erkenntnissen der Lebenslaufforschung ist es für den Ausstieg aus der Kriminalität sehr relevant, dass der soziale Empfangsraum diesen Prozess unterstützt und den ehemaligen Gefangenen bestärkt.[71] Dementsprechend fordert der vorliegende Entwurf, die Resozialisierung als gesamtgesellschaftliche Aufgabe zu sehen und die nachhaltige Mitwirkung der Gesellschaft (Absatz 1).

---

69 Vgl. zu den positiven Ergebnissen der Methode der motivierenden Gesprächsführung (motivational interviewing) *McMurran* 2009; auch in Deutschland findet die motivierende Gesprächsführung im Strafvollzug Anklang, vgl. *Breuer u. a.* 2014.

70 Vgl. BVerfGE 35, S. 202 ff.; danach muss „nicht nur der Straffällige ... auf die Rückkehr in die freie Gesellschaft vorbereitet werden; diese muß ihrerseits bereit sein, ihn wieder aufzunehmen. Verfassungsrechtlich entspricht diese Forderung dem Selbstverständnis einer Gemeinschaft, die die Menschenwürde in den Mittel-punkt ihrer Wertordnung stellt und dem Sozialstaatsprinzip verpflichtet ist. ... Vom Täter aus gesehen erwächst das Interesse an der Resozialisierung aus seinem Grundrecht aus Art. 2 I i.V.m. Art 1 GG. Von der Gemeinschaft aus betrachtet verlangt das Sozialstaatsprinzip staatliche Vor- und Fürsorge für Gruppen der Gesellschaft, die auf Grund persönlicher Schwäche oder Schuld, Unfähigkeit oder gesellschaftlicher Benachteiligung in ihrer persönlichen und sozialen Entfaltung behindert sind. ... Nicht zuletzt dient die Resozialisierung dem Schutz der Gemeinschaft selbst: diese hat ein unmittelbares eigenes Interesse daran, daß der Täter nicht wieder rückfällig wird und erneut seine Mitbürger oder die Gemeinschaft schädigt" (S. 235 f.).

71 Zusammenfassend *Ward et al.* 2014, S. 1966, 1970.

Da sich Resozialisierung auf der lokalen kommunalen Ebene realisiert, sind in besonderem die Kommunen und lokal agierenden Gruppen wie Verbände, Kirchen etc. aufgerufen, sich bei der Erreichung des Resozialisierungsziels zu engagieren (Absatz 2).

Diese Forderung ist nicht nur als Programmsatz von Bedeutung, sondern muss konkrete Konsequenzen für die lokalen Leistungsanbieter haben, die auch in den jeweiligen relevanten Gesetzen, die ihre Aufgabenbeschreibung vornehmen, Niederschlag finden sollten. So sollte z. B. die Zurverfügungstellung von Wohnraum für bedürftige Straffällige als Pflichtaufgabe in den Kommunalverfassungsgesetzen aufgeführt werden. Soweit es sich um bundesrechtlich zu regelnde Materien handelt (z. B. Arbeitsvermittlung),[72] kann im vorliegenden Entwurf nur der Appell erfolgen, die Organisationsnormen und Praxis auf lokaler Ebene entsprechend zu gestalten.

§ 14 Ehrenamtliche Mitarbeit

(1) An den Hilfen nach § 4 sollen Bürgerinnen und Bürger ehrenamtlich beteiligt werden, wenn dies dem Wiedereingliederungsziel dient.
(2) Voraussetzung der Beteiligung ist, dass die betroffenen Klientinnen und Klienten zustimmen.
(3) Ehrenamtliche Mitarbeiterinnen und Mitarbeiter sollen auf ihre Aufgaben vorbereitet und fortgebildet werden. Ihnen ist Gelegenheit zum fachlichen Austausch zu geben. Sie können für ihre Aufgabe besonders verpflichtet werden. Unkosten sind angemessen zu erstatten.
(4) Auch ehemalige Klientinnen und Klienten können als ehrenamtliche Mitarbeiter beteiligt werden.

Begründung

Ein spezifischer Bereich der in § 13 angesprochenen Mitwirkung der Gesellschaft ist die ehrenamtliche Mitarbeit. Bürgerinnen und Bürger sollen einbezogen werden, wenn dies dem Resozialisierungsziel dient, vgl. Absatz 1. Dieser

---

72   Vgl. historisch gesehen das Gesetz über Arbeitsvermittlung und Arbeitslosenversicherung vom 16. Juli 1927 (AVAVG), RGBl. I, Seite 187, 193; weitere gesetzliche Grundlagen sind im SGB II und III zu finden. Das „Handbook on Alternatives to Imprisonment" der Vereinten Nationen betont die Notwendigkeit der Mitwirkung der Gesellschafft insbesondere auch mit Blick auf eine bedingte Entlassung: *„The community must cooperate to make some early release conditions viable. A chief concern is finding work for offenders who are subject to conditional release. Ideally, private employers would offer offenders work of the type that they would be likely to continue after completing their sentences. Educational or vocational training and personal development programmes offered to conditionally released offenders must also be available in the community"*, vgl. *United Nations Office for Drugs and Crime* 2007, S. 55.

Vorbehalt betrifft die Beteiligung von der Resozialisierung zuwider laufenden Personen, etwa aus dem Milieu delinquenter Freunde (antisoziale *Peers* u. ä.). Andererseits ist die delinquente Vergangenheit von Bürgerinnen und Bürgern kein Ausschlussgrund für eine ehrenamtliche Betreuung, wie insbesondere Absatz 4 verdeutlicht. Unter Umständen können z. B. erfolgreich resozialisierte Haftentlassene oder Bewährungsprobanden als prosoziale Rollenvorbilder besonders wirksame Betreuungsarbeit leisten, zumal sie die Problemlagen und immer wieder zu gewärtigende Situationen des Rückfalls u. U. besser verstehen (und antizipieren) können als professionelle Sozialarbeiterinnen und Sozialarbeiter ohne diesen Hintergrund. Gute Erfahrungen in dieser Hinsicht wurden u. a. in der englischen[73] und skandinavischen Bewährungshilfe gemacht.

Historisch gesehen stand ehrenamtliche Mitarbeit sogar am Anfang der Entwicklung der Straffälligenhilfe.[74] Freie Träger der karitativen, zumeist kirchlich gebundenen Straffälligenhilfe entstanden im 19. Jh. und haben in der Nachkriegsgeschichte – regional unterschiedlich ausgeprägt – eine wesentliche Rolle im Bereich der Entlassenenhilfe eingenommen. Im Gegensatz zu einigen Nachbarländern ist eine ehrenamtliche Bewährungshilfe in Deutschland allerdings kaum entwickelt. Ehrenamtliche Mitarbeit im ambulanten Sanktionsbereich betrifft vielmehr wesentlich die Entlassungsvorbereitung im Strafvollzug und die Entlassenenhilfe in spezifischen Einrichtungen der Straffälligenhilfe (sog. Anlaufstellen für Strafentlassene o. ä.) oder Einrichtungen der Freien Wohlfahrtspflege oder andere Einrichtungen, die Angebote auch für Straffällige vorhalten.[75] In der Orientierung auf den Übergang von Haft in die Nachentlassungssituation besteht eine Parallele zur staatlich organisierten Straffälligenhilfe der Sozialen Dienste der Justiz, jedoch liegt der entscheidende Unterschied in der Freiwilligkeit der Inanspruchnahme von Hilfen seitens der Klientinnen und Klienten. Absatz 2 fordert daher deren Zustimmung.

Ein großes Potenzial für den Einsatz ehrenamtlicher Mitarbeit im Rahmen eines verbesserten Übergangsmanagements könnte in der Einrichtung und Organisation von Übergangseinrichtungen liegen (vgl. § 26 und § 36 Abs. 3

---

73 Vgl. die Meldung des *Guardian* vom 18.5.2014 mit dem Titel „The probation trust that's now employing ex-offenders as mentors" zu einer Strategie des London Probation Trust, auch ehemalige Straftäter als Betreuer einzusetzen, vgl. hierzu http://www. theguardian.com/public-leaders-network/2014/may/18/london-probation-trust-employing-ex-offenders. Ein eindrucksvolles Beispiel wird in dem von *Fergus McNeill*, *Stephen Farral* und anderen wissenschaftlich begleiteten Dokumentationsfilm „The road from crime" geschildert, der Film kann (mit deutschen Untertiteln) heruntergeladen werden, vgl. http://www.iriss.org.uk/resources/der-weg-aus-straftaten-deutsche-untertitel.

74 Vgl. *Kawamura-Reindl* 2009, S. 200 f.

75 Vgl. *Kawamura-Reindl* 2009, S. 206 ff.; zur Arbeit des Bremer Vereins Hoppenbank vgl. *Welchner/Vrbancic* 2008.

dieses Gesetzes), wie sie in verschiedenen Landesstrafvollzugsgesetzen gefordert werden.[76] Wichtig für eine qualitativ gute ehrenamtliche Mitarbeit sind eine ausreichende Vorbereitung und dauerhafte Fortbildung, ggf. durch professionelle Mitarbeiterinnen und Mitarbeiter der Sozialen Dienste der Justiz (vgl. Absatz 3 S. 1). Auch der Austausch und ggf. die Supervision von Ehrenamtlichen ist sicherzustellen (vgl. Absatz 3 S. 2). Eine besondere Verpflichtung für ihre Aufgabe kann erfolgen (vgl. Absatz 3 S. 3), um die Nachhaltigkeit des Betreuungsangebots zu gewährleisten. Auch in diesem Bereich sind Beziehungsabbrüche zur Unzeit für die Erreichung des Resozialisierungsziels eher abträglich und daher zu vermeiden.

Ehrenamtliche Mitarbeit erfolgt – schon rein definitorisch vorgegeben – ohne geldwerte Gegenleistung. Gleichwohl ist es ein Gebot der Fairness, ehrenamtlichen Mitarbeitern, die ihre Zeit und Energie investieren, Unkosten für ihre Tätigkeit angemessen zu ersetzen (vgl. Absatz 3 S. 4), wie beispielsweise die Fahrtkosten für Besuche bei Klientinnen und Klienten o. ä.

Dritter Abschnitt: Hilfen im Einzelnen

§ 15 Ermittlungshilfe durch die Sozialen Dienste der Justiz

(1) Die Sozialen Dienste der Justiz leisten Ermittlungshilfe auf der Grundlage von § 160 Abs. 3 StPO, gegebenenfalls in Amtshilfe für andere Soziale Dienste der Justiz oder Gerichtshilfestellen.

(2) Ermittlungshilfe ist insbesondere dann zu leisten, wenn die Tat oder ihre Umstände auf besondere persönliche oder soziale Schwierigkeiten der Beschuldigten hinweisen.

(3) Die Ermittlungshilfe berichtet auf der Grundlage fachlicher Anamnese und Diagnose über die Ursachen und Bedingungen der Straffälligkeit, insbesondere über die Arbeits- und Wohnsituation, Lebensunterhalt, Verschuldung, Suchtprobleme und soziale Beziehungen. Sie macht Vorschläge zu Rechtsfolgen, zur Strafzumessung und zu resozialisierenden Hilfen.

(4) Die Ermittlungshilfe kann sich auch auf die Berichterstattung zur Situation des Opfers beziehen.

(5) Die Beschuldigten erhalten Gelegenheit, an der Erarbeitung des Berichts aktiv mitzuwirken und ihre Sichtweise einzubringen.

(6) Die mit der Ermittlungshilfe betraute Fachkraft soll mit Einverständnis der oder des Beschuldigten unmittelbar notwendige Hilfen gem. § 17 dieses Gesetzes einleiten.

---

76   Vgl. z. B. § 50 Abs. 4 BbgJVollzG, § 42 Abs. 3 StVollzG MV, § 49 Abs. 3 LJVollzG RP, § 42 Abs. 3 SächsStVollzG.

Begründung

Schon in seiner Entscheidung vom 10. November 1954 hat der fünfte Strafsenat des Bundesgerichtshofs entschieden, dass sich ohne die Kenntnis der Täterpersönlichkeit „weder das Maß der persönlichen Schuld eines Täters noch Maß und Art seiner Resozialisierungsbedürftigkeit..." beurteilen lässt.[77] Genau für solche Ermittlungen können sich Gericht und Staatsanwaltschaft der Ermittlungshilfe bedienen. Von der Ermittlungshilfe gemäß § 160 Abs. 3 StPO Satz 2 durch die Gerichtshilfe wird heute nur sehr selten Gebrauch gemacht. Gleichwohl können in diesem Stadium des Verfahrens wichtige Weichen gestellt werden. Voraussetzung dafür ist eine funktionierende Ermittlungshilfe, die der Staatsanwaltschaft ohne große Verzögerung zur Verfügung steht sowie von dieser auch als hilfreich angesehen und frühzeitig informiert wird,[78] um „die für die Bestimmung der Rechtsfolgen der Tat" bedeutsamen Fakten zu ermitteln. Hier können gegebenenfalls durch Informationen der Ermittlungshilfe zu den sozialen Umständen des Beschuldigten und seines sozialen Umfeldes sowie den Voraussetzungen und Konsequenzen unterschiedlicher Rechtsfolgen Strafverfahren durch informelle Verfahren ersetzt und unbedingte Freiheitsstrafen vermieden werden.

Der Ermittlungshilfe kommt heute in der Praxis nicht die Bedeutung zu, die sie von der Gesetzeslage her haben könnte und von der kriminalpolitischen Relevanz her haben müsste. *Meyer-Goßner/Schmitt* schreibt in dem entsprechenden StPO-Kommentar: „Ihre Einschaltung liegt nahe, wenn der Einsatz der Mittel der Sozialarbeit für den genannten Zweck besonderer Erkenntnisse verspricht und in angemessenem Verhältnis zur Bedeutung der Sache steht."[79] Es bedarf nicht unbedingt des Vergleichs mit der Jugendgerichtshilfe, die in allen Jugendstrafverfahren mitwirkt, und erst recht sollen beide Hilfen nicht gleichgesetzt werden, und dennoch lässt sich durch den Blick auf die Jugendgerichtshilfe deutlich machen, wie unbedeutend in den heutigen Verfahren des Erwachsenenstrafrechts fachlich kompetente Ermittlungen zu persönlichen und sozialen Schwierigkeiten der Beschuldigten eingeschätzt werden. Die Kriminologie weiß seit mehr als 70 Jahren – unabhängig vom besonderen Förderbedarf für junge Menschen –, dass auch bei volljährigen Personen persönlichen und sozialen Schwierigkeiten im Prozess der Kriminalisierung häufig eine besondere Bedeutung zukommt. Unterstützungen bei deren Bewältigung sind für die gesellschaftliche Wiedereingliederung von großer Bedeutung und deshalb

---

77 BGHSt 7, S. 28, 31.

78 Dazu möglicherweise angezeigte Ergänzungen in § 160 StPO können nicht Gegenstand des vorliegenden Diskussionsentwurfs sein, vgl. hierzu aber oben die Einführung, S. 2 ff.

79 *Meyer-Goßner/Schmitt* 2014, § 160 Rn. 24.

müssen diese Probleme bei der Festlegung der Rechtsfolgen und insbesondere der Strafzumessung Berücksichtigung finden.

1970 forderte die Arbeiterwohlfahrt in ihren Vorschlägen zur Reform des Strafvollzugs, dass der Resozialisierungsgedanke nicht nur den Strafvollzug sondern die gesamte Strafrechtspflege durchdringen müsse und deshalb eine Gerichtshilfe für Erwachsene geschaffen werden solle, die analog zur Jugendgerichtshilfe vom Jugendamt von den örtlichen Trägern der Sozialhilfe zu leisten sei.[80] Diese Gerichtshilfe sollte nach den Ideen der AWO-Kommission mit der Straffälligenhilfe verknüpft sein,[81] weil die Klienten und Klientinnen dort oft schon bekannt seien. Auch hier sollte also die Kontinuität und die Vernetzung mit dem Hilfesystem eine bedeutende Rolle für die Durchführung der ermittelnden Gerichtshilfe spielen.

Bereits 1994 konstatierten *Geiter, Schuldzinski* und *Walter* zur Situation der – inzwischen 1975 eingeführten – Gerichtshilfe: „Die Aufgaben und Möglichkeiten der Gerichtshilfe sind vielen Strafjuristen nicht hinreichend bekannt … Die Gerichtshilfe wird von der überwiegenden Zahl der Staatsanwälte und Richter kaum beauftragt … Die Beauftragung der Gerichtshilfe im Ermittlungsverfahren ist weiterhin unbefriedigend … Zwischen Strafjuristen und Gerichtshelferin besteht meist kein gutes (Arbeits)-Verhältnis … Für die Gerichtshilfe wird die Position einer vermittelnden „Clearingstelle" befürwortet. Die Gerichtshelfer sollen die Beschuldigten nicht selber betreuen, sondern lediglich Kontakte zu den speziellen Hilfsangeboten anderer Träger vermitteln."[82]

Soweit die Voraussetzungen gemäß § 160 Abs. 3 StPO Satz 2 vorliegen, haben die Beschuldigten Anspruch auf fachliche Ermittlungshilfe und entsprechend müssen die organisatorischen Voraussetzungen und ausreichenden Ressourcen überall gegeben sein.

Heute ist rechtlich unbestritten, dass § 160 Abs. 3 StPO auch eine Opferberichterstattung zulässt. Das ergibt sich nicht nur aus der Tatsache, dass die §§ 46, 46a StGB das Verhalten des Täters nach der Tat und im Verhältnis zum Opfer für die Strafzumessung für relevant definieren, sondern auch aus der höchstrichterlichen Rechtsprechung.[83] Dort wird nicht nur das Verlesen eines Opferberichts der Gerichtshilfe für zulässig erklärt,[84] sondern ganz allgemein ausgeführt, dass über die Ermittlungen in Bezug auf die persönlichen Verhältnisse und das soziale Umfeld des Beschuldigten oder Verurteilten hinaus die

---

80   Vgl. Vorschläge der Arbeiterwohlfahrt zur Reform des Strafvollzugs, Arbeiterwohlfahrt 1970, S. 6 und 38; zu dieser Zeit kannte die Strafprozessordnung noch keine Gerichtshilfe, da diese erst 1975 eingeführt wurde.

81   Vgl. *Arbeiterwohlfahrt* 1970, S. 36 f.

82   *Geiter/Schuldzinski/Walter* 1994, S. 430.

83   BGH NStZ 2008, S.709.

84   BGH NStZ 2008, S.709.

Gerichtshilfe auch „zu anderen Aufgaben herangezogen werden (kann), wenn die Staatsanwaltschaft oder das Gericht es für angezeigt hält, auf spezifische berufliche Fähigkeiten in der Sozialarbeit zurückzugreifen."[85]

Im Sinne der durchgehenden Hilfe, der frühzeitigen bedarfsgerechten Hilfe und der Vermeidung von Doppelbeteuerungen sieht § 15 Abs. 5 vor, dass die mit der Ermittlungshilfe betraute Fachkraft selbst die notwendige Hilfe im Sinne der Frühhilfe (§ 17 dieses Gesetzes) einleitet. Insofern braucht es in diesen Fällen keinen Antrag gemäß § 17 Abs. 2, wenn das Einverständnis des Probanden vorliegt. Die Hilfeleistung kann beispielsweise in einer persönlichen Beratung, der Vermittlung materieller Hilfe, Vermittlung zu Suchthilfeeinrichtungen, Unterstützung bei Antragstellungen oder auch im Verhältnis zu Angehörigen bestehen. Es wird von der Erkenntnis ausgegangen, dass die Wiedereingliederung in die Gesellschaft am besten und erfolgversprechendsten dann zu leisten ist, wenn Ausgrenzung, Marginalisierung und Stigmatisierung noch nicht weit fortgeschritten sind. Im Übrigen können solche Veränderungen auch für die Bestimmung der Rechtsfolgen von Bedeutung sein.

Diese Regelung des Diskussionsentwurfs entspricht der höchstrichterlichen Rechtsprechung, wonach die Gerichtshilfe gemäß § 160 Abs. 3 StPO primär Ermittlungshilfe ist und „allenfalls sekundär Sozialhilfe".[86] Was der Bundesgesetzgeber und die höchstrichterliche Rechtsprechung sowie die einschlägige Literatur für zulässig erachten, das kann das Land, das für die organisatorische Umsetzung zuständig ist, entsprechend regeln.

§ 16 Jugendhilfe im Strafverfahren

(1) Die Sozialen Dienste der Justiz leisten Hilfen für junge Menschen nachrangig und in Absprache mit den Fachkräften der Jugendämter, die für die Jugendhilfe im Strafverfahren auf der Grundlage von §§ 52 SGB VIII und §§ 38, 72a, 72b JGG zuständig sind.
(2) Bei allen Hilfen nach § 4 dieses Gesetzes für jugendliche oder heranwachsende Beschuldigte ist die Jugendhilfe im Strafverfahren möglichst frühzeitig heranzuziehen. Wird den Fachkräften der Sozialen Diensten der Justiz bekannt, dass das Jugendamt von einem Strafverfahren gegen einen Jugendlichen oder Heranwachsenden in ihrem Zuständigkeitsbereich noch nicht in Kenntnis gesetzt wurde, so informieren sie entsprechend.
(3) Soweit die Hilfeleistungen während des Strafverfahrens und der Strafvollstreckung sowie gegebenenfalls nach Vollverbüßung minderjährige Personen betreffen, sind in Absprache mit den Jugendlichen die Sorgeberechtigten einzubeziehen.
(4) Die Jugendlichen und deren Sorgeberechtigten sowie die Heranwachsenden erhalten Gelegenheit, an der Erarbeitung von Berichten und Stellungnahmen aktiv mitzuwirken und ihre Sichtweise einzubringen.

---

85 BGH NStZ 2008, S.709; so auch ausführlich begründend *Höscher/Trück/Hering* 2008, S. 673 ff.

86 Vgl. BGH NStZ 2008, S. 709; vgl. auch BGH NStZ-RR 2001, S. 27 f.

(5) Soweit die Zuständigkeit des Jugendamtes nach der Strafvollstreckung oder durch Errei-chung der Volljährigkeit bzw. der Vollendung des 27. Lebensjahres endet, soll bei weiterem Hilfebedarf unter Mitwirkung des jungen Menschen eine Fallübergabe an die Sozialen Dienste der Justiz erfolgen.

Begründung

Dieses Landesgesetz kann und soll die Regelungen des SGB VIII und JGG nicht verändern. Gleichwohl sollen die Jugendlichen und Heranwachsenden vollstän-dig in die neu zu errichtenden vernetzten Strukturen einbezogen werden. Insbe-sondere hinsichtlich der Übergänge aus dem Strafvollzug sind die Jugendämter in Kooperation mit den Sozialen Diensten der Justiz, dem Jugendstrafvollzug oder Strafvollzug und der freien Straffälligenhilfe verstärkt einzubeziehen. Eine Zuständigkeit ist selbstverständlich schon jetzt gegeben.

Wie bei vielen anderen Aspekten dieses Resozialisierungsgesetzes geht es auch bei § 16 darum, organisatorische Zuständigkeiten bei der Durchführung der Hilfen so zu gestalten, dass zum einen die Logik des polizeilichen und juris-tischen Ermittlungsverfahrens nicht die Gewährung von Hilfen unmöglich macht oder stark verzögert. Zum zweiten soll vermieden werden, dass einem Teil der jungen Menschen die notwendigen sozialen Hilfen vorenthalten werden, weil die Jugendhilfe nicht mehr zuständig ist. Dieser Fall kann insbesondere bei einer langen Vollstreckungsdauer der Untersuchungshaft oder langen Haftstra-fen aus Altersgründen der Klientinnen und Klienten eintreten. Deshalb ist hier der Informationsaustausch bis hin zur Fallübergabe geregelt.

Auf die Maßnahmen des Jugendstrafrechts, durch die Erziehungshilfe ge-leistet werden soll, wird in § 21 dieses Gesetzes eingegangen.

Trotz der primären Zuständigkeit der Jugendämter für die Jugendhilfe im Strafverfahren kann es vorkommen, dass die sozialen Dienste der Justiz für jun-ge Menschen spezifische Hilfen besser, schneller oder ergänzend leisten können. Abs. 1 fordert in diesen Fällen zur Kooperation auf, damit den Klienten und Klientinnen nicht aufgrund von Zuständigkeitsregelungen notwendige Hilfe verwehrt wird. Diese Regelung findet im Jugendgerichtsgesetz ihre Entspre-chung in § 38 Abs. 2 Satz 8.

Absatz 2 möchte im Sinne von § 38 Abs. 2 JGG gewährleisten, dass die Ju-gendgerichtshilfe als Jugendhilfe im Strafverfahren möglichst frühzeitig in das Verfahren einbezogen wird.[87] Da die Informationen über Polizei und Staats-anwaltschaft nicht immer frühzeitig das Jugendamt erreichen, wird hier ein zusätzlicher Weg geebnet auf Basis der Erkenntnis, dass Mitarbeiter und Mitar-

---

[87]   Zur Diskussion über die Bezeichnung und Rolle der Jugendhilfe im Strafverfahren vgl. *Trenczek* 2003; 2010 m. w. N.; zur Anordnungskompetenz des Gerichts im Verhältnis zur Jugendhilfe vgl. *Lobinger* 2015 m. w. N.

beiterinnen der sozialen Dienste der Justiz häufig frühzeitig von neuen Ermittlungen und Strafverfahren erfahren.

Auch bei Hilfeleistungen durch die sozialen Dienste der Justiz sind bei minderjährigen Personen selbstverständlich grundsätzlich die Sorgeberechtigten frühzeitig einzubeziehen.

Im Zuge des Strafverfahrens und der Strafvollstreckung kommt es immer wieder vor, dass allein durch den zeitlichen Ablauf die Zuständigkeit des Jugendamtes endet. Dies allein wird in der Regel keinen direkten Einfluss auf die Hilfsbedürftigkeit haben. Deshalb sollen die Mitarbeiter und Mitarbeiterinnen des Jugendamtes in diesen Fällen unter Beteiligung des jungen Menschen den Fall an die sozialen Dienste der Justiz übergeben.

§ 17 Frühhilfe

(1) Frühhilfe ist durch die Sozialen Dienste der Justiz im Ermittlungsverfahren zu leisten, wenn eine besondere soziale Notlage der oder des Beschuldigten eine sofortige Hilfe erfordert und andere Hilfen nicht zur Verfügung stehen.
(2) Frühhilfe wird nur auf Antrag der Beschuldigten geleistet. Über diese Möglichkeit sind die Beschuldigten durch die Sozialen Dienste der Justiz frühzeitig zu informieren, insbesondere bei einer Festnahme.

Begründung

Wenn Delinquenz häufig im Kontext sozialer Notlagen auftritt, dann ist es sinnvoll, darauf zeitnah zu reagieren und nicht das Ergebnis eines Strafverfahrens abzuwarten, das möglicherweise erst nach langer Zeit, im Extremfall mehreren Jahren Rechtskraft erhält. Unter Wahrung der Unschuldsvermutung sind der Klient und die Klientin deshalb frühzeitig auf Hilfemöglichkeiten hinzuweisen, die auf seinen bzw. ihren Antrag hin als Frühhilfe geleistet werden. In vielen Fällen wird das Klienten und Klientinnen betreffen, die bereits Kontakt zu den Sozialen Diensten der Justiz aus früheren Verfahren hatten.

Mit Bedacht ist geregelt, dass andere sozialrechtliche und gegebenenfalls jugendhilferechtliche Hilfen hier subsidiär sind. Gegebenenfalls können die Sozialen Dienste der Justiz auch auf solche Hilfemöglichkeiten hinweisen bzw. dem Klient und der Klientin bei der Antragstellung helfen.

Der Beschuldigte hat auf diese Frühhilfen nicht nur einen Rechtsanspruch, sondern in Kenntnis der Erfahrung, dass diese Personen ihre Rechte häufig nicht allein und in Eigeninitiative wahrnehmen (können) und häufig Probleme im Umgang mit staatlichen Behörden haben, sollen sie auf die Möglichkeiten der Frühhilfe hingewiesen werden. Dies ist besonders gut dann möglich, wenn die Fachkraft bereits aus früheren Verfahren Kontakt zu dem Klienten oder der Klientin hat, er oder sie die Sozialen Dienste der Justiz von sich aus aufsucht oder die Fachkraft als Ermittlungshilfe gemäß § 5 tätig war. Ganz besonders wichtig ist die frühe Hilfe auch im Kontext einer Festnahme und der Haftentscheidungshilfe gemäß § 8 dieses Gesetzes.

Dem Rechtsanspruch der Klientin oder des Klienten und der Informationspflicht über die Frühhilfen müssen die Organisationsstrukturen (z. B. auch hinsichtlich der Erreichbarkeit) und Ressourcen der Sozialen Dienste der Justiz entsprechen. Dies gilt ganz besonders für den Fall der Festnahme und bei Erlass eines Haftbefehls.

§ 18 Haftentscheidungshilfe

(1) Die Haftentscheidungshilfe wird auf der Grundlage von §§ 38 Abs. 2 S. 3, 71, 72a, 72b JGG bzw. § 160 Abs. 3 StPO geleistet. Sie dient der unverzüglichen Aufklärung der für die Entscheidung über die Anordnung, Fortdauer oder Beendigung der Untersuchungshaft bedeutsamen Umstände und der Prüfung der Frage, wie der Zweck der Sicherung des Strafverfahrens und der Vollstreckung auch ohne Untersuchungshaft erreicht werden kann. Ziel ist es, Untersuchungshaft möglichst zu vermeiden oder zu verkürzen.
(2) Die Haftentscheidungshilfe ermittelt in Bezug auf die Haftgründe die für den Antrag auf Erlass eines Haftbefehls bzw. für die entsprechende gerichtliche Entscheidung notwendigen Informationen zur sozialen Lage der Beschuldigten entsprechend § 15 Abs. 3. Die Haftentscheidungshilfe informiert über Möglichkeiten und vermittelt Hilfen, um die Anordnung oder die Vollstreckung der Untersuchungshaft entbehrlich zu machen.
(3) Die Haftentscheidungshilfe wird rechtzeitig vor dem Erlass eines Haftbefehls und der gerichtlichen Anhörung von der Staatsanwaltschaft informiert und erhält Gelegenheit, mit den Beschuldigten vertraulich zu sprechen. Die zuständigen Strafverfolgungsorgane sind verpflichtet, die Beschuldigten unverzüglich über die Möglichkeit einer Haftentscheidungshilfe zu informieren.
(4) Die Beschuldigten erhalten Gelegenheit an der Erarbeitung des Berichts der Haftentscheidungshilfe aktiv mitzuwirken und ihre Sichtweise einzubringen.
(5) Die Haftentscheidungshilfe bleibt auch nach Erlass eines Haftbefehls weiterhin zuständig. Die Fachkräfte der Haftentscheidungshilfe haben im selben Umfang wie ein Verteidiger das Recht des ungehinderten Zugangs zu den Klientinnen und Klienten.
(6) Die Regelungen von Abs. 1 bis Abs. 5 gelten auch für die einstweilige bzw. vorläufige Unterbringung.

Begründung

Zahlreiche Untersuchungen haben gezeigt, dass gut ausgestattete Haftentscheidungshilfen, die bei Staatsanwaltschaften und Gerichten auf Akzeptanz stoßen und frühzeitigen Zugang zu festgenommenen Personen haben, die Anzahl und Dauer von Untersuchungshaftvollstreckungen reduzieren können.[88] Gleichzeitig

---

88   Vgl. bereits *Beese* 1981, S. 7 ff.; *Bindel-Kögel/Heßler* 1999; *Cornel* 1987, S. 65 ff.; 1994, S. 202 ff.; 1996; 2009a, S. 277 ff.; *Dünkel* 2004, S. 471 ff.; *Lösel/Pomplun* 1998; *Matenaer*, 1983, S. 21 ff.; *Plemper*, 1979, S. 282 ff.; *Stapke* 1995, S.192 ff.; *Weyel*

hat sich auch herausgestellt, dass angesichts der zeitlichen Abläufe bei Polizei, Staatsanwaltschaft und Haftrichter die Haftentscheidungshilfe häufig zu spät kommt, sei es, dass der Kontakt zur festgenommenen Personen nicht rechtzeitig zustande kommt oder zu den sozialen Tatsachen, die hinsichtlich der Fluchtgefahr zu würdigen sind, nichts ermittelt und erst recht nichts verändert werden kann. Die Vermittlung eines Wohnplatzes in einer Einrichtung, die Finanzierungszusage für eine Drogentherapieeinrichtung oder auch ein vermittelndes Gespräch mit den Eltern eines heranwachsenden Festgenommenen können durchaus die Würdigung der Haftgründe beeinflussen, sind aber in aller Regel nicht in wenigen Stunden zu erlangen – schon gar nicht an Wochenenden. Deshalb regelt Absatz 4 die Möglichkeiten der Haftreduzierung für die Fälle in denen eine Haftvermeidung nicht gelingt und ein Haftbefehl ergeht. Diesbezüglich werden die Fachkräfte der Haftentscheidungshilfe mit dem Sozialdienst der Untersuchung zusammenarbeiten. Erfahrungen der Haftentscheidungshilfeprojekte zeigen, dass es nicht selbstverständlich ist, dass der Sozialdienst sofort am gleichen Ziel weiterarbeitet und häufig werden ihm auch die nötigen Informationen fehlen. Deshalb ist die Kooperation gerade in diesem Übergang sehr wichtig – beispielsweise wenn es um Kostenübernahmen in Suchthilfeeinrichtungen geht, die oft als Alternativen zur Untersuchungshaft und zum Zwecke der Haftvermeidung in Frage kommen. In einigen neuen Untersuchungshaftvollzugsgesetzen ist als Aufgabe der Sozialen Hilfe im Vollzug und Inhalt möglicher Beratungen explizit auch die „die Benennung von Stellen und Einrichtungen außerhalb der Anstalt" genannt, „die sich um eine Vermeidung der weiteren Untersuchungshaft bemühen".[89] Die Regelungen des § 18 Landesresozialisierungsgesetz sind die Entsprechungen für die Zusammenarbeit aus der ambulanten Perspektive.

Absatz 1 regelt neben den gesetzlichen Bezügen auf das JGG auch das Ziel der Untersuchungshaftvermeidung oder Untersuchungshaftverkürzung unter Bezugnahme auf den Zweck der Untersuchungshaft selbst. Damit wird deutlich, dass die Haftentscheidungshilfe über den Charakter der Ermittlungshilfe für den Haftrichter oder die Haftrichterin hinausgeht. Die Mitarbeiter und Mitarbeiterinnen, die die Haftentscheidungshilfe leisten, sollen nicht nur Informationen zur sozialen Lage ermitteln, die die Entscheidung des Haftrichters oder der Haftrichterin fundieren, sondern sie sollen aufgrund des in Absatz 1 genannten Zie-

---

1992, S. 29 ff.; *Will* 1999, S. 49 ff.; neuere Untersuchungen zeigen die nach wie vor bestehenden Schwierigkeiten in diesem Handlungsfeld und den teilweise nur begrenzten Erfolg der U-Haftvermeidung auf, vgl. *Kowalzyck* 2008; *Eberitzsch* 2011; 2013; *Villmow/Savinsky* 2012; 2013; zu den Ausgestaltungen und besonderen Belastungen des gegenwärtigen Jugenduntersuchungshaftvollzugs ferner *Villmow/Savinsky/Woldmann* 2011.

89 So § 11 Abs. 3 des Gesetzes über den Vollzug der Freiheitsstrafe, der Jugendstrafe und der Untersuchungshaft im Land Brandenburg (Brandenburgisches Justizvollzugsgesetz – BbgJVollzG) vom 24. April 2013 (GVBl.I/13, Nr. 14), geändert durch Artikel 2 des Gesetzes vom 10. Juli 2014 (GVBl.I/14, Nr. 34).

les darüber hinaus über Möglichkeiten informieren und diese gegebenenfalls vermitteln oder organisieren, wie der Zweck der Sicherung des Strafverfahrens und der Strafvollstreckung ohne die Anordnung und Vollstreckung der Untersuchungshaft erreicht werden kann. Das kann die Festigung sozialer Bindungen im sozialen Nahraum des oder der Tatverdächtigen sein, die Sicherstellung der postalischen Erreichbarkeit, die Vermittlung eines Wohnungslosen in einer Unterkunft oder in eine stationäre Langzeittherapie. Zahlreiche Haftvermeidungsprojekte der letzten Jahrzehnte haben gezeigt, dass Haftrichter und Haftrichterinnen dies durchaus würdigen, dadurch Untersuchungshaftvollstreckung vermieden und Integration statt Stigmatisierung und Marginalisierung erreicht werden können.[90]

Der kriminalpolitische Erfolg einer Haftentscheidungshilfe korrespondiert eng mit deren Erreichbarkeit und frühen Information. In zahlreichen Projektstudien und praktischen Erprobungen wurde nachgewiesen, dass bei einer frühzeitigen Information deutlich vor der Vorführung vor den Haftrichter oder die Haftrichterin Alternativen geklärt oder organisiert werden können, die den Erlass eines Haftbefehls vermeiden. Voraussetzungen dafür sind zeitliche Ressourcen und eine hohe Vertrautheit mit dem Netz an Angeboten vor Ort sowie eine frühzeitige Information durch Polizei und Staatsanwaltschaft, wie sie § 72a JGG für Jugendliche und Heranwachsende grundsätzlich vorsieht. Für den Anwendungsbereich der StPO bedürfte es einer gesetzlichen Regelung (z. B. in § 160), die aber nicht Gegenstand dieses Diskussionsentwurfs sein kann.

Soweit die Klärungen nicht bis zur Vorführung vor den Haftrichter abgeschlossen werden können und ein Haftbefehl ergeht, sollen im Kontakt mit dem Untersuchungshaftgefangenen und gegebenenfalls im Zusammenwirken mit dem Sozialdienst in der Untersuchungshaft Möglichkeiten der Haftreduzierung geprüft und gegebenenfalls angeboten werden.

Die Regelungen des Absatz 3 hinsichtlich der Gelegenheit zum vertraulichen Gespräch berühren selbstverständlich nicht richterliche Anordnungen zu eventuellen Kontaktbeschränkungen nach Erlass eines Haftbefehls. Solche Fälle werden sehr selten sein – bundesrechtliche Zuständigkeiten und richterliche Unabhängigkeit gehen gegebenenfalls der Ermöglichung von Kontakten zu Gesprächen der Haftentscheidungshilfe vor.

§ 19 Täter-Opfer-Ausgleich

(1) Die Möglichkeit eines Täter-Opfer-Ausgleichs wird auf der Grundlage von §§ 155a, 155b StPO, § 46a StGB und von §§ 10, 15, 23, 45, 47 JGG in jedem Stadium des Verfahrens geprüft. Die Sozialen Dienste der Justiz stellen sicher, dass ein Täter-Opfer-Ausgleichsverfah-

---

90   Vgl. z. B. *Cornel* 1994, S. 202 ff.; 1996; 2009a, S. 277 ff.; *Lösel/Pomplun* 1998; *Kowalzyck* 2008; *Villmow/Savinsky* 2012; 2013 und die oben (Fn. 88) zitierte Literatur.

ren zeitnah und gut erreichbar angeboten wird und dies auch bei Polizei, Staatsanwaltschaften und Gerichten bekannt ist.

(2) Mit dem Täter-Opfer-Ausgleich soll zwischen Beschuldigten und Verletzten eine einvernehmliche Regelung unter Beteiligung allparteilicher Vermittlerinnen und Vermittler erreicht werden, in der beide Seiten ihre Anliegen berücksichtigt sehen. Den Konfliktbeteiligten soll die Möglichkeit gegeben werden, in der persönlichen Begegnung die der Straftat zugrundeliegenden oder aus ihr resultierenden Konflikte zu bereinigen und den Schaden zu regulieren.

(3) Voraussetzung eines Ausgleichs ist die Übernahme von Verantwortung durch die Täterinnen oder Täter. Eine erneute Beeinträchtigung der Verletzten ist zu vermeiden.

(4) Die Mitwirkung am Ausgleichsverfahren ist für die Beschuldigten und Verletzten freiwillig und kann in jeder Phase des Verfahrens beendet werden. Auf die Freiwilligkeit ist bereits bei der Kontaktaufnahme hinzuweisen.

(5) Der Täter-Opfer-Ausgleich ist mit der Erfüllung der vereinbarten Regelungen abgeschlossen. Ziel ist es, weitere straf- und zivilrechtliche Maßnahmen entbehrlich zu machen.

(6) Die Fachkräfte im Täter-Opfer-Ausgleichsverfahren müssen über besondere Fachkenntnisse im Straf- und Zivilrecht, in der Kriminologie, Viktimologie, Konflikttheorie und in der Gesprächsführung verfügen. Sie haben zusätzlich eine geeignete mindestens einjährige berufsbegleitende Fortbildung in Mediation abgeschlossen und sind zu regelmäßiger Weiterbildung verpflichtet.

(7) Täter-Opfer-Ausgleich kann sowohl durch Fachkräfte der Sozialen Dienste der Justiz als auch freie Träger geleistet werden. Den Opfern ist dabei auch durch die Organisationsstrukturen und Position der Fachkraft deutlich zu machen, dass im Täter-Opfer-Ausgleich nicht einseitig Täterinteressen vertreten werden.

Begründung

Der Täter-Opfer-Ausgleich hat sich einerseits in den letzten 30 Jahren zunächst stark ausgeweitet, ist inzwischen vielseitig bundesgesetzlich verankert und hat sich weitgehend bewährt. Andererseits ist in den letzten Jahren ein Rückgang der Täter-Opfer-Ausgleichs-Fälle zu beobachten, der über das Maß hinausgeht, dass sich allein durch den Rückgang der Anzahl der Strafverfahren erklären lässt. Vergleicht man die Bundesländer, so lassen sich deutliche Unterschiede hinsichtlich der Implementierung feststellen, die sich in den Anwendungszahlen widerspiegeln.[91]

In Übereinstimmung mit Nummer 3 der Probation Rules[92] wird in diesem Diskussionsentwurf eines Landesresozialisierungsgesetzes grundsätzlich die Achtung der Rechte und Bedürfnisse von Opfern gefordert sowie eine geeignete Ausbildung für die Fachkräfte, die im Sinne der Schadenswiedergutmachung und sonstigen Opferbezügen arbeiten.[93]

Die Regelungen des § 19 zum Täter-Opfer-Ausgleich orientieren sich im Wesentlichen an den „Standards Täter Opfer Ausgleich", die 2009 inzwischen

---

91 Vgl zusammenfassend *Dünkel/Pǎroşanu* 2015, S. 311 ff.

92 Vgl. die Rec. (2010)1 des Ministerkomitees des Europarats.

93 Vgl. Nr. 97 der Probation Rules.

in sechster Auflage gemeinsam vom Servicebüro für Täter-Opfer-Ausgleich und Konfliktschlichtung des DBH-Fachverbandes für soziale Arbeit, Strafrecht und Kriminalpolitik und der Bundesarbeitsgemeinschaft Täter-Opfer-Ausgleich e. V. herausgegeben wurden.

Soweit Absatz 1 feststellt, dass die Möglichkeit eines Täter-Opfer-Ausgleichs in jedem Stadium des Verfahrens geprüft werden muss, so sind damit nicht nur die unterschiedlichen Phasen des Strafverfahrens gemeint, sondern auch der Strafvollstreckung, so dass auch Strafgefangene einbezogen sind. Täter-Opfer-Ausgleich kann auch dann dem Rechtsfrieden, den Opferinteressen und der Resozialisierung dienen, wenn damit keine Strafreduzierung für den Täter oder die Täterin erreicht wird. Andererseits können Wiedergutmachungs-bemühungen von Inhaftierten als prognostisch günstiger Faktor bei der Straf-restaussetzung von Bedeutung sein.[94]

Insgesamt wird der TOA auch als Hilfe zur Resozialisierung verstanden und deshalb systematisch hier eingeordnet, obwohl er sich von anderen Hilfeleistungen unterscheidet. Abs. 3 stellt deshalb klar, dass die Voraussetzung eines Ausgleichs die Übernahme der Verantwortung durch den Täter oder die Täterin ist und dass das Opfer keinesfalls für Resozialisierungszwecke instrumentalisiert werden darf. Die jahrzehntelange Praxis des Täter-Opfer-Ausgleichs verfügt inzwischen über vielerlei Erfahrungen, dass diese Konfliktaufarbeitung nicht zulasten des Opfers gehen muss und gleichwohl der Wiedereingliederung des Täters dienen kann.

In Absatz 6 werden nicht nur die Notwendigkeit besonderer Fachkenntnisse und darauf bezogen einer spezifischen Ausbildung betont, sondern auch wichtige Inhalte definiert. Es ist eine Aufgabe der Fachaufsicht zu garantieren, dass der Täter-Opfer-Ausgleich auf fachlich angemessenem Niveau entsprechend den TOA-Standards erfolgt.

Absatz 7 stellt klar, dass der Täter-Opfer-Ausgleich durch unterschiedliche Organisationsformen angeboten werden kann. Wo immer funktionierende Strukturen durch freie Träger bestehen, die sicherlich von Täter und Opfer leichter als justizunabhängig wahrgenommen werden, sollen diese bestehen bleiben und genutzt werden. Gleichzeitig darf aber das Fehlen solcher Angebote durch freie Träger nicht dazu führen, dass in manchen Regionen überhaupt kein Täter-Opfer-Ausgleich oder nicht in ausreichendem Maße zur Verfügung steht. Gegenüber den Opfern und den Tätern und Täterinnen steht der Staat hier in der Verantwortung.

---

94   Vgl. *Dünkel* 2013a, § 57 Rn. 43.

§ 20 Hilfe zur Ableistung gemeinnütziger Arbeit

(1) Arbeitsleistungen und freie Arbeit erfolgen auf der Grundlage von §§ 10, 15, 23, 45, 47, 88 JGG, § 153a Abs. 1 S. 1 Nr. 3 StPO, §§ 56b Abs. 2 S. 1 Nr. 3, 57 Abs. 3, Art. 293 EGStGB, § 43 StGB und der entsprechenden Rechtsverordnung des Landes zur Abwendung der Vollstreckung von Ersatzfreiheitsstrafe. Die Sozialen Dienste der Justiz und – soweit zuständig – die Jugendgerichtshilfe vermitteln die Klientinnen und Klienten in Einrichtungen zur Erbringung von Arbeitsleistungen. Sie motivieren und betreuen die Klientinnen und Klienten und berichten der anordnenden Stelle über die geleistete Arbeit.

(2) Neben der Vermittlung freier Arbeit findet ggf. auch eine besondere Betreuung durch die zuständige Fachkraft statt, um notwendige soziale Hilfen einzuleiten und Rückfallrisiken für erneute Straftaten zu reduzieren.

(3) Die Sozialen Dienste der Justiz bzw. die Jugendgerichtshilfe sind verpflichtet, geeignete Einsatzstellen für die Erbringung von Arbeitsleistungen wohnortnah vorzuhalten. Dabei kooperieren sie mit Freien Trägern und mit kommunalen Einrichtungen.

(4) Die Arbeiten sollen der Erreichung des Resozialisierungsziels dienen. Erniedrigende oder sozialpädagogisch sinnlose Arbeiten sind auszuschließen. Die Arbeitsleistungen sind so zu organisieren, dass sie einer Erwerbstätigkeit nicht entgegenstehen. Die Ausgestaltung der Arbeit soll gewährleisten, dass der strafrechtliche Bezug der Arbeitsleistenden nicht erkennbar und eine Stigmatisierung vermieden werden.

(5) Bei der Zuteilung zu Arbeitseinsatzstellen ist auf das Alter, die persönliche Eignung und die Interessen der Klientinnen und Klienten Rücksicht zu nehmen. Die Klientinnen und Klienten werden an der Auswahl der Einsatzstellen beteiligt und erhalten Gelegenheit ihre Sichtweise einzubringen.

(6) Bei der Ableistung gemeinnütziger Arbeit sind die gesetzlichen Regelungen zum Arbeits- und Gesundheitsschutz uneingeschränkt zu beachten.

(7) Bei der Durchführung dieser Hilfen kooperieren die Sozialen Dienste der Justiz bzw. die Jugendgerichtshilfe mit den Vollstreckungsbehörden, deren Zuständigkeiten unberührt bleiben.

(8) Die zu Geldstrafe Verurteilten sind durch die Vollstreckungsbehörde über die Möglichkeit, durch freie Arbeit die Vollstreckung von Ersatzfreiheitsstrafen abzuwenden, zu informieren. Im Falle der Ableistung von Arbeit wird ein Tagessatz der Geldstrafe durch 3 Stunden Arbeit abgegolten.

Begründung

Die Organisation „freier" oder besser „gemeinnütziger" Arbeit zur Vermeidung der Vollstreckung von Ersatzfreiheitsstrafen ist in den letzten 20 Jahren zu einem wichtigen Angebot der Haftvermeidung geworden. Regelmäßig werden stichtagsbezogen in den verschiedenen Bundesländern 6% bis 10% aller Plätze im Erwachsenenstrafvollzug allein zur Vollstreckung von Ersatzfreiheitsstrafen genutzt.[95] Inhaftierte sind also Verurteilte, gegen die eigentlich eine Geldstrafe verhängt wurde. Der Zusammenhang von Arbeitslosigkeit, Armut, fehlenden sozialen Kompetenzen zur Meisterung des eigenen Alltags sowie Suchtproble-

---

95 Stichtagsbezogen sind jeweils ca. 4.000 Haftplätze durch Ersatzfreiheitsstrafen verbüßende Gefangene belegt, am 31.3.2014 waren es sogar 4.460, was 9,4% der Population des Erwachsenenstrafvollzugs entspricht; vgl. zu empirischen Befunden *Dünkel* 2011a.

men mit der Vollstreckung von Haftstrafen ist nirgends so offensichtlich wie hier.[96]

Wir haben bewusst den Begriff „gemeinnützige Arbeit" anstatt des in Art. 293 EGStGB verwendeten Begriffs „freie Arbeit" verwendet, weil wir Wert darauf legen möchten, dass di ausgeführten Tätigkeiten i. S. einer wiedergutmachenden Strafrechtspflege (Restorative Justice) tatsächlich der Gesellschaft als Ganzes (u. U. aber auch direkt dem individuellen Opfer) zugutekommende sinnvolle Leistungen darstellen. In dieser symbolischen Wiedergutmachungsfunktion[97] wird dem Resozialisierungsgedanken eher Rechnung getragen als mit der Erbringung sinnloser oder rein kommerzieller Tätigkeiten, die als schlicht repressiv und mit Blick auf das Zwangsarbeitsverbot und internationale Menschenrechtsstandards wie die Probation Rules (s. dazu unten) als problematisch anzusehen sind.

In vielen Projekten wurde in den letzten 20 Jahren gezeigt, dass durch unterschiedlichste Modelle der Vermittlungund Organisation gemeinnütziger Arbeit erfolgreich Haft vermieden werden kann. Dabei hat sich auch gezeigt, dass aufgrund der Hilfsbedürftigkeit der Probanden es häufig nicht genügt, einfach Arbeitsmöglichkeiten zu organisieren und die von Ersatzfreiheitsstrafe bedrohten Personen schriftlich auf diese Möglichkeit der Haftvermeidung hinzuweisen. Persönliche Ansprache, (auch mehrfache) Motivation, sozialarbeiterische Begleitung und Unterstützung sind häufig notwendig, damit die Probanden über längere Zeit regelmäßig die Arbeiten leisten, die zur Vermeidung der Vollstreckung von Ersatzfreiheitsstrafe notwendig sind.[98]

Unabhängig davon, dass es in Deutschland im Gegensatz zu den meisten anderen europäischen Ländern keine gemeinnützigen Arbeiten als selbstständige Sanktion gibt, sind die Bestimmungen Nr. 47 bis 52 Probation Rules auch für Deutschland einschlägig im Sinne der Einhaltung der Menschenrechte. Die Arbeiten dürfen gem. Nr. 47 nicht unzumutbar, erniedrigend und stigmatisierenden sein und dürfen nicht zu Gunsten der Einrichtungen der Bewährungshilfe und deren Mitarbeiterinnen und Mitarbeitern oder aus wirtschaftlichem Gewinnstreben ausgeführt werden.[99]

---

96 Zu empirischen Befunden insoweit vgl. *Dolde* 1999; *Wirth* 2000; 2006; *Konrad* 2003; 2004; *Redlich* 2005; *Kawamura-Reindl/Reindl* 2010.

97 Vgl. zum Potenzial der gemeinnützigen Arbeit als wiedergutmachungsorientierter Sanktion *Dünkel/Grzywa-Holten/Horsfield* 2015, S. 1051 ff.

98 Vgl. *Arbeitsgemeinschaft der bayerischen Fachstellen zur Vermittlung gemeinnütziger Arbeit* 2006; *Cornel* 2000; 2002, S. 821 ff.; *Dünkel/Grosser* 1999, S. 28 ff.; *Dünkel/Scheel/Grosser* 2002, S. 56 ff.; *Dünkel/Scheel* 2006; *Feuerhelm* 1999, S. 22 ff.; *Kawamura-Reindl/Reindl* 2003, S. 49 ff.; *Kawamura-Reindl* 2009a, S. 220 ff.; *Wilde* 2002, S. 211 ff.; *DBH-Fachverband für soziale Arbeit, Strafrecht und Kriminalpolitik* 2004; *Bögelein/Ernst/Neubacher* 2014; 2014a.

99 Vgl. Nr. 48 der Probation Rules.

Es ist bekannt, dass Personen, die zu einer Geldstrafe verurteilt wurden und diese nicht bezahlen können, häufig über die Zahlungsunfähigkeit hinaus weitere soziale Probleme haben, die sie zum einen an der Ableistung gemeinnütziger Arbeiten hindern und zum zweiten zu erneuter Straffälligkeit führen können. Das geht von Suchtproblematiken und Überschuldung bis zu unbezahlten Energierechnungen und drohendem Wohnungsverlust oder auch der Unfähigkeit, den eigenen Tag so zu strukturieren, dass man regelmäßig zur Arbeit erscheinen kann.[100] Absatz 2 fordert die Fachkraft, die aus Anlass der gemeinnützigen Arbeit zur Vermeidung der Vollstreckung von Ersatzfreiheitsstrafen von solchen Problemen Kenntnis erhält, auf, entsprechende soziale Hilfen einzuleiten oder zu vermitteln.

Die Regelungen in Absatz 4 sollen ungeachtet der Tatsache, dass mehr als 80% der gemeinnützig arbeitenden Personen zum Zeitpunkt der Abarbeitung arbeitslos sind, sicherstellen, dass die gemeinnützigen Arbeitsleistungen einer Erwerbstätigkeit oder der Aufnahme einer Erwerbstätigkeit nicht entgegenstehen. Auch wenn es sich bei der gemeinnützigen Arbeit letztlich um die Vollstreckung einer Sanktion handelt, muss auch hier der Resozialisierungsaspekt im Vordergrund stehen. Daher sind die persönliche Geeignetheit und insbesondere das Alter bei der Auswahl und der Durchführung der Tätigkeiten zu berücksichtigen.[101] Jegliches an den Prangerstellen der gemeinnützig arbeitenden Personen, beispielsweise durch das Kennzeichnen als Straffällige durch die Kleidung im öffentlichen Raum, wie man es aus England, den Niederlanden oder den Vereinigten Staaten von Amerika kennt, ist unzulässig.[102] Schließlich wird im sechsten Absatz klargestellt, dass die üblichen Arbeitsschutzbestimmungen selbstverständlich auch für solche gemeinnützigen Arbeiten gelten, wie es auch Nr. 50 der Probation Rules fordert.

Absatz 8 regelt nicht nur die Informationen über die Möglichkeiten der Vermeidung der Vollstreckung von Ersatzfreiheitsstrafen sondern auch den Umrechnungsfaktor, der zurzeit in den Bundesländern unterschiedlich ist und teils darüber hinaus durch regelmäßige Gnadenentscheidungen bestimmt ist.[103] In Übereinstimmung mit der Begründung des Referentenentwurfs für ein neues Sanktionenrecht vom 8.12.2000[104] und der Literatur[105] wird ein Umrechnungs-

---

100 Vgl. *Dolde* 1999; *Konrad* 2003; 2004; *Redlich* 2005; *Kawamura-Reindl/Reindl* 2010.

101 Vgl. dazu auch Nr. 51 und 52 der Probation Rules.

102 Vgl. dazu auch § 5 und die dortige Begründung.

103 Vgl. zusammenfassend *Dünkel* 2011a.

104 Vgl. den Referentenentwurf für ein neues Sanktionenrecht vom 8.12.2000 in *Bundesministerium der Justiz* 2000a, S. 12 und unten Teil 3.

105 *Dünkel/Grosser* 1999 fordern unter Hinweis auf weitere Literatur 2-4 Stunden (S. 32) und *Alexander Böhm* plädierte für einen Umrechnungsmaßstab von 3 Stunden gemeinnütziger Arbeit für einen Tagessatz Geldstrafe, weil man vom üblichen 8 Stunden Ar-

schlüssel von 3 Stunden vorgeschlagen, „denn ein Tag Freiheitsentzug wiegt deutlich schwerer als die Einbuße eines Tageseinkommens".[106] Die Bundesländer sind frei, diesen Umrechnungsfaktor selbst zu bestimmen.

§ 21 Erzieherische ambulante Maßnahmen des Jugendstrafrechts

(1) Soweit ambulante Maßnahmen des Jugendstrafrechts nicht ohnehin als Jugendhilfeleistungen den Bestimmungen des SGB VIII unterliegen, müssen sie als Maßnahmen gemäß §§ 45, 47 JGG, Erziehungsmaßregeln gem. § 10 JGG oder Zuchtmittel gem. § 13 ff. JGG nach § 2 Abs. 1 JGG am Erziehungsgedanken und an den Gestaltungsgrundsätzen dieses Gesetzes ausgerichtet werden.

(2) Bei der Durchführung erzieherischer ambulanter Maßnahmen des Jugendstrafrechts ist auf die Eignung des sozialpädagogischen Angebots, die Motivierung und Partizipation der betroffenen jungen Menschen und deren Förderung zu achten.

(3) Stigmatisierungen sind bei der Beschreibung der Zielgruppe und der Ausgestaltung der Maßnahmen zu vermeiden.

(4) Es ist sicherzustellen, dass zumindest folgende Einzel- und Gruppenangebote in Wohnortnähe der Jugendlichen und Heranwachsenden zur Verfügung stehen:

1. *Beratungsgespräch,*
2. *Betreuung im Rahmen von Betreuungsweisungen,*
3. *Kompetenztraining,*
4. *Sozialkognitives Einzeltraining,*
5. *Vermittlung zu nicht pädagogisch betreuten Arbeitsleistungen,*
6. *Pädagogisch betreute Arbeitsleistungen, u. a. zur beruflichen Orientierung,*
7. *Sozialer Trainingskurs und sonstige offene Angebote sozialer Gruppenarbeit,*
8. *Suchtpräventive Maßnahme,*
9. *Verkehrserziehungskurs,*
10. *Täter-Opfer-Ausgleich.*

(5) Bei allen Maßnahmen ist, auch sofern sie nicht als Jugendhilfeleistungen im Sinne des SGB VIII erbracht werden, die enge Kooperation mit dem Jugendamt und insbesondere der Jugendgerichtshilfe gem. § 38 JGG zu suchen. Steht der Jugendliche oder Heranwachsende unter Bewährungsaufsicht, so soll mit seinem Einverständnis bei Beginn und Abschluss der Maßnahme auch ein gemeinsames Gespräch mit dem Bewährungshelfer oder der Bewährungshelferin stattfinden.

(6) Bei der Durchführung erzieherischer ambulanter Maßnahmen des Jugendstrafrechts sind Fachkräfte der Sozialen Arbeit zu beschäftigen.

---

beitstag Urlaube, gesetzliche Feiertage und die Zeit, die für Steuern und Sozialabgaben gearbeitet werden anteilig abziehen müsse. Für das Nettoeinkommen „arbeitet der Durchschnittsverdiener am Tag aber nur 3 Stunden …"; *Böhm* 1998, S. 363; ebenso bereits *Schöch* 1992, C 87 in seinem Gutachten zum 59. DJT. Der *entscheidende* Begründungsansatz ist das Nettoprinzip der Tagessatzgeldstrafe. Der abzuschöpfende Anteil des Nettoeinkommens wird i. d. R. in ca. 3 Stunden „erarbeitet".

106 Vgl. die Begründung des Referentenentwurfs zur Reform des Sanktionenrechts vom 8.12.2000 in *Bundesministerium der Justiz* 2000a, S. 12.

Begründung

Das Jugendgerichtsgesetz hat hinsichtlich der erzieherischen ambulanten Maßnahmen im Gegensatz zu den stationären Maßnahmen mit seinen Jugendstrafan-
stalten und Jugendarrestanstalten keine eigenen Vollstreckungsinstitutionen. Die
Weisungen gemäß § 10, die Auflagen gem. § 15 und die in §§ 45 und 47 JGG
genannten erzieherischen Maßnahmen werden in aller Regel als Jugendhilfeleistungen erbracht. Dies aber kann nur nach den Regelungen des SGB VIII ge-
schehen, so dass die Finanzierung und Durchführung beispielsweise nur nach
einer fachlichen Feststellung der Geeignetheit und Erforderlichkeit der Hilfen
sowie gegebenenfalls nach einem Hilfeplanverfahren zulässig ist[107] – Anforderungen die trotz der Beteiligung der Jugendhilfe im Strafverfahren durch die
jugendrichterliche Entscheidung nicht erfüllt sind.[108] *Jochen Goerdeler* hat zum
Einen darauf hingewiesen, dass das Hilfeplanverfahren nicht nur gerechtfertigt,
sondern zu begrüßen ist, wenn man es als „ein flexibles und kooperatives In-
strument der Bedarfsermittlung und Qualitätssicherung" versteht.[109] Zum Zweiten aber – so *Goerdeler* zu Recht – sieht § 36 Abs. 2 SGB VIII in seinem ersten
Satz einen formellen Hilfeplan nur vor, „wenn Hilfe voraussichtlich für längere
Zeit zu leisten ist", weshalb er davon ausgeht, dass Hilfepläne bei der Mehrzahl
der ambulanten Maßnahmen nicht erforderlich sein werden.[110]

Einige Ausführungsgesetze der Länder zum SGB VIII (KJHG) haben den
Verzicht auf das formale Hilfeplanverfahren geregelt (z. B. Berlin in § 50 des
AG KJHG) und in einer Vielzahl von Fällen ist die Überschneidung von sozial-
pädagogischem Hilfebedarf als Leistungsvoraussetzung des Sozialgesetzbuchs
und dem Inhalt der erzieherischen ambulanten Maßnahme des Jugendstrafrechts
sehr groß, weshalb die Finanzierung und Durchführung als Jugendhilfeleistung
unproblematisch ist. Grundsätzlich und im Einzelfall kann es aber durchaus über
die Art und den Umfang der erzieherischen Maßnahme sowie die Freiwilligkeit
der Beteiligung zu unterschiedlichen Einschätzungen kommen und nicht zuletzt
kann die Durchführung von angeordneten Maßnahmen daran scheitern, dass das
örtliche Jugendamt keinen Bedarf sieht und ein solches Angebot nicht vorhält.
Das darf nicht zum Nachteil des jungen Menschen erfolgen und insbesondere

---

107   Vgl. dazu umfassend *Lobinger* 2015, insbesondere S. 469 f.

108   Vgl. *Trenczek* 1996, S. 128 f. und S. 139; vgl. auch *Meißner* 2004, S. 124-127 mit dem
      Hinweis auf das Primat der Freiwilligkeit in der Jugendhilfe, die bei den Reaktionen auf
      delinquentes Handeln Jugendlicher in der Regel nicht gegeben sei, S. 125; vgl. auch
      Drewniak 1996 und „Zukunft schaffen! Perspektiven für straffällig gewordene junge
      Menschen durch ambulante Maßnahmen", DVJJ-Positionspapier vom 13.Oktober 2008,
      S. 405 f.

109   *Goerdeler* 2006, S. 6.

110   Vgl. *Goerdeler* 2006, S. 6.

darf es deshalb nicht zu einer stationären Sanktion kommen. Deshalb regelt § 21 Abs. 3 die Sicherstellung des Angebotes in Wohnortnähe. Unter Achtung der kommunalen Selbstverwaltung im Bereich der Jugendhilfe muss der Landesgesetzgeber im Zuge dieses Landesresozialisierungsgesetzes dafür Sorge tragen, dass den Jugendgerichten das Spektrum an Rechtsfolgen zur Verfügung steht, das der Bundesgesetzgeber dafür vorgesehen hat.

Das spezialpräventive Ziel des Jugendgerichtsgesetzes ist gegenüber dem von § 1 des SGB VIII („eigenverantwortlichen und gemeinschaftsfähige Persönlichkeit") reduziert. Die Hilfsangebote der Jugendhilfe erfolgen auf freiwilliger Basis, während die Weisungen, Auflagen und erzieherischen Maßnahmen im Kontext einer Verurteilung einen Zwangscharakter haben und ihre Befolgung nicht freiwillig ist, was nicht zuletzt durch die Möglichkeit der Verhängung des Beugearrestes gemäß §§ 11 Abs. 3, 15 Abs. 2 S. 3 deutlich wird.

Die erzieherischen ambulanten Maßnahmen des Jugendstrafrechts besitzen nicht nur erhebliche Eingriffsintensität,[111] weshalb sie als strafrechtliche Reaktion auf jugendtypische Bagatellkriminalität nicht geeignet sind, sondern sie können die alltäglichen Abläufe und Lebenslagen junger Menschen auch sehr beeinflussen, was hinsichtlich der spezialpräventiven Wirksamkeit schließlich ihr Ziel ist. Deshalb sind die pädagogische Ausrichtung und die Kooperationen mit anderen Hilfeanbietern im Feld von großer Bedeutung, um dem jungen Menschen transparente Beziehungsstrukturen und klare, sich nicht widersprechende Anforderungen zu präsentieren.

Die Bundesarbeitsgemeinschaft für ambulante Maßnahmen nach dem Jugendrecht in der DVJJ hat schon 1991 festgestellt, dass sowohl für Jugendliche und Heranwachsende, die familiär und gesellschaftlich gut integriert sind, als auch solche, deren gesellschaftliche und familiäre Integration erheblich gefährdet und deren beruflicher und persönlicher Status niedrig ist, bei denen jedoch Straftaten noch nicht den Lebensmittelpunkt bilden als ambulante Maßnahmen vor allem der Täter Opfer Ausgleich und „unter strikter Beachtung des Übermaßverbotes" – die Erbringung von Arbeitsleistungen pädagogisch verantwortbar sind.[112] Jugendliche, in deren Lebensmittelpunkt Straftaten stehen, seien hingegen „soweit gesellschaftlich desintegriert, dass jede zusätzliche Desintegration, zum Beispiel durch stationäre Maßnahmen im Zusammenhang mit einem Jugendstrafverfahren die Gefahr eines Ansteigens der Deliktshäufigkeit und -schwere potenziert. Für sie können Maßnahmen, die der Integration dienen, spezialpräventiv wirksam sein. Sie sind umso wirksamer, je näher sie an der

---

111 Vgl. dazu schon Leitfaden für die Anordnung und Durchführung der neuen ambulanten Maßnahmen (Mindeststandards) der *Bundesarbeitsgemeinschaft für ambulante Maßnahmen* 1991, S. 288 und 1992, S. 403.

112 Vgl. Leitfaden für die Anordnung und Durchführung der neuen ambulanten Maßnahmen (Mindeststandards) der *Bundesarbeitsgemeinschaft für ambulante Maßnahmen* 1991, S. 289 und 1992, S. 405 f.

Lebenswelt der Jugendlichen angesiedelt sind ... Insbesondere für diese Gruppe können die mit dem Hilfs- und Erziehungsanspruch begründeten Maßnahmen des § 10 Abs. 1 S. 3, Nummer 5 und 6 JGG" (Betreuungsweisung, Sozialer Trainingskurs) infrage kommen.[113] Dementsprechend fordern die Empfehlungen des Europarats über „*New ways of dealing with juvenile delinquency ...*" (Rec. [2003] 20), dass ambulante Maßnahmen insbesondere für Wiederholungstäter ausgebaut werden sollen. Rule Nr. 8 der Empfehlung fordert, dass für schwere, gewalttätige und wiederholte Jugendkriminalität ambulante und zugleich verhältnismäßige Sanktionen fortentwickelt werden sollten.

§ 21 Absatz 1 stellt nicht nur den Bezug zu den Jugendhilfeleistungen her und konkretisiert die gemeinten erzieherischen ambulanten Maßnahmen des Jugendstrafrechts, sondern nennt auch die Bestimmung der Zielsetzung dieser Maßnahmen im Jugendgerichtsgesetz und in den Gestaltungsgrundsätzen dieses Gesetzes. Auf das Wort „vorrangig" in § 2 Abs. 1 ist hier zu verzichten, da es sich um ausschließlich dem Erziehungsgedanken verpflichtete Reaktionen bzw. Sanktionen handelt.

Im Absatz 2 soll der Landesgesetzgeber bestimmen, wie die sozialpädagogische fachliche Ausrichtung bei der Durchführung dieser erzieherischen ambulanten Maßnahmen des Jugendstrafrechts sein soll. Die erzieherische ambulante Maßnahme soll geeignet sein, von den jungen Menschen nicht nur als Rechtsfolge seines delinquenten Verhaltens wahrgenommen zu werden, sondern auch als ein attraktives Angebot, das seiner eigenen Entwicklung nützt. Die Fachkräfte sollen sich dabei nicht vorrangig auf die Zwangslage der oder des Verurteilten oder von einem Jugendstrafverfahren bedrohten straffälligen Person beziehen, sondern ihn zur Teilnahme motivieren, mit ihr oder ihm beraten und gegebenenfalls an der Auswahl der geeigneten Maßnahme beteiligen.

Im dritten Absatz geht es um die positive Benennung des Ziels der erzieherischen Maßnahmen und insbesondere der Gruppenangebote: Im Namen sollen nicht beispielsweise Drogentäter, Schulverweigerer, Sexualstraftäter, Berufsausbildungsabbrecher und Bewährungsversager genannt werden, sondern Suchtprävention, soziale Kompetenzen und Wiedergutmachung, um Stigmatisierungen zu vermeiden. Selbstverständlich darf es auch keine Form des An-den-Pranger-stellens geben.

Absatz 4 nennt einen offenen Katalog von Einzel- und Gruppenangeboten, die mindestens wohnortnah zur Verfügung gestellt werden müssen. Die Ent-

---

113 Leitfaden für die Anordnung und Durchführung der neuen ambulanten Maßnahmen (Mindeststandards) der *Bundesarbeitsgemeinschaft für ambulante Maßnahmen* 1991, S. 290 und 1992, S. 406.

wicklung neuer fachlicher sozialpädagogischer Angebote soll dadurch keinesfalls eingeschränkt werden. Wenn in Ziffer 6 die berufliche Orientierung als ein Zweck genannt wird, so wird dabei nicht verkannt, dass auch die Strukturierung des Alltags und der Erwerb sonstiger sozialer Kompetenzen bei solchen pädagogisch betreuten Arbeitsleistungen eine Rolle spielen.

Obwohl die Jugendhilfe im Jugendstrafverfahren beteiligt ist und im gesamten Verfahren beteiligt bleiben soll, geht bisher der Kontakt häufig nach dem Urteil verloren oder beschränkt sich auf die Mitteilung der Ableistung von gemeinnützigen Arbeiten. Abs. 5 möchte gewährleisten, dass alle Hilfeanbieter, die für den jungen Menschen zuständig sind, miteinander in Kontakt bleiben und gemeinsam mit ihm seine Lebenslage verbessern.

§ 22 Bewährungshilfe

(1) Bewährungshilfe wird auf der Grundlage der §§ 56 ff., 57 ff. StGB bzw. §§ 24 ff., 88 JGG durch die Sozialen Dienste der Justiz von einem hauptamtlichen oder ehrenamtlichen Bewährungshelfer (vgl. § 36 dieses Gesetzes) geleistet. Die Probandinnen und Probanden haben unabhängig vom Anlassdelikt ihrer Verurteilung Anspruch auf Hilfe in einem Umfang und auf eine Art entsprechend ihrem Hilfebedarf. Art und Umfang der Überwachung gemäß § 56d Abs. 3 Satz 2 richten sich auch nach dem Risiko des Rückfalls und der Art der bedrohten Rechtsgüter, wie sie auf der Basis wissenschaftlicher Prognoseverfahren festgestellt werden.
(2) Die Arbeit der Bewährungshilfe ist am Ziel der Wiedereingliederung ausgerichtet und beinhaltet damit vorrangig Hilfe und Betreuung. Die Beaufsichtigung ist nicht als reine Kontrollaufgabe zu verstehen, sondern beinhaltet vielmehr die Beratung, Unterstützung und Motivierung von Straffälligen. Falls erforderlich, wird sie mit anderen Interventionen wie Ausbildungsmaßnahmen, Kompetenzentwicklung, Förderung der Beschäftigungschancen und Behandlungsmaßnahmen, die von der Bewährungshilfe oder anderen Einrichtungen durchgeführt werden, kombiniert.
(3) Die Probandinnen und Probanden werden bei den sie betreffenden Berichten und Stellungnahmen beteiligt und werden motiviert ihre Sichtweise einzubringen.
(4) Die Bewährungshilfe nimmt unmittelbar, spätestens innerhalb einer Woche nach der Entscheidung der Strafaussetzung zur Bewährung mit Unterstellung unter Bewährungsaufsicht, Kontakt zu den Probandinnen und Probanden auf.
(5) Die Bewährungshilfe wirkt gem. § 24 dieses Gesetzes bei der Hilfe zur Entlassung mit. Nach einer Haftentlassung bietet die Bewährungshilfe auch die Hilfen i. S. d. § 25 Abs. 2-4 an.
(6) Die Bewährungshilfe kann neben der Einzelfallhilfe auch ergänzend als Gruppenarbeit geleistet werden.
(7) Werden Probandinnen oder Probanden der Bewährungshilfe inhaftiert, wirkt diese bei den Hilfeleistungen nach §§ 15-18 mit. Im Falle der Verurteilung zu Freiheits- oder Jugendstrafe ohne Bewährung wirken die Fachkräfte der Sozialen Dienste der Justiz bei der Vollzugs- und Eingliederungsplanung mit. Die Verpflichtungen der Fachdienste des Vollzugs im Rahmen des Aufnahmeverfahrens in der Untersuchungshaft und im Strafvollzug und bei der Vollzugs- und Eingliederungsplanung bleiben unberührt.
(8) Auch im Falle der Betreuung durch einen ehrenamtlichen Bewährungshelfer entfällt der Anspruch der Probandinnen und Probanden auf professionelle Hilfe einer Fachkraft nicht.

(9) Einer Bewährungshelferin oder einem Bewährungshelfer dürfen regelmäßig nicht mehr als 30 Probanden zugeteilt werden. Soweit aufgrund von Spezialisierungen, besonderen Hilfeangeboten (z. B. Gruppenarbeit) oder Risikolagen besondere Aufgaben übernommen werden, ist dies entsprechend zu berücksichtigen. Soweit im Rahmen differenzierter Leistungsgestaltung Probandinnen oder Probanden mit besonderen Risikolagen zu betreuen sind, ist die Fallbelastung entsprechend niedriger anzusetzen.

(10) Die Staatsanwaltschaft informiert die Sozialen Dienste der Justiz frühzeitig, wenn gegen Probandinnen oder Probanden der Bewährungshilfe ermittelt wird. Gleichzeitig werden die Probandinnen und Probanden von dieser Information ihrer zuständigen Bewährungshelferinnen und Bewährungshelfer in Kenntnis gesetzt.

(11) Bei Jugendlichen, für die gemäß § 60 JGG ein Bewährungsplan erstellt worden ist, unterstützt die Bewährungshilfe den Jugendlichen darin, jeden Wechsel des Aufenthalts, Ausbildungs- oder Arbeitsplatzes anzuzeigen. Sie soll bei Änderungen des Bewährungsplans mitwirken.

Begründung

Während § 56d StGB die Rechtsgrundlage der Bewährungshilfe selbst darstellt, also eine bundesgesetzliche Regelung, ist die Durchführung der Bewährungshilfe den Ländern übertragen, die dafür auch gesetzliche Grundlagen schaffen können. Berlin hat schon 1954 ein zuletzt 2009 verändertes „Gesetz über die Bewährungshelfer für Jugendliche und Heranwachsende" (GVBl., S. 652) erlassen, Hessen 1990 ein „Gesetz über die Organisation der Bewährungshilfe, der Gerichtshilfe und der Führungsaufsicht" (GVBl. I, S. 563, 564) und im Saarland ist seit 1976 ein „Gesetz über den Sozialdienst der Justiz" in Kraft und wird zur Zeit über ein „Gesetz zur ambulanten Resozialisierung und Opferhilfe" beraten. Andere Bundesländer haben entsprechende rechtliche Regelungen zu Organisationsfragen, Zuständigkeiten sowie Dienst- und Fachaufsicht auf dem Verordnungsweg erlassen. Darüber hinaus gab es in den letzten 20 Jahren in vielen Bundesländern Debatten um die (Qualitäts-)Standards der Bewährungshilfe bzw. der Sozialen Dienste der Justiz, die zu schriftlichen Fixierungen durch das Justizministerium und seine nachgeordneten Behörden selbst, zum Beispiel in Sachsen (2009), Rheinland-Pfalz (2010), Bayern (2012, 6. Auflage) und Nordrhein-Westfalen (2014) oder auch durch die Landesarbeitsgemeinschaft der Bewährungshelferinnen und Bewährungshelfer Nordrhein-Westfalen[114] führten.

Diese Diskurse und Festlegungen waren und sind von großer Bedeutung und haben auch diesen Diskussionsentwurf beeinflusst. Gleichwohl gehen die Bestimmungen dieses Diskussionsentwurfs zur Bewährungshilfe über die Setzung von Standards, Organisationsstrukturen und Abläufen hinaus, denn sie sollen vor allem auch Rechte der Probandinnen und Probanden festlegen, wie sie auch in den europäischen Probation Rules normiert sind.

---

114 Vgl. *Landesarbeitsgemeinschaft der Bewährungshelferinnen und Bewährungshelfer Nordrhein Westfalen* 2010.

Nr. 53 der Probation Rules nennt die verschiedenen Aussetzungsmöglich-
keiten, aufgrund deren Bewährungshilfe durchgeführt werden kann. Nr. 54 weist
auf die Notwendigkeit der Berücksichtigung der Verschiedenheiten der einzelnen Straffälligen sowie ihrer individuellen Bedürfnisse hin und Nr. 55 betont
den Vorrang der Beratung, Unterstützung und Motivierung von Straffälligen vor
der reinen Kontrollaufgabe (vgl. § 9 dieses Diskussionsentwurfs). Gleichzeitig
sollen die Regelungen dieses Diskussionsentwurfs aber auch flexibel für fachliche Neu- und Weiterentwicklungen der Praxis sein.

Es ist hier nicht der Raum und es besteht keine Notwendigkeit, die Aufga-
benvielfalt und fachlichen Standards der Bewährungshilfe zu entwickeln oder
auch nur aufzuzählen.[115] Das gesamte System dieses Diskussionsentwurfs mit
der Einordnung der Bewährungshilfe zwischen 15 anderen Hilfearten und den
organisatorischen und strukturellen Bestimmungen im fünften Abschnitt dieses
Diskussionsentwurfs spiegeln die Komplexität der Aufgaben wieder. Deshalb
sollen hier nur die einzelnen Absätze des § 22 erläutert und begründet werden.

Im Absatz 1 Satz 2 und 3 werden Umfang und Art der Hilfe und Überwachung gegenüber § 56d StGB konkretisiert. Der Anspruch auf Hilfe durch die
Bewährungshilfe ergibt sich allein aus dem Hilfebedarf entsprechend der sozialen und persönlichen Problemlage. So selbstverständlich diese Aussage auf Basis der über sechzigjährigen Formulierung im Strafgesetzbuch zu sein scheint, so
notwendig ist dies mit Hinblick auf Konzeptionen, die die Hilfeleistung trotz
richterlicher Unterstellung auf manche Risikogruppen beschränken wollen.
Selbstverständlich – so wird es in Satz 3 des ersten Absatz ausgeführt – spielt
das Rückfallrisiko, das sich während der Unterstellungszeit durchaus in jede
Richtung verändern kann, und die Art des bedrohten Rechtsgutes für Art und
Umfang der Überwachung eine große Rolle und Hilfe und Betreuung können
durchaus ein Beitrag zur sozialen Kontrolle sein. Dies darf aber nicht dazu führen, dass die notwendige Hilfe und Betreuung gemäß § 56d Abs. 3 Satz 1 StGB
mit dem Hinweis verweigert wird, dass das Rückfallrisiko gering sei oder das
bedrohte Rechtsgut nicht erheblich.

Absatz 2 bezieht sich nochmals auf die beiden Aspekte der Hilfe und der
Überwachung und möchte verdeutlichen, dass die in der Bewährungshilfe tätigen Fachkräfte mit den Methoden sozialer Arbeit beide Aspekte durch die Einheit ihres Handelns berücksichtigen. Zwar kann und soll nicht verkannt werden,
dass der Kontrollauftrag die Art der Hilfeleistung und das Verhältnis von Probanden bzw. Probandinnen zu dem jeweiligen Bewährungshelfer oder der
Bewährungshelferin mitbestimmt. Gleichwohl hat der Gesetzgeber aber aus gu-
tem Grund auch die Überwachungsaufgabe der sozialarbeiterischen Fachkraft
anvertraut, die diese nach den Grundsätzen der eigenen Profession erledigen

---

115   Vgl. dazu *Cornel* 2014, S. 367 f.

muss. Der Bewährungshelfer oder die Bewährungshelferin erfüllt deshalb mit der Aufgabe der Überwachung gemäß § 56d Abs. 3 Satz 2 StGB keine Polizeiaufgabe, sondern überwacht im Einvernehmen mit dem Gericht entsprechend den Regeln seiner Profession und wägt dabei ab, wie er oder sie beiden Aspekten des Auftrags am besten Rechnung tragen kann.

Absatz 3 möchte die Partizipation der Probandinnen und Probanden stärken, wovon wir uns zum einen eine Verbesserung der Qualität der Berichte und Stellungnahmen versprechen und zum anderen eine erhöhte Motivation zur Mitwirkung mit dem Ziel der Resozialisierung.

Absatz 4 schafft eine verbindliche Frist, um die Übergangszeit nach dem Urteil, die oft mit Unsicherheiten verbunden sind, möglichst kurz zu halten. Die Sozialen Dienste der Justiz müssen dafür entsprechende Ressourcen, Strukturen und Arbeitsabläufe installieren. Soweit Fachkräfte der Sozialen Dienste der Justiz, beispielsweise weil sie schon Kontakt zum oder zur Angeklagten bzw. Verurteilten aufgrund vorheriger Verfahren hatten, den Verurteilten oder die Verurteilte direkt nach dem Urteil auf die Bewährungsunterstellung ansprechen können, sollten sie das tun.

Absatz 5 bezieht sich auf die Strafrestaussetzung zur Bewährung. Auch wenn die Beschlüsse zur Strafrestaussetzung manchmal zu schnellen Haftentlassungen führen, so sorgen die Regelungen des § 24 Abs. 5 dafür, dass eine Fachkraft der Sozialen Dienste der Justiz bereits frühzeitig Kontakt haben kann, auch wenn über die vorzeitige Entlassung noch nicht entschieden ist.
Nach einer Haftentlassung bietet die Bewährungshilfe auch die Hilfen i. S. d. § 25 Abs. 2-4 an.

Absatz 6 soll klarstellen, dass bei der Wahrnehmung der Aufgaben der Bewährungshilfe über die Einzelfallhilfe hinaus auch andere methodische Ansätze gewählt werden können.

Absatz 7 ist Ausdruck des Grundsatzes der durchgehenden Hilfe und soll sicherstellen, dass sich die Bewährungshelfer und Bewährungshelferinnen umfassend an der Ermittlungshilfe, der Frühhilfe und Haftentscheidungshilfe, der Vollzugs- und Eingliederungsplanung beteiligen sowie gegebenenfalls das Jugendamt bei der Leistung von Jugendhilfe unterstützen.

Ehrenamtliche Bewährungshilfe kann nicht nur eine wertvolle Unterstützung sein, sondern sie ist seit über 60 Jahren im Strafgesetzbuch als eine Option vorgesehen. Quantitativ spielt sie in Deutschland, beispielsweise im Vergleich zu Österreich, nur eine geringe Rolle. § 14 dieses Gesetzes weist der ehrenamtlichen Mitarbeit eine bedeutende Rolle zu und definiert einige Bedingungen ihres

Einsatzes. Ehrenamtliche Mitarbeit wird explizit nicht als Sparmodell begriffen. Deshalb legt Absatz 8 fest, dass auch Probandinnen und Probanden ehrenamtlicher Bewährungshelfer oder Bewährungshelferinnen einen Anspruch auf (ergänzende) professionelle Hilfe durch eine Fachkraft der Sozialen Dienste der Justiz haben.

Seit Jahrzehnten gibt es Kritik aus der Fachliteratur und der Praxis an der zu hohen Fallzahlbelastung.[116] Weder die Kategorienmodelle noch die Methoden der Risikoorientierung mit unterschiedlichen Fallgruppen haben je den Anspruch eingelöst, mit dem sie ursprünglich unter anderem angetreten waren, nämlich die Fallzahlbelastungsberechnungen transparent zu machen und zu ersetzen. Vielmehr haben sie sich letztlich alle auf vorgegebenen Fallbelastungszahlen bezogen. Auch die Berechnungen durchschnittlich notwendigen Zeitaufwandes pro Fall reproduzieren regelmäßig nur die politischen Vorgaben und verwalten somit den Mangel.[117] In der oben genannten Literatur aus den Jahren 1960 bis 2004 wurden Fallzahlen von 30-40 oder 45 für angemessen und wünschenswert erachtet und das Baden-Württembergische Justizministerium spricht von einer Fallzahl von bestenfalls 30.[118]

Deshalb ist es angemessen, basierend auf bisherigen Erfahrungswerten eine politische Vorgabe hinsichtlich der Fallzahlen zu machen, die die Ziele der Haftvermeidung sowie einer rationalen Kriminalpolitik aufnimmt und eine Ausweitung ambulanter Sanktionierung durch die Aussetzung von Strafen oder Strafresten zur Bewährung betreibt. Es geht um die Setzung inhaltlicher Standards und die Festlegung eines Zeitkontingents, das für die Hilfeleistung zur Verfügung stehen soll. Auch § 55 des SGB VIII nennt seit dem 5.7.2012 die Anzahl 50 für Vormundschaften und Pflegschaften mit dieser Begründung, um sicherzustellen, dass die Leistungen erbracht werden können.

Da die Leistungen gegenüber dem jetzigen Stand noch ausgeweitet werden sollen (beispielsweise im Übergangsmanagement und als Anlaufstelle für Ange-

---

116   *Breuning* 1960, S. 52 mit Bezug auf *Rohde* 1958, S. 162; *Meyer* 1963, S. 207; *Maelicke* 1977, S. 46 mit zahlreichen Nachweisen, unter anderem auch auf die *Kommission für Bewährungs- und Gerichtshelfer beim Justizministerium Baden-Württemberg* 1974, S. 22 ff.; *Maelicke/Simmedinger* 1987, S. 13; *Dünkel* 1986, S. 131; *Kerner* 1993, S. 80; *Kurze* 1999, S. 336; *Schöch* 2003, S. 215 mit weiteren Nachweisen; vgl. auch die Vorschläge zur Lage der Bewährungshelfer und Gerichtshelfer der *Kommission für Bewährungs- und Gerichtshelfer beim Justizministerium Baden-Württemberg* 1974, S. 36 f.; *Kawamura-Reindl* 2004, S. 59; *Böttner* 2004, S. 202; zur Evaluation der Bewährungs- und Gerichtshilfe sowie des Täter-Opfer-Ausgleichs in Baden-Württemberg vgl. *Justizministerium Baden-Württemberg* 2014, S. 189; vgl. dazu auch *Dölling/Hermann/Entorf* 2014.

117   Vgl. *Cornel* 2014, S. 358 f., 363 ff.

118   Vgl. *Justizministerium Baden-Württemberg* 2014, S. 189.

hörige und Probanden und Probandinnen, die nicht unter Bewährungsaufsicht stehen) ist eine Fallbelastungszahl von 30 angemessen, denn

- die Komplexität der Lebenslagen der Probanden und Probandinnen einerseits und des Hilfesystems andererseits hat in den letzten 20 Jahren zugenommen,
- die tarifliche oder durch den Dienstherrn festgesetzte Wochenarbeitszeit ist in den letzten 20 Jahren (in den meisten Bundesländern) gesunken,
- die Bewährungshelferinnen und Bewährungshelfer sollen sich nach den Vorschlägen dieses Gesetzes zukünftig gegebenenfalls an der Vollzugs- und Eingliederungsplanung beteiligen und frühzeitig zu Inhaftierten, früheren oder zukünftigen Probanden und Probandinnen Kontakt aufnehmen,
- die technische Unterstützung durch Schreibkräfte ist in den letzten 20 Jahren zurückgegangen und gleichzeitig sind administrative Aufgaben gewachsen und
- die Sozialen Dienste der Justiz sollen auch als Anlaufstelle für Angehörige und Personen, die nicht unter Bewährungsaufsicht stehen, aber von Haft bedroht sind oder kürzlich aus dieser entlassen wurden, fungieren.

Angehörige von Klienten oder Klientinnen, einmalige Beratungen, Mitwirkungen an kommunaler Kriminalprävention und Probanden oder Probandinnen, die länger als 2 Monate inhaftiert sind, zählen nicht als Fall, auch wenn zu ihnen über Besuche Kontakt gehalten wird.

§ 23 Führungsaufsicht

(1) Die Wahrnehmung der Aufgaben der Führungsaufsicht erfolgt durch die Sozialen Dienste der Justiz im Zusammenwirken mit der Führungsaufsichtsstelle auf der Grundlage der §§ 68-68g StGB und § 7 JGG. Probandinnen und Probanden haben im Rahmen der Führungsaufsicht vorrangig Anspruch auf Hilfe in einem Umfang und auf eine Art entsprechend ihrem Hilfebedarf. Sie sind zur Mitwirkung zu motivieren.
(2) Art und Umfang der Kontrolle gemäß § 68a Abs. 3 und 7 StGB richten sich auch nach dem Risiko des Rückfalls und der Art der bedrohten Rechtsgüter, wie sie auf der Basis wissenschaftlicher Prognoseverfahren festgestellt werden.
(3) Auch im Fall einer Weisung mit elektronischer Überwachung nach § 68b Abs. 1 Nr. 12 StGB ist vorrangig betreuende Hilfe zu leisten. Der Umfang der technischen Überwachung hat nicht größer zu sein als im jeweiligen Einzelfall erforderlich. Veränderte Risikolagen sind zu berücksichtigen. Mit zunehmendem Zeitablauf sollen Ausmaß und Intensität der technischen Überwachung reduziert und gegebenenfalls aufgehoben werden.
(4) Erfolgt durch das Gericht eine Therapieweisung gem. § 68b Abs. 2 StGB, stehen im Einvernehmen mit den Probandinnen und Probanden die Sozialen Dienste der Justiz neben der Forensischen Ambulanz diesen helfend und betreuend zur Seite.
(5) Die Sozialen Dienste der Justiz sind frühzeitig, spätestens ein Jahr vor dem tatsächlichen Strafende in das Verfahren nach § 68f StGB einzubinden. Die Fachkräfte sind über den vo-

raussichtlichen Entlassungszeitpunkt rechtzeitig zu informieren. Unter Beteiligung der Probandinnen und Probanden ist zu klären, ob die Voraussetzungen des § 68f Abs. 2 StGB vorliegen und unter welchen Bedingungen die Maßregel entfallen kann.
(6) Nach einer Haftentlassung bietet die Fachkraft der Sozialen Dienste der Justiz, die die Führungsaufsicht durchführt, auch die Hilfen i. S. d. § 25 Abs. 2-4 an.

Begründung

Die Führungsaufsicht wurde in den letzten Jahren immer mehr ausgeweitet und ist mit ihrer Strafbarkeit bei Verstößen gegen Weisungen während der Führungsaufsicht gemäß § 145a StGB ein Fremdkörper im System des Strafgesetzbuchs. Auch wenn, aus diesem Grund immer wieder ihre Abschaffung gefordert wurde, hat der Bundesgesetzgeber die Führungsaufsicht in den vergangenen Jahren ausgeweitet. Dieses Landesgesetz trifft für die Führungsaufsicht Regelungen, die sie von der ehemaligen Polizeiaufsicht abgrenzen und auf die aktive und gestaltende Mitwirkung der Probanden und Probandinnen setzen. Dem Probanden bzw. der Probandin ist bei Hilfsbedürftigkeit Hilfe zu leisten, wodurch wiederum durchaus auch soziale Kontrolle geleistet wird.

Auch wenn es zu einer elektronischen Überwachung des Probanden bzw. der Probandin kommt, ist das Hilfsangebot der Führungsaufsicht nicht zu vernachlässigen (Absatz 4). Diese Forderung greift den Gedanken des § 9 auf und fußt auf der empirischen Erkenntnis, dass eine bloße Überwachung und Kontrolle ohne gleichzeitige Hilfe keine positiven Effekte im Hinblick auf den Probanden erwarten lässt.

Die Probation Rules fordern in Nr. 57 entsprechend, dass wenn als Teil der Bewährungsaufsicht eine elektronische Überwachung stattfindet, diese mit Interventionen verbunden wird, die auf Wiedereingliederung und Rückfallprävention abzielen. Außerdem beschränken sie durch Nr. 58 die elektronische Überwachung, da deren Umfang nicht größer sein darf, „als im jeweiligen Einzelfall erforderlich, wobei die Schwere der begangenen Straftat sowie die Risiken für die Sicherheit der Gemeinschaft berücksichtigt werden". Rule Nr. 8 der Europaratsempfehlung bzgl. Electronic Monitoring betont, dass in jedem Fall eine betreuende Komponente mit der elektronischen Überwachung verbunden werden sollte, um einen nachhaltigen Resozialisierungserfolg zu erzielen.[119]

Da das Risiko erfahrungsgemäß nicht unveränderlich bleibt, erfordert das Verhältnismäßigkeitsprinzip, das Ausmaß und Intensität der technischen Überwachung dem angepasst wird. Dem will Satz 3 des Absatzes 3 von § 23 Rechnung tragen.

Absatz 4 und 5 möchten sicherstellen, dass aus der Perspektive des Klienten bzw. der Klientin immer ein Hilfeleistungserbringer bzw. Ansprechpartner rechtzeitig zur Verfügung steht. Es wird davon ausgegangen, dass forensische

---

119 Vgl. oben die Begründung zu § 9.

Ambulanzen sich nicht immer flexibel auf komplexe Lebenslagen der Klienten und Klientinnen einlassen können und dass die Sozialen Dienste der Justiz rechtzeitig Gelegenheit bekommen müssen, um den Kontakt zum Klienten oder der Klientin aufzubauen und die Zeit nach der Haftentlassung vorzubereiten.

Absatz 6 stellt sicher, dass auch den Probandinnen und Probanden der Führungsaufsicht die Hilfen nach der Entlassung i. S. d. § 25 Abs. 2-4 angeboten werden.

§ 24 Hilfe zur Entlassung bei Freiheitsentzug

(1) In Zusammenarbeit mit dem Sozialdienst im Vollzug ist jeder und jedem Inhaftierten durch die ambulanten Sozialen Dienste der Justiz, die Jugendgerichtshilfe oder die Freie Straffälligenhilfe frühzeitig, i. d. R. mindestens ein Jahr vor der voraussichtlichen Entlassung, Hilfe zur Entlassung anzubieten. Dies betrifft insbesondere die Unterstützung bei der Existenzsicherung, zur Integration in das soziale Umfeld, zur schulischen und beruflichen Bildung, zur Erhaltung oder Wiederherstellung der Gesundheit und bei der Erfüllung gerichtlicher Weisungen und Auflagen sowie Beratung bei der Ordnung der persönlichen, sozialen und wirtschaftlichen Angelegenheiten. Über verschiedene Möglichkeiten der Hilfeleistungen auch für den Zeitraum nach der Entlassung i. S. d. § 25 ist zu beraten.

(2) Die Sozialen Dienste der Justiz bringen den zu erwartenden Hilfebedarf zur Entlassung i. S. v. Abs. 1 möglichst frühzeitig in den Eingliederungsplan des Vollzuges ein.

(3) Die Inhaftierten werden dabei unterstützt, zur Vorbereitung der Wiedereingliederung erforderliche Lockerungen wahrnehmen zu können, insbesondere auch Aufenthalte in Übergangseinrichtungen gem. § 26 dieses Gesetzes.

(4) Die Sozialen Dienste der Justiz arbeiten zur Entlassungsvorbereitung frühzeitig mit den Kommunen, den Agenturen für Arbeit, den Trägern der Sozialversicherung und der Sozialhilfe, den Hilfeeinrichtungen anderer Behörden, den forensischen Ambulanzen, den Verbänden der freien Wohlfahrtspflege und weiteren Personen und Einrichtungen außerhalb des Vollzugs zusammen, insbesondere um zu erreichen, dass die Inhaftierten nach ihrer Entlassung über eine geeignete Unterbringung und eine Arbeits- oder Ausbildungsstelle verfügen.

(5) Um Hilfe zur Entlassung anbieten zu können, ist den dafür zuständigen Fachkräften der Sozialen Dienste der Justiz oder der Freien Straffälligenhilfe frühzeitig die Kontaktaufnahme in der Justizvollzugsanstalt zu ermöglichen. Spätestens ein Jahr vor dem voraussichtlichen Strafende hat jede und jeder Gefangene Anspruch auf ein solches Beratungsgespräch. Die Fachkräfte sind über den voraussichtlichen Entlassungszeitpunkt rechtzeitig zu informieren. Ihnen ist ein entsprechender Zugang zu den Gefangenen zu ermöglichen.

(6) Die Entlassung kann neben der beratenden Einzelfallhilfe auch ergänzend durch Gruppenarbeit vorbereitet werden.

(7) Die Sozialen Dienste der Justiz haben die Aufgabe, die Chancen einer vorzeitigen Entlassung durch die Schaffung der materiellen Voraussetzungen und die Vorbereitung des sozialen Umfeldes zu verbessern und den Entscheidungsträgern entsprechende positive Veränderungen so frühzeitig mitzuteilen, dass diese bei deren Entscheidung berücksichtigt werden können.

(8) Die Fachkräfte der Sozialen Dienste, die die ambulante Hilfe zur Entlassung leisten, kooperieren mit der nachgehenden Betreuung durch die Anstalt, wenn die Entlassenen das wünschen.

(9) Die genannten Hilfen sind auch bei Personen entsprechend zu leisten, die aus Untersuchungshaft oder einer freiheitsentziehenden Maßregel der Besserung und Sicherung entlassen

werden, soweit sich nicht aus dem Zweck der Freiheitsentziehung etwas anderes ergibt. Auch wenn die Haftentlassenen auf freiwilliger Grundlage vorübergehend in der Anstalt verbleiben oder auf eigenen Wunsch wieder aufgenommen werden wollen, wird ihnen Hilfe zur Entlassung angeboten.
(10) Die im Strafvollzugs- bzw. Unterbringungsgesetz geregelten Aufgaben der Entlassungsvorbereitung durch die Fachdienste der Anstalt bleiben von der vorliegenden Bestimmung der Hilfe zur Entlassung unberührt.

Begründung

§ 24 regelt zentral Kooperationen zur Optimierung der Haftentlassungen und nimmt dabei zahlreiche Erfahrungen des Übergangsmanagements auf. Dabei geht es sowohl darum, durch frühzeitigen Informationsaustausch die Kooperation der unterschiedlichen zuständigen Stellen und Organisationseinheiten zur Hilfeleistung zu verbessern, als auch frühzeitig den Gefangenen einzubeziehen und vorzubereiten. Der Austausch von Informationen zwischen den Sozialen Diensten der Justiz und der Strafvollzugsanstalt sowie gegebenenfalls von Freien Trägern der Straffälligenhilfe muss unter Achtung des Schutzes von Privatgeheimnissen erfolgen. Deshalb ist in der Regel, soweit es nicht andere rechtliche Befugnisse gibt, die Genehmigung des Klienten bzw. der Klientin einzuholen.

Nr. 39 der Probation Rules enthält deshalb in Übereinstimmung mit diesem Diskussionsentwurf folgerichtig eine allgemeine Zusammenarbeitsregelung: „Unabhängig davon, ob Bewährungshilfe und Strafvollzug Teile einer zusammenhängenden Organisation sind, arbeiten die beiden Bereiche eng zusammen, um zu einem erfolgreichen Übergang von einem Leben in Haft zu einem Leben in der Gemeinschaft beizutragen."

Die neuen Strafvollzugsgesetze der Länder sehen regelmäßig statt der bisherigen Vollzugsplanung eine Eingliederungsplanung unter Beteiligung der Sozialen Dienste der Justiz vor. Dieser Blick über die Mauern und den Entlassungszeitpunkt ist sehr zu begrüßen. Ihm muss eine entsprechende Mitwirkungspflicht der Hilfeanbieter außerhalb des Vollzugs entsprechen. Das werden im Wesentlichen die Fachkräfte der Sozialen Dienste der Justiz sein. Auf Wunsch der Klientin bzw. des Klienten und soweit keine Bewährungsunterstellung angeordnet ist, kann das aber nach Absprache auch eine Mitarbeiterin oder ein Mitarbeiter der Freien Straffälligenhilfe sein.

Absatz 1 regelt zunächst den Anspruch jedes oder jeder Gefangenen auf das frühzeitige Angebot der Hilfe zur Entlassung. Es soll durch die Aufzählung verschiedener Hilfeanbieter, den Hinweis auf die Zusammenarbeit mit dem Sozialdienst des Vollzugs und die inhaltliche Benennung der Hilfen sichergestellt werden, dass kein Gefangener und keine Gefangene ohne oder ein bedarfsgerechtes Hilfeangebot aus dem Straf- oder Maßregelvollzug entlassen wird bzw. entlassen werden muss. Absatz 5 sieht deshalb auch den Anspruch jedes Gefangenen und jeder Gefangenen auf ein erstes Beratungsgespräch zur Kontaktaufnahme zu den Fachkräften der Sozialen Dienste der Justiz oder der Freien Straffälligenhilfe vor.

Da die Sozialen Dienste des Vollzugs erfahrungsgemäß und aus organisationssoziologisch leicht nachzuvollziehenden Gründen eher die Binnenperspektive bis zur Haftentlassung im Blick haben, werden in Absatz 2 die ambulanten Sozialen Dienste der Justiz, die an der Vollzugs- und Eingliederungsplanung zu beteiligen sind und gegebenenfalls an den Vollzugskonferenzen teilnehmen sollen, verpflichtet, den zu erwartenden Hilfebedarf zur Entlassung frühzeitig einzubringen.

Gemäß § 57 StGB setzt das Gericht die Vollstreckung des Restes einer zeitigen Freiheitsstrafe (entsprechendes gilt gem. § 57a bei lebenslanger Freiheitsstrafe) unter anderem unter der Voraussetzung einer günstigen Sozialprognose zur Bewährung aus, wobei insbesondere die Lebensverhältnisse zu würdigen sind. Diese tatsächlichen Lebensverhältnisse sind nicht nur als Tatbestandsmerkmale zu berücksichtigen, sondern sie können auch durch eine gute Vorbereitung zur Entlassung positiv beeinflusst werden. Dazu sollen die Sozialen Dienste der Justiz gem. Absatz 7 beitragen, um Haft zu vermeiden und Integration zu fördern.

§ 25 Hilfen nach Entlassung aus Freiheitsentzug

(1) Hilfen nach Entlassung aus Freiheitsentzug werden, soweit nicht von §§ 22 und 23 dieses Gesetzes erfasst (Unterstellung unter Bewährungs- oder Führungsaufsicht), von den Sozialen Diensten der Justiz und den Freien Trägern der Entlassenenhilfe geleistet. Die allgemeinen Zuständigkeiten der Jugendhilfe- und der Sozialhilfeträger bleiben unberührt.
(2) Die Entlassenen haben Anspruch darauf, Hilfen entsprechend ihrem Hilfebedarf zur Erreichung des Ziels der Resozialisierung zu erhalten. Einen Anspruch auf Integrationshilfen haben auch Personen, die aus Untersuchungshaft entlassen werden. Ihre besonderen sozialen und emotionalen Belastungen sind zu berücksichtigen.
(3) Die Hilfen umfassen Angebote zur Unterstützung bei der Existenzsicherung der Entlassenen, zur Integration in ihr soziales Umfeld, zur schulischen und beruflichen Bildung, zur Erhaltung oder Wiederherstellung der Gesundheit sowie die Beratung bei der Ordnung ihrer persönlichen, sozialen und wirtschaftlichen Angelegenheiten.
(4) Die Hilfen umfassen auch die Unterbringung in betreuten Wohnformen einschließlich der Übergangseinrichtungen gem. § 26 dieses Gesetzes.
(5) Die Hilfen nach Entlassung sind mit den Hilfen zur Entlassung abzustimmen. Hierzu ist eine enge Kooperation mit den Vollzugseinrichtungen und den in § 24 Abs. 4 genannten Leistungserbringern anzustreben, um eine durchgehende Hilfe zu gewährleisten.
(6) Die Inanspruchnahme von Hilfen nach der Entlassung beruht auf dem Prinzip der Freiwilligkeit und kann jederzeit von den Entlassenen beendet werden.

Begründung

Absatz 1 regelt die Hilfen nach Entlassung aus Freiheitsentzug für die Fälle, in denen die Haftentlassenen weder unter Bewährungs- noch Führungsaufsicht gestellt werden. Das ist die große Mehrheit aller Haftentlassenen. Selbst wenn man nicht nur die vorzeitig Entlassenen durch die Strafvollstreckungskammern zählt, sondern auch diejenigen, die auf dem Gnadenwege vorzeitig entlassen werden, so wurden (unter Einschluss der lediglich Ersatzfreiheitsstrafen Verbüßenden) 2010 75,0% erst zum Zeitpunkt der Erreichung der Endstrafe entlassen.[120] Nur ein sehr geringer Anteil dieser Gefangenen, der hier nicht exakt zu beziffern ist, wird unter Führungsaufsicht gestellt und selbst wenn man Hilfen nach Entlassung aus Freiheitsentzug bei kurzen Ersatzfreiheitsstrafenvollstreckungen für unnötig hält, so bleiben mehrere 10.000 Haftentlassungen aus dem Strafvollzug pro Jahr übrig, deren Hilfeanspruch durch § 25 des vorliegenden Diskussionsentwurfs geregelt wird.

Hinzu kommen viele tausende Untersuchungsgefangene, die aus der Untersuchungshaft entlassen werden, weil entweder der dringende Tatverdacht oder der Haftgrund im Laufe der Ermittlungen entfällt, weil sie oder er frei gesprochen oder zu einer Geldstrafe oder bedingten Freiheitsstrafe verurteilt wird. In vielen Fällen mag die Inhaftierung nicht sehr lang sein, aber in der Praxis gibt es nicht wenige Fälle, in denen auch Untersuchungsgefangene in unsichere soziale Verhältnisse entlassen werden. Zu bedenken sind auch die besonderen Belastungen derer, die aufgrund des entfallenden dringenden Tatverdachts entlassen werden und sich daher im System der Straffälligenhilfe fremd fühlen (müssen). Immerhin hatten in den letzten Jahren jeweils etwa 600 Personen Haftentschädigung nach §§ 1 und 2 des „Gesetzes über die Entschädigung für Strafverfolgungsmaßnahmen" erhalten. 2011 mussten für 47.106 Hafttage entschädigt werden[121] – das waren durchschnittlich 84 Tage pro entschädigter Person, also kein zu vernachlässigender Zeitraum.

§ 25 benennt in Absatz 2-5 die unterschiedlichen Hilfeleistungen und legt Wert auf die Kooperation verschiedener Hilfeanbieter. Dieser Anspruch auf Hilfeleistung gilt unabhängig von der Unterstellung unter Bewährungs- oder Führungsaufsicht. Die Arbeiterwohlfahrt forderte bereits 1970 die „Koordinierung aller Maßnahmen öffentlicher und freier Stellen zur Wiedereingliederung des Strafentlassenen".[122] In vielen Projekten des Übergangsmanagements wurden

---

120   Vgl. *Cornel* 2013, S. 175. Nach verschiedenen Einzeluntersuchungen anhand von Gefangenenpersonalakten, vgl. z. B. *Dünkel* 1992 bzgl. Schleswig-Holstein und Berlin, und begründeten Schätzungen kann man unter Außerachtlassung der für eine Strafrestaussetzung nicht in Betracht kommenden Ersatzfreiheitsstrafe Verbüßender eine (regional variierende) Aussetzungsquote von 40-60% kommen, vgl. zusammenfassend *Dünkel* 2013a, § 57 Rn. 104.

121   Alle Bundesländer ohne Baden-Württemberg und Thüringen, für die keine Angaben vorlagen.

122   Vorschläge der Arbeiterwohlfahrt zur Reform des Strafvollzuges in *Arbeiterwohlfahrt* 1970, S. 38.

solche koordinierten Hilfeerbringungen in den letzten Jahren erfolgreich erprobt. Nun geht es darum, dass die Haftentlassenen darauf flächendeckend einen Anspruch haben und dem auch die entsprechenden Ressourcen gegenüberstehen.[123]

§ 26 Hilfen in betreuten Wohnformen und Übergangseinrichtungen

(1) Haftentlassene ohne geeignete Wohnmöglichkeit und mit einem besonderen Betreuungsbedarf, der sich aus der bisherigen Delinquenz, den Hafterfahrungen oder dem Ziel der Resozialisierung ergibt, haben einen Anspruch auf Hilfe in betreuten Wohnformen oder Übergangseinrichtungen. Der Aufenthalt in diesen Einrichtungen ist freiwillig.
(2) Die Dauer des Aufenthalts richtet sich nach dem individuellen Bedarf und der Behandlungskonzeption der Einrichtung. Von Beginn an soll auf eine Verselbständigung des Wohnens hingearbeitet werden. Dazu ist ambulante Nachsorge sowie eine Rückkehrmöglichkeit anzubieten. Der Hilfebedarf ist nach 12 Monaten alle 6 Monate zu überprüfen.
(3) Die Bewohnerinnen und Bewohner sind an den erforderlichen Arbeiten zur Haushaltsführung, an der Instandhaltung der Einrichtung und an den Kosten für Miete und Lebenshaltung entsprechend ihren Möglichkeiten zu beteiligen.
(4) Um Diskriminierungen und Stigmatisierungen der Klientinnen und Klienten entgegenzuwirken, können in diesen Wohneinrichtungen auch Menschen ohne Hilfebedarf leben, die an den Kosten für Miete und Lebenshaltungskosten angemessen zu beteiligen und in den Alltag einzubeziehen sind. Bei der Auswahl dieser Bewohnerinnen und Bewohner sowie der Mietdauer ist der Zweck des betreuten Wohnens bzw. der Übergangseinrichtung zu berücksichtigen.
(5) In den Übergangseinrichtungen können mit ihrer Zustimmung auch Gefangene im Zuge eines Langzeitausgangs untergebracht werden. Dabei ist konzeptionell und im Einzelfall auf die Mitverantwortung und Mitwirkung der anderen Bewohnerinnen und Bewohner zu achten.
(6) Die Fachkräfte des betreuten Wohnens bzw. der Übergangseinrichtungen kooperieren mit dem Einverständnis der Klientinnen und Klienten mit dem Justizvollzug und den Sozialen Diensten der Justiz sowie den Freien Trägern der Straffälligenhilfe. Sie wirken gegebenenfalls in den sozialen Integrationszentren gem. § 41 dieses Gesetzes mit.

Begründung

Obwohl bekannt ist, dass viele Haftentlassene weder über eigenen Wohnraum verfügen noch zu ihren Familien zurückkehren können oder wollen und die unspezifischen Hilfen zur Überwindung besonderer sozialer Schwierigkeiten gemäß §§ 67 ff. SGB XII häufig keine passende Hilfe leisten können und oft nicht ausreichend vorhanden sind, sind in Deutschland betreute Wohnformen für delinquente und insbesondere Haftentlassene in den letzten Jahrzehnten eher unterentwickelt. Dies steht im krassen Gegensatz zum Bedarf. Zwar sollen im Grundsatz die normale Wohnraumversorgung und gegebenenfalls die Hilfen zur

---

123 Eine solche flächendeckende Ausweitung erfolgt derzeit im größten bundesdeutschen Flächenland Nordrhein-Westfalen, vgl. *Wirth* 2015.

Überwindung besonderer sozialer Schwierigkeiten des Sozialgesetzbuches XII (Sozialhilfe) Vorrang haben, dies nutzt aber Haftentlassenen, die keine langfristige Unterkunft bekommen oder im Rahmen der kommunalen Wohnraumversorgung keine spezifische Hilfe empfangen können, wenig. Dies gilt ganz besonders dann, wenn ihnen ein Gefährdungsrisiko zugeschrieben wird.

Der Musterentwurf eines Landesstrafvollzugsgesetzes und einige in den letzten Jahren verabschiedete Landesstrafvollzugsgesetze haben zudem Möglichkeiten von Langzeitausgängen geschaffen, während deren Gefangene in Übergangseinrichtungen untergebracht werden können.[124] Diese begrüßenswerten innovativen Regelungen, die ähnlich schon der Alternativentwurf eines Strafvollzugsgesetzes von 1973 vorsah, können nicht umgesetzt werden, wenn es solche Übergangseinrichtungen nicht gibt. Ihren besonderen Charakter erhalten diese Übergangseinrichtungen dadurch, dass Gefangene bereits in der Entlassungsphase in diese von freien Trägern betriebenen Einrichtungen einziehen und dann über den Entlassungszeitpunkt hinaus dort freiwillig verbleiben können.

Schließlich soll darauf hingewiesen werden, dass sozialpädagogische und (sozio-) therapeutische Behandlungsangebote in betreuten Wohnformen auf freiwilliger Basis in Deutschland in den letzten 30 Jahren weniger aus kriminalpolitischen und konzeptionellen Gründen fast völlig eingestellt wurden, sondern vielmehr aus finanziellen.

§ 26 möchte die Basis für Hilfen mit den verschiedenen genannten Hintergründen, die sich häufig überschneiden, geben. Tatsächliche Wohnungslosigkeit korrespondiert häufig mit mangelnden sozialen Kompetenzen zur Wohnraumerhaltung und zuweilen auch einem Bedarf an Behandlung im offenen Milieu auf freiwilliger Basis. So sehr ambulante Hilfen vorgehen sollten, wenn diese ausreichend sind, so zynisch ist es, intensivere mit betreutem Wohnen verbundene Hilfen zu verweigern und die Betroffenen kurzfristig wohnungslos zu belassen und mittelfristig in die Delinquenz und Inhaftierung zu treiben.

Die Orientierung auf die Verselbständigung des Wohnens steht nicht im Widerspruch zu einer konzeptionell begründbaren Notwendigkeit eines längerfristigen Aufenthalts, weil die Anlässe für eine solche stationäre Hilfe sehr verschieden sein können. Es kann um schlichte Wohnungslosigkeit und einfache kognitiv zu vermittelnde soziale Kompetenzen im Bereich Wohnen, Haushaltsführung, Körperpflege, Gesundheitsvorsorge und eigene Ernährung gehen, die verhältnismäßig schnell eingeübt werden können. Es kann aber auch um schwerere Beziehungs- oder Bindungsstörungen gehen, die in einem stationären, wenn auch offenen Milieu (sozio-) therapeutisch zu bearbeiten sind, oder um die Organisation eines geschützten Lernfeldes, dessen Schutz schnell nur um den Preis einer mit Rückfällen verbundenen Überforderung verlassen werden kann. In diesen Fällen ist ein längerer stationärer Aufenthalt auf freiwilliger Basis in einer

---

124 Vgl. hierzu *Dünkel* 2015a; *Dünkel/Pruin* 2015.

betreuen Wohnform oder Übergangseinrichtung der Hilfeverweigerung und erneuten Inhaftierung vorzuziehen.

International hat man gute Erfahrungen mit dem bewussten, konzeptionell geplanten Zusammenleben von Haftentlassenen und Personen ohne persönliche Hafterfahrung gemacht.[125] Dies soll durch Absatz 4 ermöglicht werden.

Absatz 5 verzahnt das Angebot dieses Gesetzes mit den neuen Strafvollzugsgesetzen der Länder, die Langzeitausgänge in Übergangseinrichtungen vorsehen.

Absatz 6 regelt die Kooperationen des Übergangs und die Einbindung der Hilfen gemäß § 26 in das vernetzte System.

§ 27 Hilfe im Vollstreckungsverfahren

(1) Hilfe im Vollstreckungsverfahren findet durch die Sozialen Dienste der Justiz auf der Grundlage von § 463d StPO und in Jugendstrafverfahren auf der Grundlage von § 82 JGG statt.
(2) Zur Vorbereitung der nach den §§ 453 bis 461 StPO bzw. § 82 JGG zu treffenden Entscheidungen berichtet die Hilfe im Vollstreckungsverfahren auf der Grundlage fachlicher Anamnese und Diagnose insbesondere über die Arbeits- und Wohnsituation, den Lebensunterhalt, die Verschuldung, Suchtprobleme und soziale Beziehungen des oder der Verurteilten. Sie macht Vorschläge insbesondere zu einer Entscheidung über den Widerruf der Strafaussetzung oder über die Aussetzung des Strafrestes und gegebenenfalls zu geeigneten Maßnahmen mit dem Ziel, einen Widerruf möglichst zu vermeiden.
(3) Die Fachkraft der Sozialen Dienste der Justiz soll das Gericht über bestehende Eingliederungs- und Hilfepläne informieren, Hintergründe der aufgetretenen Probleme nennen und Resozialisierungsperspektiven aufzeigen.

Begründung

§ 27 nimmt zunächst nur die Aufgabenbeschreibung der Gerichtshilfe im Vollstreckungsverfahren auf, geht aber insofern darüber hinaus, als die Sozialen

---

125   So wurde beispielsweise in Dänemark 1969 die Pension Skejby als eine Alternative zum Gefängnis und als Übergangseinrichtung eingeweiht, später in die dänische Kriminalforsorgen (Bewährungshilfe) integriert und ist seither eine von 8 ähnlichen Übergangseinrichtungen in Dänemark. In der Pension Skejby nördlich von Aarhus leben 25 Menschen beiderlei Geschlechts zusammen, von denen jeweils 12-15 straffällig geworden sind. Als Ziel der Einrichtung wird genannt, gesellschaftlicher Ausgrenzung von Menschen entgegenzuwirken, die kulturellen und persönlichen Entwicklungen zu fördern und Kriminalprävention zu bewirken. Dabei wird vor allem auf die positive Beeinflussung durch das Zusammenleben von Personen mit und ohne Vorstrafen gesetzt. Vgl. http://www.pensionskejby.dk/ und *Minke* 2011.

Dienste der Justiz vor einer Entscheidung über den Widerruf der Strafaussetzung explizit ihre fachliche Unterstützung anbieten sollen.

Insbesondere bei Entscheidungen zur Aussetzung des Strafrestes zur Bewährung sollen die Fachkräfte der Sozialen Dienste der Justiz dem Gericht Aspekte der Resozialisierungsperspektive aufzeigen, die dieses möglicherweise aufgrund eigener Fachkompetenz nicht angemessen fachlich beurteilen kann.

Absatz 2 Satz 2 betrifft die Fälle, in denen aufgrund von neuen Straftaten oder Nichtbeachtung von Weisungen ein Widerruf der Strafaussetzung zur Bewährung droht, die Fachkraft der Sozialen Dienste der Justiz aber geeignete Maßnahmen (zusätzlicher) Hilfe und Kontrolle vorschlagen und organisieren kann, die das Gericht von der Entbehrlichkeit der Notwendigkeit des Widerrufs überzeugen. Dies entspricht der Zielsetzung des § 56f Abs. 2 StGB, wonach ein Widerruf durch andere geeignete Weisungen oder Auflagen oder eine Verlängerung der Bewährungszeit möglichst vermieden werden soll.[126]

Absatz 3 bezieht sich auf die Fälle, in denen für eine Klientin oder einen Klienten bereits ein Eingliederungs- oder Hilfeplan besteht, dieser aber nicht in geplanter Weise erfolgreich umgesetzt werden kann. In diesen Fällen neigt die Entscheidungspraxis dazu, das Scheitern als eine verpasste (letzte) Chance wahrzunehmen, dem eine Reaktion folgen müsse nach dem Motto: „Wer nicht hören will muss fühlen". In vielen Fällen lassen sich aber Ursachen des Scheiterns finden, die nicht allein bei der Klientin oder dem Klienten liegen, so dass eine Neuplanung und ein erneuter Anlauf zur Hilfe durchaus erfolgversprechend sind. Hier unterscheiden sich juristische und sozialwissenschaftlich sozialpädagogische Sicht- und Handlungsweisen häufig, weshalb ein interdisziplinärer Austausch besonders wichtig ist.

---

126 Während in Deutschland die Widerrufsquoten mit weniger als 30% eher niedrig sind (2011 endeten 29% der Unterstellunegn nach Erwachsenenstrafrecht und 23% der Unterstellungen nach JGG mit einem Widerruf, vgl. Bewährungshilfestatistik 2011, S. 17) und damit dem Ziel des § 56 f StGB weitgehend entsprochen wird, sind in den USA Widerrufe weitaus häufiger, oft auch bloß wegen sog. technischer Verstöße gegen Weisungen. Nach *Visher/Travis* (2012, S. 685) werden zwei Drittel der entlassenen Gefangenen rückfällig und mehr als die Hälfte erneut inhaftiert. Daraus ergibt sich die missliche Situation, dass ein Drittel der Neuzugänge im Vollzug im Wege dieses Drehtüreffekts aus der Bewährungshilfe kommen, vgl. *Pertersilia* 2003; 2004. Ursachen sind u. a. die fehlende Chance, Arbeit und Wohnung zu finden, die sehr begrenzte Mobilität (Führerschein, öffentliche Verkehrsverbindungen sind nicht bzw. nicht ausreichend vorhanden) und eine nicht vorhandene Krankenversicherung bzw. die mangelhafte Krankenversorgung, vgl. *Visher/Travis* 2012, S. 685.

§ 28 Hilfe für von ausländerrechtlichen Maßnahmen betroffene Straffällige

(1) Soweit strafrechtliche Ermittlungen gegen Nichtdeutsche betrieben werden, sind diese über die ausländerrechtlichen Konsequenzen und den dagegen einzuschlagenden Rechtsweg zu informieren – bei Bedarf unter Hinzuziehung eines Sprachmittlers.

(2) Die Sozialen Dienste der Justiz unterstützen die Beschuldigten darin, alle Klärungen so frühzeitig zu erreichen, dass Abschiebehaft möglichst vermieden wird.

(3) Soweit zur Förderung der freiwilligen Rückkehr straffällig gewordener ausreisepflichtiger Personen finanzielle Rückkehrhilfen auf der Basis ausländerrechtlicher Regelungen gewährt werden können, sollen die Fachkräfte der Sozialen Dienste der Justiz oder von diesen hinzugezogene Fachkräfte darüber informieren und gegebenenfalls frühzeitig unterstützen.

Begründung

Die in § 28 geregelten Hilfen für von ausländerrechtlichen Maßnahmen Betroffene Straffällige sind Ausdruck des Diskriminierungsverbotes und sozialstaatlich geboten. Auch Nr. 63 der Probation Rules fordern die Einrichtungen der Bewährungshilfe auf, ihre Angebote auf ausländische Straffällige abzustimmen und Nr. 64 benennt ausdrücklich die Notwendigkeit der Aufklärung über die bestehenden Rechte ausländischer Straffälliger. Nr. 64 der Probation Rules spricht sich darüber hinaus dafür aus, nach Möglichkeit eine dauerhafte, enge Zusammenarbeit mit den maßgeblichen Einrichtungen der Bewährungshilfe der Herkunftsländer aufzubauen und zu pflegen, „um im Fall der Rückkehr der Straffälligen in ihre Herkunftsländer die Umsetzung der notwendigen Aufsichtsmodalitäten zu ermöglichen". Dieser Aspekt ist landesrechtlich nicht zu regeln.

Es ist bekannt, dass bei strafrechtlichen Ermittlungen gegen Nichtdeutsche für diese die ausländerrechtlichen Konsequenzen häufig einschneidender sind, als die strafrechtlichen Sanktionen im engen Sinne. Deshalb sieht der Hilfebedarf dieses Personenkreises teilweise anders aus, als bei Personen mit deutschem Pass. Dies gilt ganz besonders, wenn eine Verständigung in deutscher Sprache nicht möglich ist.

Das Ziel der Haftvermeidung aus § 2 Abs. 4 gilt auch hinsichtlich der Abschiebehaft und deshalb sollen die Sozialen Dienste der Justiz auch diesbezüglich Hilfe leisten.

§ 29 Hilfe zur Vorbereitung von Gnadenentscheidungen

(1) Hilfe zur Vorbereitung von Gnadenentscheidungen findet durch die Fachkräfte der Sozialen Dienste der Justiz auf der Grundlage von Art. 60 Abs. 2 GG, § 23 EGGVG und der Gnadenordnung des Landes statt.

(2) Ziel der Hilfe zur Vorbereitung von Gnadenentscheidungen ist es, durch die Ermittlung der notwendigen Informationen die Prüfung zu unterstützen, ob besondere Anhaltspunkte, die erst nachträglich bekannt geworden oder eingetreten sind, einen Gnadenerweis angezeigt erscheinen lassen.

Begründung

Obwohl beispielsweise in Berlin etwa gleich viele Gefangene auf dem Gnadenwege vorzeitig entlassen werden wie durch die Strafvollstreckungskammern[127] werden bisher Gnadenentscheidungen in der Regel nicht unter Hinzuziehung sozialpädagogischer Kompetenzen gefällt. Da bundesweit im Jahr 2010 mehr als 3500 Gefangene auf dem Gnadenwege vorzeitig entlassen wurden,[128] ist es angemessen, solche Gnadenentscheidungen nicht nur juristisch, sondern auch sozialpädagogisch unter Berücksichtigung der konkreten Lebenslage vorzubereiten. Manche Gnadenordnungen der Länder kennen bereits entsprechende Regelungen. So sieht § 10 der Gnadenordnung Berlins beispielsweise zur Vorbereitung der Gnadenentschließung die Anhörung weiterer Stellen neben der Vollzugsanstalt und dem Gericht vor und nennt dabei unter anderem die Bewährungshilfe, die Gerichtshilfe, die Führungsaufsichtsstelle und die Jugendgerichtshilfe.

Die Fachkräfte der Sozialen Dienste der Justiz sollen sich dabei an den Zielen und Gestaltungsgrundsätzen dieses Gesetzes orientieren.

§ 30 Hilfe für Angehörige von Straffälligen

(1) Während des Aufenthaltes in der Untersuchungshaft, während der Vollstreckung von freiheitsentziehenden Strafen und Maßregeln und nach der Haftentlassung werden die Klientinnen und Klienten von den Sozialen Diensten der Justiz in Kooperation mit den Fachdiensten der Anstalt bei der Aufrechterhaltung sozialer Beziehungen zu ihren Angehörigen unterstützt, soweit dies nicht dem Ziel der Resozialisierung widerspricht. Zu diesem Zweck können zur Ermöglichung von Besuchen mittellose Angehörige sowie Partnerinnen oder Partner auf Antrag bei den Sozialen Diensten der Justiz durch Zahlung eines Fahrgeldes unterstützt werden.

---

127 Vgl *Cornel* 2013, S. 59 f.

128 2010 waren es exakt 3.530; eigene Berechnungen auf Basis der monatlichen Gefangenenbestandszahlen aller Bundesländer.

(2) Zur Vorbereitung der Entlassung können Angehörige durch gemeinsame Teilnahme an Bildungsveranstaltungen sowie begleitete Langzeitbesuche außerhalb der Anstalt unterstützt werden.
(3) Angehörigen von Klientinnen und Klienten wird Unterstützung angeboten für alle mit der Straffälligkeit verbundenen Problemlagen. Gegebenenfalls ist ein Hilfeplan zu erstellen und mit den Trägern der Jugend- und Sozialhilfe zu kooperieren. Personenbezogene Daten der Klientinnen und Klienten dürfen dabei nur mit deren Zustimmung offenbart werden. Angehörigen soll auch Beratung über das Strafverfahren, die Situation in Haft und Perspektiven der Resozialisierung angeboten werden.

Begründung

Hilfen für Angehörige von Straffälligen sind in den letzten Jahren besonders in den Blickpunkt des Interesses geraten. Dabei geht es sowohl um die Problematik der Angehörigen selbst als auch um ihre wichtige Rolle bei der Resozialisierung bzw. Integration der straffälligen Person.

Die Arbeiterwohlfahrt forderte 1970 die „Hilfen für die Familie des Gefangenen während der Haftzeit, die sowohl Hilfe zum Lebensunterhalt wie persönliche Hilfe, zum Beispiel bei der Aufrechterhaltung des Kontaktes zum Gefangenen, und anderes umfassen".[129]

Die Probation Rules sprechen sich in Nr. 56 dafür aus, dass die Einrichtungen der Bewährungshilfe im Rahmen des geltenden innerstaatlichen Rechts auch den Familien von Straffälligen unmittelbar oder durch Partnereinrichtungen Unterstützung, Rat und Informationen anbieten. Der Diskussionsentwurf eines Resozialisierungsgesetzes geht darüber sowohl zeitlich als auch inhaltlich hinaus. Uns geht es zum einen auch um die Aufrechterhaltung sozialer Beziehungen während der Freiheitsentziehung. Zum zweiten wollen wir die Rolle der Angehörigen inhaltlich auch in Hinblick auf die Verwirklichung des Ziels der Wiedereingliederung sehen. Selbstverständlich dürfen Partner, Partnerinnen, Kinder und Eltern sowie sonstige Angehörige nicht instrumentalisiert werden – sie sind als eigene Subjekte zu achten und zu behandeln. Gleichzeitig aber kann man die besondere Bedeutung der Angehörigen für die Integration bzw. die Nicht-Ausgrenzung der Straftäter und Straftäterinnen kaum überschätzen.

Absatz 1 stellt zunächst die Aufrechterhaltung sozialer Beziehungen zu den Angehörigen in den Mittelpunkt und sieht dazu auch im Bedarfsfall materielle Unterstützungen vor, die vor allem in den Flächenländern mit heimatferner Unterbringung der Gefangenen von Bedeutung sind. Dementsprechend fordert Absatz 1 S. 2, dass u. U. Fahrgelder erstattet werden. Die Kosten hierfür sind von der Landeskasse zu übernehmen.

Die neuen Länderstrafvollzugsgesetze erweitern in aller Regel gegenüber dem Strafvollzugsgesetz die Möglichkeiten von Langzeitbesuchen. Diese straf-

---

129 Vgl. *Arbeiterwohlfahrt* 1970, S. 38.

vollzugsrechtlichen Möglichkeiten sollen durch entsprechende Hilfen für Angehörige von Straffälligen im Sinne von Absatz 2 ausgeschöpft werden.

Absatz 3 stellt die Problemlagen und Hilfsbedürftigkeit der Angehörigen in den Mittelpunkt. Die Angehörigen sind von Bedeutung für den Resozialisierungsprozess der straffällig gewordenen Person. Zugleich weisen sie häufig eine besondere Hilfebedürftigkeit angesichts der durch die Inhaftierung mitbedingten prekären eigenen Lebenslage auf. Das gilt ganz besonders für die Kinder inhaftierter Menschen.

Vierter Abschnitt: Durchführung der Hilfen

§ 31 Koordination der Hilfen

(1) Die Kooperation der verschiedenen für die Hilfeleistung zuständigen Organisationen und Fachkräfte wird koordiniert. Zu diesem Zweck wird regelmäßig auf lokaler und regionaler Ebene eine Gesamtplanung unter Einbeziehung der Sozialen Integrationszentren (§ 41), der Landeskonferenz Resozialisierung (§ 41 Abs. 7) und des Landesamts Ambulante Resozialisierung (§ 37) abgestimmt.
(2) Ziel ist die Hilfeleistung aus einer Hand. In der Regel übernehmen die Sozialen Dienste der Justiz die Aufgabe, die Durchführung der Hilfen auf der Grundlage eines Hilfeplans zu koordinieren und die anderen Träger und Leistungserbringer entsprechend zu beteiligen. Sind die Sozialen Dienste der Justiz nicht nach den Regelungen des StGB oder JGG zuständig und wünscht die Klientin oder der Klient die Koordination durch eine andere Fachkraft, so übernehmen Fachkräfte der kommunalen oder Freien Straffälligenhilfe diese Koordination.
(3) Auf Vorschlag der Klientinnen oder Klienten, deren Sorgeberechtigten oder eines Hilfeanbieters kann eine Sozialnetzkonferenz einberufen werden. In dieser werden unter Beteiligung des sozialen Umfeldes der Klientinnen oder Klienten, insbesondere Angehörige, Freunde, und ggf. den Verletzten und deren sozialen Netzwerken Lösungs- und Entscheidungsprozesse bei sozialen Problemen, bevorstehender Haftentlassung oder auch zum Zweck der Wiedergutmachung erörtert. Der Teilnehmerkreis wird mit den Klientinnen oder Klienten besprochen und ihre Einwände werden berücksichtigt. Die Sozialnetzkonferenzen sollen innerhalb von vier Wochen stattfinden. Ihre Ergebnisse sind schriftlich festzuhalten. Die Sozialen Dienste der Justiz unterstützen die Klientinnen und Klienten bei der Umsetzung der Beschlüsse. Auf die Möglichkeit einer Sozialnetzkonferenz sind die Klientinnen und Klienten hinzuweisen.

Begründung

Die Vorschrift des § 31 betrifft mit der Koordinierung der Hilfen einen der Kernaspekte des Resozialisierungsgesetzes. Die Kritik an der Umsetzung der Resozialisierungsidee betrifft häufig nicht in erster Linie die fehlenden Maßnahmen an sich, sondern die fehlende Koordinierung der Hilfen, durch die in der Folge Klientinnen und Klienten unversorgt bleiben bzw. von ihnen soziale, intellektuelle oder organisatorische Fähigkeiten in einem Maße abverlangt werden, wie es bei den wenigsten der Bedürftigen vorhanden ist.[130] Zudem wird in der Praxis häufig berichtet, dass unklare Verantwortlichkeiten dazu führen, dass zur Vermeidung der Kostenlast potentiell zuständige Stellen ihre Zuständigkeit mit Verweis auf andere Stellen ablehnen (müssen). Um zu vermeiden, dass Klientinnen oder Klienten im Rahmen derartiger Zuständigkeitsprüfungen unversorgt bleiben bzw. ihnen nicht die geeigneten und erforderlichen (und auch vorhandenen) Maßnahmen ermöglicht werden, ist eine Koordinierung der Hilfen erforderlich.

Die Zuständigkeiten müssen aus der Perspektive der Hilfesuchenden klar erkennbar sein.

Ziel der Abstimmung nach § 31 ist es daher, im Rahmen einer Gesamtplanung Zuständigkeiten konkret festzulegen und regelmäßig zu überprüfen, ob die vorhandenen Hilfen und Maßnahmen insgesamt ausreichend sind bzw. die Zuständigkeitsverteilungen in der Praxis sinnvoll umgesetzt werden können. Um diese Abstimmung zu erreichen, sind die Vertreter der nach diesem Gesetz verantwortlichen Behörden und Konferenzen einzubeziehen, so dass tatsächlich eine Beteiligung aller in Frage kommenden Stellen abgesichert und ein Kommunikationsraum eröffnet wird.

Absatz 2 bestimmt die grundsätzliche Zuständigkeit der Sozialen Dienste der Justiz für die Koordinierung der Hilfen und das Zusammenspiel der beteiligten Organisationen. Die klare Zuständigkeitszuschreibung wird dazu beitragen, dass keinem Bedürftigen aufgrund von Kompetenzstreitigkeiten die Hilfe versagt werden kann und klare Ansprechpartner und Anlaufstellen existieren. Die klare Zuschreibung der generellen Zuständigkeit sorgt auch dafür, dass die Aufgabe der Koordinierung bei der Stellenplanung der Sozialen Dienste berücksichtigt werden kann und muss. Für den Fall, dass die Zuständigkeit der Sozialen Dienste nicht durch ein Bundesrecht (StGB oder JGG) festgelegt wird, können die Klientinnen und Klienten eine andere Fachkraft der kommunalen oder freien Straffälligenhilfe wählen. Diese Wahlmöglichkeit hat den Vorteil, dass die Koordinierung durch eine Person durchgeführt werden kann, der der Klient oder die Klientin vertraut; ein Umstand, der sich positiv auf die Motivation des Klienten oder der Klientin auswirken wird.

Da nach den aktuellen Forschungserkenntnissen das soziale Umfeld der Straffälligen als sehr bedeutsam für ihre Resozialisierung angesehen werden,[131] schafft Absatz 3 die Möglichkeit der Einbeziehung des sozialen Netzes der

---

130 Zur Kritik an der aktuellen Lage z. B. *Maelicke* 2009, S. 600.

131 *Maruna* 2001; *Stelly/Thomas* 2001; *Sampson/Laub* 1993. Die internationalen Bestimmungen zum Umgang mit Straffälligen sehen die Beteiligung der Familien ebenfalls vor, vgl. z. B. Nr. 56 und 59 der Probation Rules.

Klientinnen und Klienten, wenn diese eine solche Einbeziehung wünschen.[132] So können Beteiligungen des sozialen Netzes am Resozialisierungsgelingen besprochen und in die Gesamtplanung einbezogen werden. Für die Resozialisierung möglicherweise besonders hinderliche Faktoren können durch eine Beteiligung des Umfelds ebenfalls aufgedeckt und im Rahmen der Einzelfallplanung bearbeitet werden. Möglich ist es auch, im Rahmen der Beteiligung privater Personen ein Mentorenverhältnis zu begründen.[133]

Bedeutsam ist weiterhin die Festschreibung, dass es die Aufgabe der Sozialen Dienste ist, die Umsetzung der Beschlüsse zu unterstützen. Das heißt, dass ihnen in diesem Kontext vorwiegend eine Unterstützungsfunktion zukommt, nicht eine Kontrollfunktion.

§ 32 Hilfeplan

(1) Spätestens vier Wochen nach dem Erstkontakt zu einer Fachkraft einer der hilfeleistenden Organisationen ist in einer Konferenz ein Hilfeplan zu erstellen. Zu dieser Hilfekonferenz sind alle beteiligten Fachkräfte einzuladen. Verantwortlich für die Einberufung der Hilfekonferenz und die Erstellung des Hilfeplans sowie dessen Fortschreibung ist die gem. § 31 Abs. 2 zuständige Institution.
(2) Die Klientinnen und Klienten sind an der Erstellung des Hilfeplans zu beteiligen und zu motivieren, ihre persönliche Entwicklung und Lebensumstände, ihre sozialen Beziehungen und Bedürfnisse in den Planungsprozess einzubringen. Sie sollen ermuntert werden, sich aktiv an der Erstellung, Weiterentwicklung und Umsetzung des Hilfeplans zu beteiligen.
(3) Der Hilfeplan wird regelmäßig alle vier Monate auf seine Umsetzung überprüft, mit der Klientin oder dem Klienten erörtert und fortgeschrieben. Bei der Fortschreibung sind die weitere Entwicklung der Klientin oder des Klienten und in der Zwischenzeit gewonnene Erkenntnisse zu berücksichtigen.
(4) Der Hilfeplan und seine Fortschreibungen enthalten insbesondere folgende Angaben:
  1. die dem Hilfeplan zugrunde liegenden Annahmen zu Ursachen und Umständen der Straffälligkeit,
  2. der festgestellte Hilfebedarf der Klientin oder des Klienten,
  3. die Erläuterung der Ziele, Inhalte und Methoden der geplanten Hilfeleistungen,
  4. die Vereinbarungen zur Wiedergutmachung,
  5. die Pflege der familiären Beziehungen,
  6. die Vereinbarungen zu Ausbildung und Arbeit,

---

132 Zu positiven Erfahrungen mit Sozialnetzkonferenzen vgl. *Grafl* 2014 und die einleitende Begründung.

133 Die Forschungslage zu Mentorenprojekten ist nicht eindeutig. Da es eine Vielzahl an verschiedenen Formen des Mentorenverhältnisses geben kann, sind Vergleiche schwer zu ziehen. Es gibt positive und negative Evaluationsergebnisse, aber ganz überwiegend wird nach dem aktuellen internationalen Forschungsstand das „mentoring" als vielversprechend im Hinblick auf die Wiedereingliederung angesehen, vgl. *Ministry of Justice* 2013, S. 27 f.

7. *die Teilnahme an Gruppen- und Freizeitangeboten,*
8. *Name, Anschrift und Erreichbarkeit des koordinierenden Hilfeleisters.*
(5) Der Hilfeplan und seine Fortschreibungen werden den Klientinnen und Klienten ausgehändigt. Auf Verlangen werden sie den Personensorgeberechtigten mitgeteilt.
(6) Nach einer Entlassung aus dem Vollzug wird der Eingliederungsplan nach den Strafvollzugs- und Maßregelvollzugsgesetzen in den Hilfeplan nach diesem Gesetz integriert.

Begründung

Während es in der Vorschrift des § 31 um die Gesamtplanung und generelle Zuständigkeit der Hilfen geht, beschreibt § 32 die konkrete Hilfeplanung im Einzelfall. Die nach § 31 Abs. 2 zuständige Organisation, also in der Regel der Soziale Dienst der Justiz, beruft innerhalb von vier Wochen nach dem Erstkontakt eine Hilfeplankonferenz ein, an der alle im Einzelfall in Frage kommenden Hilfsorganisationen zu beteiligen sind. Dieser Hilfeplan wird nach der Erstellung überprüft und regelmäßig fortgeschrieben (Absatz 3), ebenfalls unter der Zuständigkeit der Sozialen Dienste der Justiz oder der nach § 31 Abs. 2 zuständigen Institution.

Absatz 2 betont, dass die Hilfeplanung nicht nach patriarchisch wohlfahrtsstaatlichem Denken über die Köpfe der Hilfsbedürftigen hinweg entschieden wird, sondern dass die betroffenen Personen und ihre Ansichten wertschätzend einzubeziehen sind. Auch dadurch wird die Motivation der Klientinnen und Klienten zur Mitarbeit gesteigert. Die Beteiligungspflicht bezieht sich nicht nur auf die Erstellung, sondern auch auf die Fortschreibungen des Hilfeplans.

Absatz 4 enthält die Mindestangaben, die der Hilfeplan zu enthalten hat. Die Mindestangaben sichern ab, dass die für die Resozialisierung besonders bedeutsamen Bereiche bei der Hilfeplanung angesprochen werden. Die Nennung des zuständigen Hilfeleisters inklusive der Kontaktdaten führt dazu, dass alle an der Umsetzung der Hilfen Beteiligten und auch die Klientinnen oder Klienten selbst die konkrete Zuständigkeit und die Erreichbarkeit klar vor Augen haben.

Für den Fall, dass die Klientin oder der Klient unter Personensorge steht, stellt Absatz 5 klar, dass der Plan auch den Personenberechtigten ausgehändigt wird, wenn diese das wünschen.

Absatz 6 betrifft den Fall der vorzeitig aus dem Vollzug entlassenen Klientinnen und Klienten. Viele Bundesländer schreiben in ihren neuen Strafvollzugsgesetzen fest, dass im Rahmen der Entlassungsvorbereitung eine Eingliederungsplanung stattfinden muss. In den modernen Strafvollzugsgesetzen sind auch an dieser Planung alle innerhalb und außerhalb des Vollzugs zuständigen

Stellen einzubeziehen.[134] Die Vorschrift stellt sicher, dass diese vorangegangenen Planungen berücksichtigt werden und mit der Hilfeplanung nach § 32 vereinbar sind. Sowie der Anstaltskonferenz die Zuständigkeit für die Hilfeplanung innerhalb des Vollzugs zukommt, liegt die Zuständigkeit nach der Entlassung bei der nach § 31 Abs. 2 zuständigen Stelle, also in der Regel den Sozialen Diensten der Justiz.

§ 33 Beendigung der Hilfe

Ist eine Hilfe nicht mehr erforderlich, so ist sie mit einem Abschlussgespräch mit der Klientin oder dem Klienten zu beenden. Ist die Hilfe gerichtlich angeordnet, ist ihre Beendigung anzuregen.

Begründung

Die Vorschrift stellt klar, dass die Hilfe nicht um der Hilfe willen zu leisten ist. Das alle staatlichen Zwangsmaßnahmen begrenzende Verhältnismäßigkeitsprinzip verlangt, nicht erforderliche Hilfen zu beenden. In der Praxis werden nicht mehr erforderliche Hilfen teilweise nur aufgrund fehlender Kommunikation weitergeführt.

Andererseits darf erforderliche Hilfe nicht aus Mangel an Ressourcen mit der Begründung beendet werden sie sei nicht mehr erforderlich. Dass Ressourcenknappheit kein Grund zur Verweigerung von notwendigen Resozialisierungsmaßnahmen sein darf, wird neuerdings in internationalen Menschenrechtsstandards besonders hervorgehoben, vgl. z. B. Nr. 4 der European Prison Rules von 2006 und Nr. 19 der ERJOSM von 2008. Das BVerfG betont gleichfalls, dass Rechte von Gefangenen nicht aus Gründen knapper Finanzen oder fehlender personeller Ressourcen eingeschränkt werden dürfen.[135]

---

134 Vgl. z. B: § 8 Abs. 5-7 StVollzG MV, SL, SN; § 14 Abs. 5-7 StVollzG BRB, RP.

135 Vgl. z. B. hinsichtlich der Besuchsregelungen im Strafvollzug BVerfG ZfStrVo 1995, S. 306 ff., wonach personelle Engpässe keine Einschränkungen des Rechts auf Besuch des Ehegatten rechtfertigen („Der Staat kann sich nicht darauf berufen, dass er seine Vollzugsanstalten nicht so ausstattet, wie es geboten ist", und muss deshalb u. U. für Ehegatten zusätzliche Besuchstage vorhalten); ferner BVerfG, Beschluss v. 26.10.2011 – 2 BvR 1539/09 zur Versagung von Vollzugslockerungen wegen Personalknappheit: „Der Staat kann Rechtsansprüche Gefangener nicht nach Belieben dadurch verkürzen, dass er die Justizvollzugsanstalten nicht derart ausstattet, wie es zur Wahrung der Rechte der Gefangenen erforderlich wäre. Die Grundrechte setzen insofern auch Maßstäbe für die notwendige Beschaffenheit staatlicher Einrichtungen."

Die Beendigung der Hilfen soll in Form eines Abschlussgespräches mit der Klientin bzw. dem Klienten stattfinden, bei dem auf die Möglichkeit einer erneuten Hilfeleistung bei dringendem Bedarf (vgl. § 34) hingewiesen werden soll. Damit das Gericht, das die Hilfe angeordnet hat, über die Veränderungen und die daraus resultierende nicht mehr bestehende Erforderlichkeit unterrichtet wird, regt die nach § 31 Abs. 2 zuständige Stelle die Beendigung der Hilfe an.

§ 34 Nachgehende Hilfe und Krisenintervention

Nach Beendigung einer Hilfe sollen einzelne Leistungen fortgesetzt, wieder aufgenommen oder ergänzt werden, wenn eine nachgehende Hilfe zur Erreichung des in § 2 aufgeführten Ziels oder zur Krisenintervention dringend geboten ist und die frühere Klientin oder der frühere Klient sie beantragt.

Begründung

Die hohe Bedeutung der Nachsorge ist mittlerweile bei der Behandlung von drogenabhängigen oder psychisch kranken Straftätern anerkannt.136 Das dahinter stehende Prinzip, zur Verfestigung des eingeschlagenen Weges aus der Straffälligkeit oder zur kurzzeitigen Krisenintervention auf bekannte Strukturen und Hilfen zurückgreifen zu können, gilt für psychisch gesunde Klientinnen und Klienten in der gleichen Weise. Genau so, wie in den modernen Vollzugsgesetzen die ursprünglich für die Sicherungsverwahrung und Sozialtherapie zur Verfügung stehenden Instrumente der nachgehenden Betreuung und der Wiederaufnahme auf freiwilliger Grundlage für alle Gefangenen für anwendbar erklärt werden,137 sind bei der ambulanten Straffälligenarbeit erforderliche nachgehende Hilfen für alle Klientinnen und Klienten möglich. Mit der zeitlich unbegrenzten Möglichkeit der nachgehenden Hilfen wird den Ergebnissen der Desistance-Forschung entsprochen, denen zu Folge der Ausstieg aus der Straffälligkeit ein sehr individueller Prozess ist, der teilweise auch Umwege oder das kurzzeitige Zurückfallen in alte Rollen beinhaltet.138 Auch den internationalen Bestimmungen zum Umgang mit Straffälligen, die die Möglichkeit nachsorgender Hilfen vorsehen, wird somit entsprochen.139

---

136 Vgl. z. B: *Hahn* 2010; *Seyfert/Schiffer/Leygraf* 2003.

137 Vgl. z. B. Art. 81 StVollzG BAY, §§ 33+52 StVollzG BRB, § 18 StVollzG HH, §§ 44+55 StVollzG MV, SL, SN.

138 *Maruna* 2001; *Stelly/Thomas* 2001; *Sampson/Laub* 1993; *Maruna/LeBel* 2010; *Farral* 2015.

139 Vgl. z. B. Nr. 62 der Probation Rules.

Damit nachgehende Hilfen nicht den Charakter eines Drohinstruments erhalten können, sind sie nur auf Antrag der Klientinnen und Klienten zulässig. Zusätzlich müssen konkrete Anhaltspunkte für die Befürchtung vorhanden sein, die Klientin oder der Klient werde ohne die entsprechende nachgehende Hilfe oder Krisenintervention in die Straffälligkeit zurückfallen.

§ 35 Dokumentation und Evaluation

(1) Die Erstellung des Hilfeplans, seine Fortschreibung, seine Umsetzung und deren Wirkungen bezogen auf die weitere Entwicklung der Klientinnen und Klienten sind durch die koordinierende Stelle gemäß § 31 Abs. 2 fortlaufend zu dokumentieren.
(2) Darüber hinaus finden regelmäßige einzelfallübergreifende Evaluationen statt, die Grundlage zur kontinuierlichen Verbesserung des fachlichen Handelns der Fachkräfte und des regionalen Hilfesystems sind.

Begründung

Sinn und Notwenigkeit der Dokumentation und Evaluation der Sozialen Arbeit als Resozialisierungshilfe sind heute unbestritten und anerkannt. Die internationalen Standards zur Arbeit mit Straffälligen sehen interne und externe Evaluationen vor.[140] Um die Qualität der Maßnahmen nach diesem Gesetz zu sichern und zu verbessern, sind die Hilfeleistungen und die Entwicklungen der Klientinnen und Klienten zu dokumentieren. Durch die Dokumentation werden Prozesse transparent, Wirkungen und Zusammenhänge erkennbar sowie eine gesetzmäßige Anwendung der Vorschriften überprüfbar. Regelmäßige Evaluationen sollen die gesetzesgerechte Umsetzung der Vorschriften dieses Gesetzes sichern und die Qualität der Maßnahmen oder der Kommunikationsstrukturen stetig verbessern. Die Vorschriften zum Datenschutz nach § 43 dieses Gesetzes sind zu berücksichtigen.

---

140 Vgl. z. B. Nr. 81-84 sowie 104-108 der Probation Rules.

Fünfter Abschnitt: Träger, Organisation und Ausstattung

§ 36 Soziale Dienste der Justiz

(1) Die Aufgaben der Hilfen nach dem dritten Abschnitt dieses Gesetzes (§§ 15-30) werden für ihre Klientinnen und Klienten durch die Sozialen Dienste der Justiz wahrgenommen. Die Jugendgerichtshilfe ist für die Jugendhilfe im Strafverfahren zuständig und an den Hilfen in Satz 1 im Fall Jugendlicher oder heranwachsender Klientinnen und Klienten zu beteiligen.
(2) An der Durchführung der in Absatz 1 genannten Aufgaben können Freie Träger der Jugend- und Erwachsenenstraffälligenhilfe beteiligt werden. Ihnen kann auch für spezifische Zielgruppen die Durchführung dieser Aufgaben übertragen werden, wenn dies fachlich geboten ist, die Freien Träger die fachlichen Voraussetzungen für die Aufgabenwahrnehmung erfüllen und sie mit der Beteiligung oder Übertragung einverstanden sind. Sie sollen dabei angemessen unterstützt und gefördert werden.
(3) Die Aufgaben des Täter-Opfer-Ausgleichs, der Hilfe bei der Abwendung der Vollstreckung von Ersatzfreiheitsstrafe durch gemeinnützige Arbeit, der Hilfe zur Entlassung nach Vollverbüßung von Jugend- und Freiheitsstrafen, der Hilfen in betreuten Wohnformen und Übergangseinrichtungen und der Hilfe für Angehörige von Straffälligen können entsprechend der regionalen Gegebenheiten wahlweise von den Sozialen Diensten der Justiz oder den Trägern der Freien Straffälligenhilfe wahrgenommen werden. Im Zuge der Koordination der Hilfen (§ 31) und insbesondere der Gesamtplanung gem. § 31 Abs. 1 werden die Zuständigkeiten abgestimmt und festgelegt, so dass ein flächendeckendes Angebot gewährleistet werden kann.
(4) Das Ministerium der Justiz kann den Sozialen Diensten der Justiz weitere Aufgaben zuweisen, durch die die Erreichung des Ziels des § 2 gefördert wird.

Begründung

Zentrale Leistungserbringer sind die *staatlichen* Sozialen Dienste der Justiz (Absatz 1). Im Bereich des Jugendstrafrechts sind ferner die Zuständigkeiten die Jugendgerichtshilfe zu beachten. Damit wird einer Privatisierung der hoheitlichen Aufgaben der Sozialen Dienste der Justiz, wie sie beispielsweise in Baden-Württemberg im Bereich der Bewährungshilfe erfolgt war,[141] eine eindeutige Absage erteilt. Zugleich wird klargestellt, dass der vorliegende Entwurf von einer spezialisierten Jugendgerichtshilfe ausgeht und Bestrebungen bzw. Reformen, die eine Eingliederung der JGH in einen Allgemeinen Sozialdienst (ASD) bei den Sozial- und Jugendämtern abzulehnen sind.[142]

---

141 Vgl. hierzu BVerwG, Urteil v. 27.11.2014, BVerwG 2 C 24.13, vgl. hierzu die Mitteilung in Forum Strafvollzug 2015, S. 4 f.; die grün-rote Landesregierung hat aufgrund dieser Entscheidung am 6.3.2015 den Ausstieg aus dem von der Vorgängerregierung eingegangenen Vertrag mit dem österreichischen Verein NEUSTART beschlossen.

142 Zum Stand der Organisation der JGH als Jugendhilfe im Jugendstrafverfahren in Deutschland vgl. *Deutsches Jugendinstitut* 2011.

In Berlin und Hamburg gibt es spezielle Jugendbewährungshilfen für Jugendliche und Heranwachsende. Wo immer sich diese Form bewährt hat, gibt es keinen Grund, mit dieser Tradition zu brechen. Die Jugendbewährungshilfen sind dann entsprechend in die hier entwickelten Strukturen einzubeziehen. Für sie gilt das gleiche wie ansonsten für die allgemeine Bewährungshilfe bzw. die Sozialen Dienste der Justiz.

Die Beteiligung Freier Träger der Jugend- und Erwachsenenstraffälligenhilfe ist allgemein und auch beispielsweise für spezifische Zielgruppen möglich (Absatz 2). Im Bereich der Jugendhilfe ist der Vorrang privater Träger vor der öffentlichen Jugendhilfe gem. § 4 Abs. 2 SGB VIII zu beachten (Soll-Vorschrift), was insbesondere für die erzieherischen Maßnahmen nach §§ 10, 45 JGG, wie etwa den Täter-Opfer-Ausgleich, Soziale Trainingskurse o. ä. gilt. Insgesamt wird ein abgestuftes System der Beteiligung Freier Träger favorisiert. Während in Absatz 1 und 2 der Vorrang staatlicher Sozialer Dienste für die klassischen Bereiche der Frühhilfe, Gerichts- und Bewährungshilfe formuliert wird, stehen bei bestimmten Hilfeangeboten, wie sie in Absatz 3 aufgezählt werden (Täter-Opfer-Ausgleich, Abwendung von Ersatzfreiheitsstrafen durch gemeinnützige Arbeit, Hilfe in betreuten Wohnformen und Übergangseinrichtungen, Entlassenenhilfe und Hilfe für Angehörige von Straffälligen) staatliche und Freie Träger der Straffälligenhilfe gleichberechtigt nebeneinander. Die Auswahl soll hier nach den regionalen Besonderheiten und ggf. historisch gewachsenen Strukturen erfolgen. Die Zuständigkeiten sind im Rahmen der Koordinierung der Hilfen und insbesondere der Gesamtplanung nach § 31 abzustimmen, sodass nachhaltige flächendeckende Strukturen entwickelt werden (Absatz 3 S. 2). Entscheidend für die Trägerfrage vor Ort ist die Gewährleistung einer flächendeckenden Versorgung. Das Hilfeangebot soll den Hilfebedürftigen leicht erkennbar und verlässlich nutzbar sein.

Freie Träger müssen jeweils ihre fachliche Kompetenz nachweisen und mit der entsprechenden Aufgabenübertragung einverstanden sein. Mit der Übertragung der Aufgabenwahrnehmung ist zugleich eine entsprechende Mindestausstattung und ein Qualitätsmanagement sicherzustellen, weshalb die Freien Träger angemessen unterstützt und gefördert werden müssen (Absatz 2 S. 3).

Sinnvollerweise müssen detaillierte Leistungsvereinbarungen getroffen werden, deren Erfüllung im Rahmen regelmäßiger Evaluationen überprüft wird. Der kriminologischen Forschung (vgl. § 47) kommt dabei auch die Evaluation der Wirksamkeit von Hilfeleistungen Freier Träger im Vergleich zu öffentlichen Trägern (einerseits unter Gesichtspunkten der Legal- und Sozialbewährung, andererseits der Kosten) zu.

Absatz 4 enthält eine Öffnungsklausel für weitere Aufgabenzuweisungen durch das Justizministerium. Damit wird zukünftigen Entwicklungen Rechnung

getragen, die weitere Aufgaben zur Erreichung des Resozialisierungsziels ergeben können.

§ 37 Landesamt Ambulante Resozialisierung

*(1) Im Geschäftsbereich des Justizministeriums wird eine obere Landesbehörde mit der Be-
zeichnung „Landesamt Ambulante Resozialisierung" aus folgenden Fachbereichen gebildet:*
  1. Soziale Dienste der Justiz,
  2. Führungsaufsichtsstellen,
  3. Forensische Ambulanz.
(2) Das Landesamt nimmt die Aufgaben
  1. der Sozialen Dienste der Justiz nach § 36 Abs. 1 und Abs. 3
  2. der Führungsaufsichtsstellen und deren Leitung
  3. der Forensischen Ambulanz
sowie weitere übertragene Aufgaben wahr.
*(3) Das Justizministerium überträgt dem Landesamt im Rahmen der jeweiligen Haushaltsan-
sätze die Durchführung von Programmen zur Förderung der Freien Straffälligenhilfe (§ 39).*
*(4) Die Dienst- und Fachaufsicht über das Landesamt obliegt dem Justizministerium. Die
Weisungsbefugnisse des Gerichts nach § 56d Abs. 4 Satz 2 und nach § 68a Abs. 5 des StGB
bleiben unberührt.*
*(5) Leiterinnen und Leiter des Landesamts Ambulante Resozialisierung sollten eine sozialpä-
dagogische/sozialarbeiterische Qualifikation besitzen und müssen Beamtinnen oder Beamte
des höheren Dienstes sein. Die Leitung der Führungsaufsichtsstellen müssen gem. Art. 295
EGStGB die Befähigung zum Richteramt besitzen oder Beamtinnen oder Beamte des höheren
Dienstes sein. Richterinnen und Richter können die Leitungsfunktion auch im Nebenamt
ausüben.*

Begründung

Die Einrichtung eines Landesamts Ambulante Resozialisierung entspricht einer
Neuorganisation wie sie seit 2010 in Mecklenburg-Vorpommern,[143] ferner in
Bremen und 2014 im Saarland vollzogen wurde.[144] Zur Begründung wird
angeführt, dass die Verselbstständigung der bisherigen bei den Landgerichten
angegliederten Dienststellen einer langjährigen, berechtigten Forderung der
Bediensteten entspricht, die auch in der einschlägigen Fachliteratur durch den
Gedanken Anklang findet, erfolgreiche Sozialarbeit in der Justiz erfordere, dass
die ambulanten Sozialen Dienste der Justiz, Gerichte, Staatsanwaltschaften und
sonstige Justizbehörden einander auf Augenhöhe begegnen könnten.[145] Dies
setzt „eine eigenständige Organisationseinheit der Sozialen Dienste mit einer

---

143 Vgl. zum LaStar in Mecklenburg-Vorpommern *Grosser* 2009; *Kammermeier* 2015.

144 Vgl. zum saarländischen Gesetz den Gesetzentwurf unter Landtag Saarland, Drs.
     15/1085 vom 8.10.2014.

145 Vgl. *Wegener* 2006, S. 17; *Rensmann* 2007, S. 227 ff., 234.

Leitung aus den Reihen der Bediensteten voraus. Hinzu kommt, dass nur eine von anderen Justizbehörden abgekoppelte eigenständige Organisationsstruktur zu der vielfach geforderten Aufwertung der ambulanten Sozialen Dienste der Justiz führt und auch organisatorisch unterstreicht, dass die ambulanten Sozialen Dienste der Justiz neben Staatsanwaltschaften, Gerichten und Justizvollzug eine vierte eigenständige Säule der Strafrechtspflege darstellen.[146] Diese Entwicklung ermöglicht insbesondere eine fachliche Leitung der Organisationseinheit, die eine „effizientere Steuerung und fachliche Innovation" fördern kann.[147]

Für das neu zu schaffende Amt wird die Bezeichnung „Landesamt Ambulante Resozialisierung"[148] gewählt. Damit wird im Titel die wesentliche Funktion einer auf Augenhöhe mit dem Strafvollzug angesiedelten Behörde für die ambulante Resozialisierung verdeutlicht.

Im Landesamt werden die Fachbereiche der Sozialen Dienste der Justiz, der Führungsaufsicht und der Forensischen Ambulanz gebildet, die die entsprechenden Aufgaben gem. § 36 Abs. 1 und 3 (Soziale Dienste), der Führungsaufsichtsstellen und deren Leitung sowie der Forensischen Ambulanz übernehmen.

Das Landesamt erhält vom Justizministerium die Aufgabe, Programme zur Förderung der Freien Straffälligenhilfe (i. S. v. § 39) im Rahmen der Haushaltsansätze des Landesetats umzusetzen (Absatz 3). Insoweit werden auch die Freien Träger als gleichwertige Partner der Resozialisierung im ambulanten Bereich der Straffälligenhilfe aufgewertet.

Die Dienst- und Fachaufsicht über das Landesamt wird vom Justizministerium wahrgenommen (Absatz 4). Bundesrechtlich geregelte Weisungsbefugnisse der Gerichte gegenüber den einzelnen Mitarbeiterinnen und Mitarbeitern der Sozialen Dienste, etwa im Rahmen der Bewährungshilfe oder Führungsaufsicht, bleiben davon unberührt.

Die Leiterin oder der Leiter des Landesamts sollen über eine Qualifikation aus dem Bereich der Sozialarbeit/Sozialpädagogik einerseits und für den höheren Dienst (regelmäßig ein abgeschlossenes Studium der Rechtswissenschaften, aber auch der Psychologie, Soziologie oder anderer Sozialwissenschaften) aufweisen (Absatz 5). Damit wird deutlich, dass die Leitung des Landesamts sowohl komplexe juristische Rechtsfragen wie auch fachaufsichtsbezogene Fragen bzgl. Bewährungshilfe/Führungsaufsicht kompetent zu bearbeiten hat. Wichtig wäre im Fall der Qualifikation als Jurist darauf zu achten, dass bereits im Studium vertiefte Kenntnisse in Schwerpunktbereichen der Kriminologie,

---

146   Vgl. Landtag Saarland, Drs. 15/1085, S. 24.

147   Vgl. *Grosser* 2009, S. 79; Landtag Saarland, Drs. 15/1085, S. 25.

148   So die Bezeichnung in Mecklenburg-Vorpommern.

des strafrechtlichen Sanktionenrechts, Strafvollzugsrechts und des Jugendstrafrechts erworben wurden.

§ 38 Öffentliche Träger der Jugend- und Sozialhilfe

(1) Leistungen der Resozialisierung werden im Rahmen ihrer gesetzlichen Zuständigkeiten auch von öffentlichen örtlichen und überörtlichen Trägern der Jugend- und Sozialhilfe erbracht.

(2) Die Hilfeleistungen dieser Träger haben Vorrang vor den Hilfen nach diesem Gesetz, sofern es sich nicht um Pflichtaufgaben der Sozialen Dienste der Justiz nach § 36 handelt. In Zweifelsfällen werden die Hilfen gem. § 31 so koordiniert, dass sie für Klientinnen und Klienten erreichbar sind, sie gegenüber nichtstraffälligen Personen nicht benachteiligen oder stigmatisieren und der Zielerreichung gem. § 2 dienen.

(3) Die öffentlichen Träger wirken bei der Durchführung der Hilfen entsprechend §§ 31 bis 35 mit.

Begründung

§ 38 entspricht dem Grundsatz des Vorrangs der Hilfen des Regelsystems vor speziellen Hilfen nach § 10 auf der organisatorischen Ebene. Die örtlichen und überörtlichen Träger der Jugend- und Sozialhilfe erbringen die ihnen gesetzlich auferlegten Hilfeleistungen vorrangig, soweit die Hilfeleistungen nicht Pflichtaufgaben der Sozialen Dienste der Justiz i. S. d. § 36 (i. V. m. §§ 15-30) darstellen (Absatz 2).

Jenseits von Kompetenzabgrenzungsfragen bzgl. der Sozialen Dienste bleibt das vorrangige Ziel zu beachten, dass die Koordination der Hilfen so erfolgt, dass diese für die Klienten bestmöglich erreichbar sind (was in großen Flächenstaaten eine Herausforderung darstellen kann), dass Klienten gegenüber nicht Straffälligen nicht benachteiligt oder stigmatisiert werden und dass das Resozialisierungsziel jeweils optimal gefördert wird (Absatz 2 S. 2). Dies spricht für pragmatische Lösungen auf kommunaler Ebene, die innerhalb der Organisationsstruktur der Sozialen Integrationszentren (§ 41) entwickelt werden.

Absatz 3 stellt klar, dass die öffentlichen Träger bei der Koordinierung der Hilfen, der Erstellung des Hilfeplans bis hin zu nachgehenden Hilfen und Krisenintervention (vgl. § 31-35) mitwirken.

§ 39 Freie Träger der Straffälligenhilfe

(1) Verbände der Freien Wohlfahrtspflege, die nach den Vorschriften des Sozialgesetzbuches als Freie Träger anerkannt sind, können zugleich Freie Träger der Straffälligenhilfe sein. An-

dere Verbände und Vereinigungen, die Straffälligenhilfe leisten, können als Freie Träger der Straffälligenhilfe anerkannt werden.

(2) Die Freien Träger der Straffälligenhilfe können in den regionalen Netzwerken Aufgaben des Täter-Opfer-Ausgleichs, der Hilfe bei der Abwendung der Vollstreckung von Ersatzfreiheitsstrafe durch gemeinnützige Arbeit, der Hilfen zur Entlassung und nach Entlassung bei Freiheitsentzug, der erzieherischen ambulanten Maßnahmen des Jugendstrafrechts sowie der Hilfen für Angehörige von Straffälligen wahrnehmen.

(3) Für die Wahrnehmung der Aufgaben der Sozialen Dienste der Justiz gilt § 31 Abs. 2.

(4) Die Freien Träger der Straffälligenhilfe wirken bei der Durchführung der Hilfen entsprechend §§ 31 bis 35 mit. Ihre Leistungen sind entsprechend § 42 angemessen zu finanzieren.

Begründung

§ 39 regelt die Organisationsebene der Freien Träger der Straffälligenhilfe. Verbände der Wohlfahrtspflege und andere Verbände und Vereinigungen, die Straffälligenhilfe leisten, können als Träger der Straffälligenhilfe anerkannt werden. Die Anerkennung richtet sich nach dem SGB.[149]

Die Tätigkeit der Freien Träger ist wegen des Vorrangs der staatlichen Sozialen Dienste im Bereich der Kernaufgaben der Bewährungshilfe (vgl. § 36 Abs. 1 und 2) auf die Organisation und Durchführung des Täter-Opfer-Ausgleichs, der Abwendung von Ersatzfreiheitsstrafe durch gemeinnützige Arbeit, der Hilfen zur Entlassung und nach der Entlassung bei Freiheitsentzug, *der erzieherischen ambulanten Maßnahmen des Jugendstrafrechts* sowie der Hilfen für Angehörige begrenzt (Absatz 2). Dem entspricht die Regelung des § 36 Abs. 3, wonach in diesem Bereich freie Träger je nach regionalen Gegebenheiten wahlweise neben den staatlichen Sozialen Diensten tätig werden können.

Im Bereich des Täter-Opfer-Ausgleichs empfiehlt es sich spezialisierte Träger vorzusehen, die nicht andere Aufgaben der Straffälligenhilfe mit wahrnehmen. Das neutrale Selbstverständnis von Mediatoren und Konfliktschlichtern im Interesse von Opfern *und* Straffälligen widerspricht dem täterorientierten Ansatz der Straffälligenhilfe und verlangt daher eigenständige Organisationsstrukturen.[150]

Die Arbeit der Freien Träger im Rahmen der Koordinierung des Hilfenetzwerks ist gegenüber den Sozialen Diensten subsidiär, vgl. § 31 Abs. 2. Sie sind aber in jedem Fall zu beteiligen (Absatz 3).

Sie wirken bei der Durchführung der Hilfen mit und sind ggf. angemessen i. S. d. § 42 auszustatten (Absatz 4). Dies bedeutet, dass anerkannte Freie Trä-

---

149   Vgl. i. E. § 75 SGB VIII.

150   Vgl. zusammenfassend *Dünkel/Grzywa-Holten/Horsfield* 2015, S. 1024 ff.

ger im Rahmen des übernommenen bzw. des ihnen als Leistungserbringer zuge-
wiesenen Hilfeleistungsauftrags eine institutionelle Bestandsgarantie erhalten,
die eine dafür ausreichende Finanzierung in personeller und sächlicher Mittel-
ausstattung beinhaltet.

§ 40 Weitere Leistungserbringer

*(1) An der Wahrnehmung der Aufgaben der Resozialisierung wirken weitere Leistungserbrin-
ger wie insbesondere Jobcenter bzw. ARGEN, Organisationen der Schuldenregulierung, der
Sucht- und Drogenhilfe, der Gesundheitsämter, der Wohnraumversorgung, der Ausbildung
und der Opferhilfe regional und überregional mit.*
(2) Für ihre Mitwirkung gelten die §§ 31 bis 35 entsprechend.

Begründung

Der Kreis der Leistungserbringer, deren Hilfen vernetzt und koordiniert werden
(vgl. § 31), ist sehr viel weiter als die Sozialen Dienste der Justiz und die Freie
Straffälligenhilfe. Er umfasst Jobcenter, ARGEN, Organisationen der Schuldenregulierung usw. Da es sich hierbei um Spezialkompetenzen handelt, für die
entsprechende Einrichtungen gesetzlich vorgesehen sind (z. B. ARGEN) oder
die sich im Rahmen bestimmter Träger als spezielles Arbeitsfeld etabliert haben
(z. B. Schuldenregulierung, Sucht- und Drogenhilfe im Bereich von Einrichtungen der Diakonie oder Caritas), geht es darum diese Kompetenzen sinnvoll in
das Netzwerk der Hilfeleistungen einzubinden und an der Hilfeplanerstellung
wie auch der koordinierten Hilfeleistung zu beteiligen. Dementsprechend verweist Absatz 2 auf die Vorschriften der §§ 31-35 zur Koordination, Hilfeplanerstellung usw. Wichtig ist in diesem Zusammenhang, dass auch diese Leistungserbringer zur Dokumentation und fallübergreifenden Evaluation verpflichtet
sind.

§ 41 Soziale Integrationszentren

*(1) Zur Wahrnehmung der Aufgaben der regionalen ambulanten Resozialisierung entspre-
chend §§ 4, 15 bis 30 werden in den kreisfreien Städten und Landkreisen Soziale Integrationszentren eingerichtet.*
*(2) Die Sozialen Integrationszentren sollen die flächendeckende Versorgung straffälliger
Menschen und gegebenenfalls ihrer Angehörigen sicherstellen, ein Dach für die spezifisch an
der Resozialisierung mitwirkenden Institutionen bilden, weitere Hilfeanbieter vernetzen und
regionale Entscheiderinnen und Entscheider einbeziehen. In ihnen sollen mindestens die
Sozialen Dienste der Justiz, die Freie Straffälligenhilfe, die örtlichen Jobcenter bzw. ARGEN
und die Sozialen Dienste der Justizvollzugsanstalten einzelfallbezogen und einzelfallübergreifend zusammenarbeiten.*

(3) Die Dienststellen der Sozialen Dienste der Justiz werden in den Sozialen Integrations-
zentren angesiedelt und dadurch zu Anlaufstellen für alle Straffälligen und ihre Angehörigen.
(4) Die Forensischen Ambulanzen werden in den Sozialen Integrationszentren angesiedelt
oder bieten dort Sprechstunden an.
(5) Die Fachkräfte und Organisationseinheiten, die in den Sozialen Integrationszentren mit-
wirken, unterstützen auch die kommunale Kriminalprävention.
(6) Die Sozialen Integrationszentren werden regional durch ein Regionales Beratungsgre-
mium (Beirat) begleitet, das sich aus jeweils einer Fachkraft der im Integrationszentrum
vertretenen Institutionen und aus Vertreterinnen und Vertretern regional relevanter
Organisationen, wie z. B. Kirchen, Gewerkschaften, Handwerkskammern, Bildungsträgern,
lokalen Vereinen und Wohlfahrtsverbänden, dem oder der Ausländerbeauftragten sowie aus
Rechtsanwaltschaft und Justiz zusammensetzt.
(7) Je eine Vertreterin oder ein Vertreter der Regionalen Integrationszentren bildet gemein-
sam mit Vertreterinnen und Vertretern der Ministerien für Justiz, Inneres, Bildung, Jugend,
Soziales, der Freien Straffälligenhilfe und der Wohlfahrtsverbände sowie einem vom
Justizministerium ernannten Fachwissenschaftler eine landesweite Konferenz „Resoziali-
sierung", um rechtliche Veränderungen, neue Förderprogramme, Bedarfserhebungen, Steue-
rungsfragen, Evaluationen und Fragen der Qualitätsentwicklung und Qualitätssicherung zu
erörtern. Das Justizministerium lädt federführend ein und unterstützt organisatorisch.

Begründung

Organisatorisches Kernstück des Landesresozialisierungsgesetzentwurfs sind die
Sozialen Integrationszentren nach § 41, die auf der örtlichen Ebene der kreisfreien Städte und Landkreise einzurichten sind. Entgegen der früheren Zuordnung zu den Landgerichten werden die Sozialen Dienste der Justiz im Sozialen
Integrationszentrum nunmehr auf kommunaler Ebene angesiedelt (vgl. Absatz 3)
und vernetzt mit den anderen Leistungserbringern (anstatt mit der Justiz) tätig.[151]
Sie sichern die flächendeckende Versorgung straffälliger Menschen und ggf.
ihrer Angehörigen (Absatz 2). In diesen Zentren arbeiten die Sozialen Dienste
der Justiz mindestens mit den Freien Trägern der Straffälligenhilfe, den Jobcen-
tern, ARGEN und den Fachdiensten der Vollzugsanstalten zusammen Absatz 2
S. 2). Damit werden die Hilfen auch räumlich besser koordiniert und vernetzt als
in den losen Strukturen der traditionellen Bewährungshilfe.

Auch die Forensischen Ambulanzen sind in den Integrationszentren angesiedelt oder halten dort zumindest Sprechstunden ab (Absatz 4), was die Kooperation und Kommunikation mit den Bewährungshelfern im Rahmen der Führungsaufsicht bei entlassenen Maßregelvollzugspatienten erleichtert.

---

151 Soziale Integrationszentren wurden bereits 1992 in Schleswig-Holstein nach einer Bestandsaufnahme (vgl. *Cornel/Simmedinger* 1992, S. 153 f.) und 2012 im Land Brandenburg durch die Arbeitsgruppe Resozialisierungsgesetz gefordert, vgl. *Cornel* 2011a,
S. 132; ähnlich *Maelicke* 2008; 2009; 2012.

Absatz 5 verweist darauf, dass die Fachkräfte und Organisationen, die in den Integrationszentren mitwirken, zugleich einen fallübergreifenden Beitrag zur kommunalen Kriminalprävention leisten, indem sie ihre Erfahrungen in Projekte oder kommunale Strukturen einbringen, die kriminalpräventiv wirken. Auch insoweit bedarf es der fallübergreifenden Evaluation, wie sie in § 47 gefordert wird.

Wichtig für die Einbindung in die kommunalen und regionalen Strukturen ist die Etablierung des in Absatz 6 genannten Regionalen Beirats, in dem Vertreter der Sozialen Dienste, aber auch der gesellschaftlich relevanten Gruppen von Kirchen, Gewerkschaften, Handwerkskammern, Bildungsträgern, lokalen Vereinen, Wohlfahrtsverbänden und Einzelpersonen aus der Rechtsanwaltschaft oder Justiz mitwirken. Damit wird der Grundsatz der Mitwirkung der Gesellschaft und der Resozialisierung als gesamtgesellschaftlicher Aufgabe, wie er in § 13 programmatisch Ausdruck gefunden hat, konkretisiert, wenngleich er sich nicht auf die Beteiligung in diesem Beiratsgremium beschränken darf.

Als übergeordnete Organisationseinheit auf Landesebene sieht Absatz 7 eine landesweite Konferenz „Resozialisierung" vor, in der Vertreterinnen oder Vertreter der Regionalen Integrationszentren, der Ministerien für Justiz, Inneres, Bildung, Jugend und Soziales, und Fachwissenschaftler übergeordnete Fragen der Entwicklung neuer Förderprogramme, der Bedarfserhebung, Steuerungsfragen, Evaluation, Qualitätsentwicklung und -sicherung behandeln. Diese Konferenz wird federführend vom Justizministerium organisiert und gefördert. Damit kann die Weiterentwicklung der Resozialisierungsarbeit in einem Bundesland gefördert und sichergestellt werden, dass die verschiedenen relevanten Fachbereiche und Disziplinen daran beteiligt sind.

§ 42 Ausstattung

(1) Das Land, die Kommunen und Landkreise haben eine personelle und sächliche Ausstattung insbesondere der Sozialen Dienste der Justiz, der kommunalen Dienste und der Freien Straffälligenhilfe so zu gewährleisten, dass diese ihre Aufgaben der Resozialisierung wirksam erfüllen können. Dabei finden die Standards des § 2 Abs. 5 Beachtung.
(2) Die in Abs. 1 genannten Organisationseinheiten werden neben den Fachkräften der Sozialen Arbeit bei Bedarf auch aus den Bereichen der Psychologie, Pädagogik und Verwaltung angemessen ausgestattet. In jedem Sozialen Integrationszentrum muss auch psychologische Fachlichkeit zugänglich sein.
(3) Die Träger und Leistungserbringer der Resozialisierung gewährleisten für die Erfüllung ihrer Aufgaben eine angemessene Fortbildung ihrer Fachkräfte und Supervision.
(4) Im Rahmen der örtlichen und überörtlichen Gesamtplanung nach § 31 Abs. 2 sind auch Festlegungen zur Entwicklung des Gesamtsystems der ambulanten und stationären Resozialisierung und des Einsatzes von personellen und sächlichen Ressourcen zu treffen.

Begründung

Eine angemessene Ausstattung der Sozialen Dienste, der kommunalen Dienste und der Freien Straffälligenhilfe ist für eine effektive Wiedereingliederung Straffälliger unerlässliche Voraussetzung (vgl. Absatz 1).

Obwohl die Aufgaben und die Klientel vielschichtig und komplex sind und die Berechnungen für eine sachgerechte Mindestausstattung schwierig sind, hat sich der vorliegende Entwurf für eine klare Begrenzung der Fallbelastungszahlen bei der Bewährungshilfe auf maximal 30 entschieden (vgl. oben § 22 Abs. 9).

Ferner gibt der Verweis auf § 2 Abs. 5 Vorgaben i. S. eines Qualitätsmanagements. Es muss eine geregelte und enge Kooperation aller an der Resozialisierung Beteiligten gewährleistet werden. Das setzt eine personelle Mindestausstattung voraus, wie sie für ein Fallmanagement i. S. einer eng vernetzten Kooperation der Hilfen gem. § 37 erforderlich ist.

Eine angemessene Ausstattung der Sozialen Dienste ist darüber hinaus nur gegeben, wenn eine *differenzierte Leistungsgestaltung* mit einer Intensivbetreuung bei in besonderem Maß Hilfsbedürftigen oder risikobelasteten Klientinnen und Klienten ermöglicht wird. Auch dies wird in § 22 Abs. 9 explizit angesprochen. Ferner müssen insbesondere bei problematischen Klientengruppen (z. B. Gewalt- und Sexualtäter, Suchtmittel- oder in sonstiger Weise Abhängige) besondere Betreuungs- und Behandlungsangebote vorgehalten werden können.

Dementsprechend fordert Absatz 2, dass auch die Ausstattung mit Fachkräften aus den Bereichen der Psychologie, Pädagogik und Verwaltung angemessen sein muss. In jedem Sozialen Integrationszentrum müssen auch psychologische Fachkräfte oder Sozialarbeiter/-pädagogen mit psychologischen Zusatzqualifikationen vorhanden sein.

Angesichts der besonderen Bedeutung von Verfahren der Wiedergutmachung für die soziale Integration der Straffälligen und für die Beachtung der Bedürfnisse der Opfer von Straftaten[152] sollten auch Maßnahmen wie Täter-Opfer-Ausgleich oder vorgehalten werden und entsprechende spezialisierte Fachkräfte in den Sozialen Integrationszentren vorhanden oder zumindest durch Kooperationsnetzwerke zugänglich sein. Auch insoweit bedarf es einer angemessenen personellen und sachmittelbezogenen Ausstattung (u. a. auch eines Opferfonds).[153]

Zu den qualitativen Mindeststandards gehören die regelmäßige Fortbildung und Supervision, die von den Trägern und Leistungserbringern der Resozialisierung sicher zu stellen sind (Absatz 3).

---

152   Vgl. zur Wirksamkeit von Methoden de Restorative Justice zusammenfassend *Dünkel/Grzywa-Holten/Horsfield* 2015, S. 1062 ff.

153   Vgl. hierzu die Begründung zu § 8.

Die Arbeit insbesondere der Freien Träger der Straffälligenhilfe (aber auch der kommunalen Leistungserbringer) leidet häufig unter der ungewissen Finanzlage, die sich von Jahr zu Jahr ändern kann und häufig zu personeller Fluktuation führt, die eine nachhaltige Betreuungsarbeit behindert oder erschwert. Daher ist eine hinsichtlich der personellen und sächlichen Ausstattung vorausschauende Gesamtplanung i. S. von § 31 Abs. 2 mit entsprechenden Festlegungen, wie sie Absatz 4 fordert, von besonderer Bedeutung.

Sechster Abschnitt: Datenschutz, Rechtsbehelfe

§ 43 Verarbeitung personenbezogener Daten

(1) Personenbezogene Daten dürfen nur erhoben und weiterverarbeitet werden, soweit
   1. dies zur Wahrnehmung von Aufgaben nach § 4 erforderlich ist oder
   2. der betroffene Klient oder die betroffene Klientin eingewilligt hat.
(2) Für alle Träger, die Aufgaben nach diesem Gesetz wahrnehmen oder an ihrer Wahrnehmung beteiligt sind, ist sicherzustellen, dass der Schutz personenbezogener Daten in entsprechender Weise gewährleistet ist. Dies gilt auch für die Zusammenarbeit nach §§ 31 bis 35 und 41.
(3) Das Justizministerium regelt durch Verordnung das Nähere über die Erhebung und Weiterverarbeitung personenbezogener Daten.

Begründung

Für die in § 3 Nr. 1 genannten Klientinnen und Klienten gilt das Grundrecht auf informationelle Selbstbestimmung, wie es vom Bundesverfassungsgericht verstanden und für den Datenschutz näher ausgeführt worden ist.[154] Das aus Art. 2 Abs. 1 i. V. m. Art. 1 Abs. 1 GG folgende Recht auf freie Entfaltung der Persönlichkeit schützt gegen unbegrenzte Erhebung, Speicherung, Verwendung und Weitergabe persönlicher Daten. Dem trägt § 43 Rechnung. Beschränkungen dieses Grundrechts sind nur zulässig bei überwiegendem allgemeinen Interesse aufgrund eines Gesetzes unter den Voraussetzungen von Verhältnismäßigkeit und Normenklarheit, die hier berücksichtigt wird durch den Hinweis auf die §§ 31-35 und 41. Befugnisnormen zur Offenbarung personenbezogener Daten können mit dem Vertrauensschutzgrundsatz und dem Recht zu schweigen in Konflikt treten. Aus „Respekt vor dem Klienten und seiner Menschenwürde" ist es nach *Riekenbrauk*[155] ein Gebot der Fachlichkeit, Straffälligenhilfe und Datenschutz „als eine Einheit zu betrachten und danach zu handeln". Interessenkonflikte gibt es im Fall eines doppelten Mandats (sowohl Hilfe als auch

---

154   Vgl. BVerfGE 65, S. 1 ff.

155   Vgl. *Riekenbrauk* 2009, S. 522 f.

Kontrolle). Durch gesetzliche Vorgaben können solche Konflikte nicht immer vermieden, allenfalls abgemildert werden. Dabei ist zu unterscheiden zwischen Normen über die Erhebung und Verarbeitung von Daten, die sich einerseits an die Akteure und Träger der Hilfearten richten (Jugendhilfe, Bewährungshilfe) und andererseits bereichsspezifisch bezogen sind, wie z. B. Ambulante Maßnahmen oder Freiheitsentzug, und zwar sowohl auf der bundesrechtlichen als auch auf der landesrechtlichen Ebene.

Auf Bundesebene sind geänderte gesetzliche Datenschutzregelungen für Bewährungshelferinnen und Bewährungshelfer im Gesetzentwurf des Bundesrates „Gesetz zur Stärkung der Bewährungshilfe und der Straffälligenhilfe" vom 2.7.2014 vorgesehen (BT-Drs. 18/2012). In der Strafprozessordnung soll in einem neuen Paragrafen 496 StPO-E verankert werden, dass personenbezogene Daten von Verurteilten an die Polizei oder die Vollstreckungsbehörde übermittelt werden „zur Abwehr einer Gefahr für Leib, Leben, die persönliche Freiheit, die sexuelle Selbstbestimmung Dritter". Die folgende Generalklausel „zur Sicherung der Zwecke der Bewährungshilfe" dürfte kaum dem hohen verfassungsrechtlichen Stellenwert des Rechts auf informationelle Selbstbestimmung gerecht werden. An Einrichtungen des Justiz- und Maßregelvollzugs dürfen personenbezogene Daten übermittelt werden, sofern deren Kenntnis für den Vollzug „insbesondere zur Förderung der Vollzugs- und Behandlungsplanung oder der Entlassungsvorbereitung erforderlich ist" (§ 496 Abs. 2 StPO-E).

Ein bereichsspezifisches Beispiel auf Landesebene ist das Gesetz zum Schutz personenbezogener Daten im Justizvollzug und bei den Sozialen Diensten der Justiz des Landes Berlin – Justizvollzugsdatenschutzgesetz Berlin (JVollzDSG Bln) vom 01.07.2011.[156] Dieses länderübergreifend als „Anregung" zu verstehende Gesetz dient dazu, die Persönlichkeitsrechte der Betroffenen zu wahren, dem Justizvollzug, den Sozialen Diensten der Justiz sowie den Führungsaufsichtsstellen zu ermöglichen, ihre Aufgaben zu erfüllen, sowie dem Justizvollzug zu ermöglichen, die Sicherheit und Ordnung der Anstalten zu gewährleisten.

International entspricht dieses Gesetz ebenso wie § 43 der Nr. 89 der Probation Rules: „Die Akten (der Bewährungshilfe mit persönlichen Daten der betroffenen Personen, d. Verf.) unterliegen den im innerstaatlichen Recht vorgesehenen Vertraulichkeits- und Datenschutzgrundsätzen. Vertrauliche Informationen werden nur nach strengen Verfahren und für eindeutig festgelegte Zwecke mit anderen relevanten Einrichtungen ausgetauscht".[157]

---

156   Vgl. *Meinen/Schoenthal* 2011, S. 321 ff.

157   Vgl. die Beiträge zum Schwerpunkt „Probation Rules" in Bewährungshilfe 3/2012, S. 266 ff.

§ 44 Anregungen und Gegenvorstellungen

(1) Klientinnen und Klienten können sich in Angelegenheiten, die sie betreffen, mit Anregungen und Gegenvorstellungen an die Leitung der jeweiligen hilfeleistenden Organisation wenden.

(2) Bei Jugendlichen steht dieses Recht auch den Personensorgeberechtigten zu.

Begründung

Mit dem in dieser Vorschrift verankerten Recht ist kein förmlicher Rechtsbehelf gemeint, sondern die Möglichkeit vorgesehen, im Gespräch über Anregungen und Gegenvorstellungen mit der Leitung der jeweiligen Hilfe leistenden Organisation Probleme aufzuarbeiten, Konflikte gemeinsam zu lösen und eine gerichtliche Auseinandersetzung zu vermeiden. Strafvollzugsrechtliches Pendant sind § 108 StVollzG und die entsprechenden Regelungen der Länderstrafvollzugsgesetze.

§ 45 Gerichtliche Entscheidung

Gegen eine in diesem Gesetz vorgesehene Maßnahme der Sozialen Dienste der Justiz, der Öffentlichen Träger der Jugend- und Sozialhilfe, der Freien Träger der Straffälligenhilfe und der weiteren Leistungserbringer kann gerichtliche Entscheidung entsprechend der jeweils gültigen bundesrechtlichen Vorschriften beantragt werden.

Begründung

Durch die Föderalismusreform hat sich die Gesetzgebungskompetenz (anders als für den Bereich Strafvollzug) für das gerichtliche Verfahren nicht geändert, so dass der Hinweis in § 45 auf die jeweils gültigen bundesrechtlichen Vorschriften zielführend ist. In seiner Entscheidung zur Notwendigkeit eines Jugendstrafvollzugsgesetzes vom 31.5.2006 hat das Bundesverfassungsgericht einen besonderen Regelungsbedarf für die Ausgestaltung des gerichtlichen Rechtsschutzes festgestellt. Der frühere Rechtsweg zum Oberlandesgericht nach den §§ 23 ff. EGGVG genügt den Anforderungen an einen effektiven Rechtsschutz nicht, weil die Verweisung auf ein regelmäßig ortsfernes erst- und letztinstanzlich entscheidendes Obergericht „ohne besondere Vorkehrungen für die Möglichkeit mündlicher Kommunikation" jungen Menschen mit geringer Beschwerdemacht, „typischerweise besonders ungeübt im Umgang mit Institutionen und Schriftsprache" und auch im Vergleich mit den für Gefangene im Erwachsenenvollzug vorgesehenen Rechtsschutzmöglichkeiten nicht gerecht wird.[158] Der seit dem

---

158 Vgl. BVerfGE 116, S. 1 ff., 44.

1.1.2008 geltende § 92 JGG regelt die Rechtsbehelfe im Vollzug des Jugend-
arrests, der Jugendstrafe und der Unterbringung in einem psychiatrischen Kran-
kenhaus oder einer Entziehungsanstalt auf der Grundlage der verfassungsrechtlichen Vorgaben wobei in Erweiterung der für Erwachsen geltenden Rechts-
schutzvorschriften in § 92 JGG zugunsten der jungen Gefangenen eine Anhörung und eine anwaltliche Vertretung regelmäßig stattfinden soll. Im Erwachsenenvollzug gelten die §§ 109 und 111 bis 120 Abs. 1 StVollzG und ermöglichen den Rechtsschutz durch den Anträge auf gerichtliche Entscheidung gegen
eine Maßnahme zur Regelung einzelner Angelegenheiten.

Der Rechtsschutz für die Klientinnen und Klienten nach diesem Diskussionsentwurf muss mindestens diesem Standard für den Jugend- und Erwachsenenstrafvollzug entsprechen. Für die Klientinnen und Klienten der Sozialen
Dienste der Justiz gelten derzeit nämlich die §§ 23 ff. EGGVG nach wie vor, die
verfassungsrechtlich nicht anders zu beurteilen sind als in der oben zitierten
Entscheidung des BVerfG. Ähnlich wie bei § 119a StVollzG sollte eine beglei-
tende rechtliche Kontrolle auch für den Bereich der Hilfen nach diesem Gesetz
vorgesehen werden.

Der Rechtsschutz kann zwar nicht in diesem Gesetz geregelt werden, jedoch
bedarf es dringend einer bundesrechtlichen Regelung, die diesen Maßstäben
gerecht wird.

Das Landesrecht kann vorsehen, dass der Antrag erst nach einem Verfahren
zur gütlichen Streitbeilegung gestellt werden kann.

Siebter Abschnitt: Resozialisierungsfonds, Kriminologische Forschung

§ 46 Resozialisierungsfonds

(1) Ein beim Justizministerium angesiedelter Resozialisierungsfonds ermöglicht für geeignete Klientinnen und Klienten einen Neuanfang in wirtschaftlich geordnete Verhältnisse. Er gewährt zinslose Darlehen, die dazu verwendet werden, Schulden der Klientinnen und Klienten abzulösen.
(2) Durch den Fonds soll Rückfallkriminalität aus wirtschaftlicher Not verhindert und ein Beitrag zur Wiedergutmachung geleistet werden. Zugleich werden Mittel für zinslose Darlehen zur Verfügung gestellt, um eine Opferentschädigung zu fördern.
(3) Das Nähere regelt eine Landesverordnung.

Begründung

In zahlreichen Bundesländern hat sich die Einrichtung eines sog. Resozialisierungsfonds als sinnvoll erwiesen, um Straffälligen mit akuten finanziellen Problemlagen, bei der Umschuldung und auch ihren Bemühungen, das Opfer zu entschädigen, zu helfen. Gute Praxisbeispiele finden sich in Baden-Württemberg, Berlin, Bremen, Hamburg, Hessen und Rheinland-Pfalz.[159]

§ 47 Kriminologische Forschung

(1) Die Wirksamkeit der ambulanten Resozialisierung ist kontinuierlich und dauerhaft zu überprüfen. Ergebnisse sind für den Prozess der Fortentwicklung des Gesamtsystems der ambulanten und stationären Resozialisierung aufzubereiten und zur Verfügung zu stellen.
(2) Mit Forschungsprojekten sollen neben dem Kriminologischen Dienst des Justizministeriums Hochschulen oder Fachinstitute beauftragt werden.

Begründung

Die Fortentwicklung der Sozialen Dienste der Justiz und aller an der Resozialisierung beteiligten Stellen sowie die Überprüfung der Wirksamkeit ihrer Arbeit ist für eine rationale Kriminalpolitik unerlässliche Voraussetzung. Für die Forschung ist eine institutionelle Absicherung jenseits der kriminologischen Dienste bei den Landesjustizministerien im Rahmen universitärer Forschung und sonstiger Fachinstitute notwendig.

---

159 Vgl. den Wegweiser der *Bundesarbeitsgemeinschaft Straffälligenhilfe* 2013, S. 22 ff.; zusammenfassend auch *Zimmermann* 2009, insbesondere S. 444 f.

Auf die Notwendigkeit empirischer Begleitforschung wird an verschiedenen Stellen des Diskussionsentwurfs hingewiesen, z. B. in § 35. Auch die europäischen Empfehlungen, auf die immer wieder verwiesen wird, betonen eine evidenzbasierte Weiterentwicklung von Sanktionen und Maßnahmen, vgl. z. B. Nr. 104-108 der Probation Rules und Nr. 135-138 der ERJOSSM. Rule Nr. 5 der Empfehlung von 2003 (Rec. (2003) 20 on „New ways of dealing with juvenile offenders fordert explizit, dass „*Interventions with juvenile offenders should, as much as possible, be based on scientific evidence on what works, with whom and under what circumstances.*"

3. Vorschläge für bundesrechtliche Reformen

Mit dem vorliegenden Diskussionsentwurf greifen wir eine Rechtsmaterie auf, deren Zuordnung zum Landes- oder Bundesrecht teilweise schwierig oder zumindest problembehaftet ist.[160] So ist die Gesetzgebung zum Vollzug von freiheitsentziehenden Maßnahmen mit der Föderalismusreform im Jahr 2006 in die Kompetenz der Länder übergegangen.[161] Das materielle Strafrecht, das Strafverfahrens- und sonstige Verfahrensrecht sowie vollstreckungsrechtliche Fragen sind allerdings in der Bundeskompetenz verblieben. Soweit es um die Ausgestaltung und Organisation der Arbeit der mit der Durchführung von strafrechtlichen Sanktionen befassten Stellen wie der Bewährungshilfe oder – im Sprachgebrauch des vorliegenden Diskussionsentwurfs – der Sozialen Dienste der Justiz geht, ist jedoch wiederum der Landesgesetzgeber gefragt.

Aufgrund der fehlenden Gesetzgebungskompetenz der Länder können im vorliegenden Diskussionsentwurf eines Landesresozialisierungsgesetzes einige straf- und strafverfahrensrechtliche Änderungen nicht geregelt werden, die uns jedoch in der Gesamtbetrachtung der Materie notwendig erscheinen. Wir wollen entsprechende Änderungen des Bundesrechts an dieser Stelle trotzdem kurz anführen. Dabei werden die Reformvorschläge weder erschöpfend behandelt, noch im Detail ausformuliert. Sie sollen aber zeigen, dass ein Landesresozialisierungsgesetz im Kontext einer „Gesamten Strafrechtspflege" steht.[162]

Wir möchten hierbei nicht die gesamte Bandbreite der Reformvorschläge zum strafrechtlichen Sanktionensystem – wie sie seit Ende der 1990er Jahre

---

160 Das Problem besteht im Wesentlichen darin, dass grundlegende sanktionsrechtliche Normierungen wie die Unterstellung unter Bewährungsaufsicht, vgl. §§ 24 JGG, 56d StGB, eindeutig Teile des Bundesrechts sind, während die Organisation und Ausgestaltung der Sozialen Dienste kompetenzrechtlich den Bundesländern obliegt. Diese Abgrenzung fällt nicht immer leicht, da die Anordnung von Weisungen, als Arbeitsinstrument der Sozialen Dienste, wiederum Bundesrecht darstellt. Die Abgrenzungsschwierigkeiten entsprechen jenen bei der Anordnung und dem Vollzug von Freiheitstrafen.

161 Vgl. das Gesetz zur Änderung des Grundgesetzes (GG) vom 28. August 2006 (BGBl. I, S. 2034), in Kraft seit 1.9.2006.

162 Der Begriff wurde paradigmatisch geprägt durch *Franz von Liszt*, der mit der 1881 gegründeten Zeitschrift für die gesamte Strafrechtswissenschaft (ZStW) ein Forum für die Diskussion grundlegender Fragen von Strafrecht und Kriminologie schaffen wollte.

entwickelt wurden[163] – aufgreifen, sondern nur diejenigen Vorschläge, die in unmittelbarem Zusammenhang zum vorliegenden Diskussionsentwurf und den Sozialen Diensten der Justiz stehen.[164] Obwohl an sich auch die Aufwertung der Verwarnung mit Strafvorbehalt zu einer eigenständigen Bewährungssanktion („Verurteilung mit Strafvorbehalt"), die eine stärkere Beteiligung der Bewährungshilfe mit einschließen sollte,[165] zu diesen einschlägigen Reformforderungen gehört, muss dieser Vorschlag hier nicht vertieft werden, da alle Formen der Bewährungsunterstellung[166] (auch im Rahmen eines erweiterten § 59 StGB) im vorliegenden Entwurf hinsichtlich der Durchführung der Bewährungshilfe in § 22 berücksichtigt sind.

Reformbedarf sehen wir im *StGB* insbesondere im Hinblick auf das Ziel der der Vermeidung der Vollstreckung kurzer Freiheitsstrafen. Zum einen geht es um die Zurückdrängung kurzer Freiheitsstrafen von bis zu 6 oder 12 Monaten,

---

163   Vgl. dazu u. a. *Streng* 1999; 2000; *Kubink* 2001; *Wolters* 2002; *Dünkel* 2000; 2003; *Dünkel/Morgenstern* 2003.

164   Die damals wie heute diskutierte Frage der Aufwertung des Fahrverbots zu einer eigenständigen Sanktion wird hier daher ausgeklammert. Gleichwohl halten wir fest, dass wir – in Übereinstimmung mit der praktisch einhelligen Meinung im Schrifttum – ein eigenständiges Fahrverbot auf Verkehrsstraftaten und sog. Zusammenhangstaten im Bereich der Straßenverkehrsrechts begrenzen wollen (so auch der Vorschlag der Kommission zur Reform des strafrechtlichen Sanktionenrechts in *Bundesministerium der Justiz* 2000, S. 33 ff., 35, der ausdrücklich und mit überzeugenden Argumenten eine Ausdehnung des Fahrverbots jenseits der straßenverkehrsbezogenen Delikte ablehnte). Die gegenwärtige Bundesregierung hingegen hat im Koalitionsvertrag vom 17.12.2013 für ein (ggf. auch von Verkehrsstraftaten losgelöstes) Fahrverbot in Fällen, bei denen die Geldstrafe „kein fühlbares Übel darstellt", votiert, vgl. http://www. bundesregierung.de/Content/DE/_Anlagen/2013/2013-12-17-koalitionsvertrag.pdf?__ blob=publicationFile, S. 146. Dieser Ansatz ist mit vielerlei dogmatischen Problemen behaftet, vgl. die Diskussion Anfang der 2000er Jahre (z. B. *Streng* 2000, S. 225 ff.; zuvor bereits *Dünkel/Spieß* 1992, S.131 f.), und im Ergebnis abzulehnen. Eine ähnliche Lösung wie die hier vertretene Auffassung (Beschränkung auf Straßenverkehrsstraftaten und Zusammenhangstaten mit Anknüpfung an die Verwendung des Motorfahrzeugs zur Begehung der Straftat) hat der schweizerische Gesetzgeber in Art. 67e CH-StGB (in Kraft seit 2007; bis Ende 2014 als Art. 67b CH-StGB) gewählt: „Hat der Täter ein Motorfahrzeug zur Begehung eines Verbrechens oder Vergehens verwendet und besteht Wiederholungsgefahr, so kann das Gericht neben einer Strafe oder einer Massnahme nach den Artikeln 59-64 den Entzug des Lernfahr- oder Führerausweises für die Dauer von einem Monat bis zu fünf Jahren anordnen"; siehe dazu *Arquint Hill/Heimgartner* 2013, Art. 67b Rn. 1 ff. m. w. N.

165   Vgl. dazu bereits grundlegend *Schöch* 1992, C 90 ff.; noch weitergehend *Dünkel/Spieß* 1992, S. 127 f., 132.

166   Materiellrechtlich im Erwachsenenstrafrecht in §§ 56, 57, 57a, 59 i. V. m. § 56d StGB, im Jugendstrafrecht in §§ 21, 27, 61b i. V. m. §§ 24, 25 JGG geregelt.

zum anderen um die Vermeidung von Ersatzfreiheitsstrafen. Die Problemlage kann mit einigen aktuellen Zahlen beschrieben werden: So betrafen im Jahr 2012 30,5% der nach Erwachsenenstrafrecht verhängten Freiheitsstrafen solche von unter 6 Monaten (n = 37'085). Davon waren knapp 10'000 unbedingte, d. h. zu verbüßende Strafen. Dies bedeutet, dass 27% der 2012 insgesamt ausgesprochenen unbedingten Freiheitsstrafen (n = 36.373) im Bereich von unter 6 Monaten lagen.[167] Im Strafvollzug werden zudem pro Jahr immer noch ca. 40.000 Ersatzfreiheitsstrafen vollstreckt (stichtagsbezogen ca. 4.000 belegte Haftplätze).

Die diesbezüglichen Reformvorschläge sind nicht neu. Sie waren Gegenstand mehrerer Gesetzesinitiativen Anfang der 2000er Jahre im Anschluss an den Bericht einer Kommission der Bundesregierung zur Reform des Sanktionensystems vom März 2000.[168] Ein erster Referentenentwurf des Bundesjustizministeriums vom 8.12.2000 hatte noch relativ weitgehende Sanktionsalternativen, wie beispielsweise die Ersetzung von Freiheitsstrafen zur Bewährung von bis zu einem Jahr sowie von unbedingten Freiheitsstrafen bis zu 6 Monaten durch gemeinnützige Arbeit gefordert.[169] Der Gesetzesentwurf der damaligen rot-grünen Regierungskoalition vom Juni 2002[170] war schon etwas bescheidener im Anspruch, stand aber weiterhin unter dem Eindruck einer erheblichen Überbelegung im Strafvollzug und der Einsicht in die Notwendigkeit, nach weiteren Alternativen zur Freiheitsstrafe zu suchen. Der Entwurf von 2002 sah nicht mehr die Ersetzung von Freiheitsstrafen zur Bewährung durch gemeinnützige Arbeit

---

167 Berechnet nach Strafverfolgungsstatistik 2012; weitere 10.800 (d. h. 30% aller unbedingten Freiheitsstrafen) lagen im Bereich zwischen 6 Monaten und einem Jahr, sodass der Vollzug bei einer Entlastung im Bereich der vollstreckbaren Freiheitsstrafen von bis zu einem Jahr 57% weniger Zugänge pro Jahr hätte, was stichtagsbezogen zu einer Reduzierung von schätzungsweise 20-30% der Stichtagsbelegung führen würde, vgl. zu entsprechenden Modellrechnungen zur Reduzierung der Gefängnisbelegung *Dünkel* 2005.

168 Vgl. *Bundesministerium der Justiz* 2000.

169 Vgl. *Bundesministerium der Justiz* 2000a, S. 8 f. § 55a StGB des Entwurfs lautete: „§ 55a Abwendung der Vollstreckung der Freiheitsstrafe durch gemeinnützige Arbeit. (1) Das Gericht kann dem Verurteilten gestatten, die Vollstreckung einer Freiheitsstrafe von bis zu sechs Monaten durch gemeinnützige Arbeit abzuwenden. Es hat dies dem Verurteilten zu gestatten, wenn er erstmals zu einer Freiheitsstrafe verurteilt wird, deren Vollstreckung nicht zur Bewährung ausgesetzt wird. Die Gestattung unterbleibt, wenn die Erbringung der Arbeitsleistung von vornherein nicht zu erwarten ist. (2) Das Gericht kann die Abwendung der Vollstreckung einer Freiheitsstrafe durch gemeinnützige Arbeit auch gestatten, wenn es die Vollstreckung der Freiheitsstrafe nach § 56 Abs. 1 zur Bewährung aussetzt. Die Gestattung entfällt, wenn das Gericht die Strafaussetzung zur Bewährung widerruft. (3) Einem Tag Freiheitsstrafe entsprechen vier Stunden gemeinnütziger Arbeit. Ist die Freiheitsstrafe zur Bewährung ausgesetzt, so entsprechen einem Tag Freiheitsstrafe drei Stunden gemeinnütziger Arbeit....".

170 Vgl. BT-Drs. 14/9358; hierzu *Wolters* 2002; *Dünkel* 2003; *Dünkel/Morgenstern* 2003.

vor, behielt aber immerhin die Ersetzungsvariante für unbedingte Freiheitsstrafen von bis zu 6 Monaten bei.[171] Dies erscheint uns ein auch heute aktuelles Anliegen, zumal – trotz der grundsätzlich als Erfolg zu wertenden Reform zur Zurückdrängung kurzer Freiheitsstrafen (vgl. § 47 StGB nach dem 1. Strafrechtsreformgesetz von 1969) – nach wie vor jährlich schätzungsweise 50.000 Personen mit kurzen Freiheits- oder Ersatzfreiheitsstrafen von unter 6 Monaten in den Vollzug gelangen (s. o.) und damit ein erhebliches vollzugsorganisatorisches Problem darstellen und entsprechende Kosten verursachen.

Ein weiteres wichtiges Reformanliegen war bzw. ist immer noch, die Systematik der Ersatzfreiheitsstrafenvollstreckung zu ändern. Nach geltendem Recht bedarf es erst der Anordnung der Ersatzfreiheitsstrafe, bevor ihre Abwendung durch gemeinnützige Arbeit in Betracht kommt. Der Entwurf von 2002 sah in Übereinstimmung mit den Vorschlägen aus dem Jahr 2000 (s. o.) die gemeinnützige Arbeit als vorrangige Alternative zur Ersatzfreiheitsstrafe vor, die unmittelbar an die Stelle einer uneinbringlichen Geldstrafe tritt.[172]

Im Juni 2003 legte das Bundesjustizministerium einen weiteren Referentenentwurf zur Reform des Sanktionenrechts vor,[173] der weitgehend unverändert im März 2004 von der damaligen Bundesregierung ins Parlament eingebracht wurde,[174] jedoch infolge der vorgezogenen Neuwahlen nicht mehr verabschiedet werden konnte. Die Reform des Sanktionenrechts wurde von der nachfolgenden Bundesregierung („Große" Koalition von CDU/CSU und SPD) mit dem 2. Justizmodernisierungsgesetz von 2006 weitgehend „zu Grabe getragen". Alle Regelungen zur Gemeinnützigen Arbeit als vorrangiger Alternative zur Ersatz-

---

171 Eine ähnliche Variante ist 2007 in der Schweiz eingeführt worden. Gemäß Art. 37 CH-StGB können Strafgerichte anstelle einer (bedingten oder unbedingten) Freiheitsstrafe von bis zu 6 Monaten bzw. einer (bedingten oder unbedingten) Geldstrafe von bis zu 180 Tagessätzen (bedingte oder unbedingte) gemeinnützige Arbeit anordnen, wobei 4 Stunden gemeinnützige Arbeit einem Tag Freiheitsstrafe entsprechen. Die Anordnung einer kurzen unbedingten Freiheitsstrafe von bis zu 6 Monaten ist gemäß Art. 41 CH-StGB nur noch zulässig, wenn „zu erwarten ist, dass eine Geldstrafe oder gemeinnützige Arbeit nicht vollzogen werden kann", was für jeden Einzelfall näher zu begründen ist, vgl. hierzu *Brägger* 2013, Art. 37 Rn. 1 ff. sowie *Mazzucchelli* 2013, Art. 41 Rn. 1 ff., beide m. w. N.

172 § 43 des Entwurfs lautete wie folgt: „§ 43 Ersatzstrafen (1) An die Stelle einer uneinbringlichen Geldstrafe tritt mit Zustimmung des Verurteilten gemeinnützige Arbeit. Einem Tagessatz entsprechen drei Stunden gemeinnütziger Arbeit. (2) Erteilt der Verurteilte die nach Absatz 1 erforderliche Zustimmung nicht oder wird die gemeinnützige Arbeit nicht in angemessener Zeit oder nicht in ordnungsgemäßer Weise erbracht, so tritt an die Stelle einer uneinbringlichen Geldstrafe Freiheitsstrafe. Zwei Tagessätze entsprechen einem Tag Freiheitsstrafe. Das Mindestmaß der Ersatzfreiheitsstrafe ist ein Tag." Vgl. BT-Drs. 14/9358.

173 Vgl. hierzu *Dünkel* 2003; *Dünkel/Morgenstern* 2003.

174 Vgl. BT-Drs. 15/2725.

freiheitsstrafe (einschließlich der Einführung eines günstigeren Umrechnungsschlüssels, s. o.) und zur Ersetzung kurzer Freiheitsstrafen sowie die Ausweitung des Fahrverbots als selbständige Sanktion wurden nicht mehr verfolgt.[175]

Aus unserer Sicht ist die Zeit reif, die konstruktiven Ideen von anfangs der 2000er Jahre aufzugreifen und stichwortartig zusammengefasst folgende Reformvorschläge ins *StGB* einzubringen, um Freiheitsstrafenvollstreckungen zu reduzieren und ambulante Alternativen im Sinne dieses Diskussionsentwurfes eines Landesresozialisierungsgesetzes zu stärken und deren Anwendung auszuweiten:

- Gemeinnützige Arbeit als Ersatzstrafe bei kurzen unbedingten Freiheitsstrafen bis zu 6 Monaten.
- Gemeinnützige Arbeit als Ersatzstrafe bei Freiheitsstrafen bis zu einem Jahr mit Bewährung
- Ausweitung der Gemeinnützigen Arbeit im Erwachsenenstrafrecht im Rahmen der Vermeidung von Ersatzfreiheitsstrafen. Änderungen des Vollstreckungsablaufs entsprechend den Vorschlägen der Bundesregierung von 2002 und 2003.
- Erweiterung der Strafaussetzung zur Bewährung und der Strafrestaussetzung (generelle Halbstrafenentlassung bei Ersttätern, § 57 Abs. 2 StGB, und Regelaussetzung bei neutraler oder unsicherer Prognose).[176]
- Einschränkungen des Widerrufs bei Strafaussetzung zur Bewährung (verbindliche Einschaltung der Sozialen Dienste mit dem Ziel der Haftvermeidung)
- Teilwiderruf entsprechend der bisher geleisteten bzw. absolvierten Bewährungszeit als Maßnahme zur Haftverkürzung.

In der *StPO* bedarf es analog zu den §§ 38, 72a JGG (Haftentscheidungshilfe) eine entsprechende Aufgabenklarstellung bzw. -erweiterung im Rahmen des § 160 StPO.

Ein wichtiges zu lösendes Problem bleibt der *gerichtliche Rechtsschutz* gegen Maßnahmen der Sozialen Dienste der Justiz im Rahmen von Hilfeleistungen nach dem vorliegenden Diskussionsentwurf, soweit sie nicht zur Anordnung der

---

175 Einzige „Reformen" des Sanktionenrechts blieben die Erweiterung von Zahlungserleichterungen bei Geldstrafen im Falle von Wiedergutmachungsleistungen (§ 42 StGB) und die moderate Ausweitung bzw. Neugestaltung der Verwarnung mit Strafvorbehalt (keine Einschränkung bei Vorbestraften, Verkürzung der Bewährungszeit auf max. zwei Jahre).

176 D. h. Regelaussetzung, es sei denn konkrete Gefahren einer erheblichen Rückfälligkeit werden deutlich, vgl. dazu ausführlich *Dünkel* 2013a, § 57 Rn. 114 ff.

entsprechenden zugrundeliegenden gerichtlichen Sanktionierung gehören. Grundsätzlich käme der § 23 EGGVG zum Zug, jedoch erscheint der Rechtsweg zum OLG zu kompliziert und ist der gleichen Kritik ausgesetzt, die zum Verdikt des BVerfG hinsichtlich des Rechtsschutzes im Jugendstrafvollzug geführt hat.[177] Dementsprechend bedarf es einer Regelung, die für die Klientinnen und Klienten eine wirksame Möglichkeit zur rechtlichen Überprüfung von Maßnahmen und Hilfen nach dem vorliegenden Entwurf eröffnet. Wir schlagen für den Bereich des JGG eine *Ergänzung des § 92 JGG* dahingehend vor, dass Klientinnen und Klienten gegen eine „Maßnahme zur Regelung einzelner Angelegenheiten auf dem Gebiet des Jugendarrestes, der Jugendstrafe … sowie der Durchführung von ambulanten Hilfen und Maßnahmen" Antrag auf gerichtliche Entscheidung stellen können. Im Bereich des Erwachsenenstrafrechts müsste § 109 StVollzG entsprechend erweitert werden. Der gerichtliche Rechtsschutz führt dann zur Jugendkammer (vgl. § 92 Abs. 2 JGG) bzw. zur Strafvollstreckungskammer (vgl. § 110 StVollzG).[178] Damit würde ein jeweils einheitlicher Rechtsschutz für ambulante und freiheitsentziehende Sanktionen und Maßnahmen geschaffen. Stichwortartig ist der Regelungsbedarf daher wie folgt zusammenzufassen:

- Antrag auf gerichtliche Entscheidung in Erweiterung der §§ 92 JGG, 109 ff. StVollzG anstatt des geltenden Rechtswegs über §§ 23 ff. EGGVG bei belastenden Maßnahmen der Sozialen Dienste der Justiz bzw. der im vorliegenden Diskussionsentwurf zuständigen Leistungserbringer.
- Rechtsweg zur Jugendkammer bzw. zu den Strafvollstreckungskammern.

Sozialrechtlich sollte darüber hinaus die Einbeziehung der Strafgefangenen in die Sozialversicherung endlich umgesetzt werden, wie sie schon im StVollzG von 1977 in den §§ 190 ff. vorgesehen waren. Das Inkraftsetzen der Vorschriften zur Sozialversicherung, insbesondere Rentenversicherung, durch ein besonderes Bundesgesetz hat der bis 2006 zuständige Bundesgesetzgeber beharrlich unterlassen, obwohl dieses Manko einhellig als „resozialisierungsfeindliche Spätfolge" des Freiheitsentzugs charakterisiert wurde.[179]. Die Einbeziehung in die Rentenversicherung würde Ausgrenzungen vermeiden und wäre für die

---

177 Das BVerfG (NJW 2006, S. 2093 ff.) hat demgemäß einen den beschränkten Möglichkeiten der Inhaftierten angemesseneren Rechtsweg gefordert, der in § 92 JGG für den Bereich des Jugendvollzugs umgesetzt wurde.

178 In § 110 StVollzG bedürfte es einer Ergänzung dahingehend, dass in Fällen ambulanter Hilfen und Maßnahmen nicht die Strafvollstreckungskammer im Bezirk der beteiligten Vollzugsbehörde, sondern der beteiligten Vollstreckungsbehörde zuständig ist.

179 Vgl. *Rotthaus* 1987, S. 4; *Calliess/Müller-Dietz* 2008, § 193 Rn. 3 m. w. N.

Wiedereingliederung in das Erwerbsleben und vor allem gegen Altersarmut von großer Bedeutung.[180]

Entsprechend der Forderung von Nr. 64 der Probation Rules[181] sollte bundesrechtlich geregelt und international vereinbart werden, dass die Sozialen Dienste der Justiz und gegebenenfalls die Justizvollzugsanstalten mit den maßgeblichen Einrichtungen der Bewährungshilfe in den Herkunftsländern so kooperieren, dass eine Bewährungsaufsicht unter Einschluss der anzubietenden ambulanten Hilfen dort fortgeführt werden könnte.[182]

Insgesamt wird deutlich, dass der vorliegende Diskussionsentwurf eines Resozialisierungsgesetzes zu seiner wirksamen Implementierung bzw. Optimierung von zusätzlichen bundesrechtlichen Reformen flankiert werden sollte. Das

---

180 So insbesondere *Baechtold u. a.* 2011; 2012. Außerdem ist an dieser Stelle auf die landesrechtlich zu regelnde (und bislang immer noch verfassungsrechtlich bedenklich niedrige) Gefangenenentlohnung hinzuweisen (vgl. hierzu *Baechtold u. a.* 2011; 2012), die zwar nicht zur hier zu nennenden Gesetzesmaterie gehört, deren Erhöhung die jedoch soziale Lage Haftentlassener und ihrer Angehörigen ebenso wie die Entschädigungsmöglichkeiten für die Opfer wesentlich verbessern könnte.

181 Vgl. die Begründung zu § 28.

182 Konkret gibt es hierzu für EU-Bürger den EU-Rahmenbeschluss zur Europäischen Überwachungsanordnung (RB 2009/829/JI des Rates vom 23.10.2009 über die Anwendung – zwischen den Mitgliedstaaten der Europäischen Union – des Grundsatzes der gegenseitigen Anerkennung auf Entscheidungen über Überwachungsmaßnahmen als Alternative zur Untersuchungshaft, Amtsblatt L 224/20 v. 11.11.2009). Es geht also vor einer Verurteilung um die Alternativen zur Untersuchungshaft, d. h. die Frage, ob man Beschuldigte nach Hause zurückkehren lassen kann und Auflagen (Meldeauflagen, Ausreiseverbote o. ä.) im Heimatland überwacht werden. Dieser Rahmenbeschluss ist in Deutschland zwar immer noch nicht umgesetzt ist (das hätte schon Ende 2012 erfolgen müssen), seit Ende März 2015 liegt allerdings ein Gesetzentwurf vor (vgl. BR-Drs. 125/15 vom 27.3.2015), vgl. hierzu *Morgenstern* 2014, S. 214 ff. Für das „resozialisierungsrelevante" Stadium der Vollstreckungshilfe gibt es zwei Rahmenbeschlüsse, die den Transfer in die Heimat erleichtern sollen (insoweit gibt es außerdem schon Abkommen innerhalb Europas, die aber nur zaghaft genutzt werden): Den Rahmenbeschluss zur Überstellung von Strafgefangenen (RB 2008/909/JI des Rates vom 27. November 2008 über die Anwendung des Grundsatzes der gegenseitigen Anerkennung auf Urteile in Strafsachen, durch die eine freiheitsentziehende Strafe oder Maßnahme verhängt wird, für die Zwecke ihrer Vollstreckung in der Europäischen Union, ABl. L 327 vom 5.12.2008, S. 27) und – im Rahmen einer Bewährungsunterstellung einschlägig – den Rahmenbeschluss 2008/947/JI des Rates vom 27. November 2008 über die Anwendung des Grundsatzes der gegenseitigen Anerkennung von Urteilen und Bewährungsentscheidungen im Hinblick auf die Überwachung von Bewährungsmaßnahmen und alternativen Sanktionen (ABl. L 337 vom 16.12.2008, S. 102); vgl. zur insgesamt schwer zu überschauenden Materie zusammenfassend *Morgenstern* 2013, S. 529 ff., 545 ff. (Rn. 31-61); vgl. auch *Morgenstern/Larrauri* 2013, S. 137 ff.

Gesamtkonzept wäre dann – aus unserer Sicht – ein erheblicher Fortschritt i. S. einer humanen und rationalen Kriminalpolitik.[183]

---

183   Vgl. *Dünkel u. a.* 2010.

4. Literatur

Alexander, Melissa; Lowenkamp, Christopher T.; Robinson, Charles (2014) Probation and Parole Practices. In: Bruinsma, G.; Weisburd, D. (Hrsg.): Encyclopedia of Criminology and Criminal Justice. New York: Springer, S. 3973-3978.

Arbeiterwohlfahrt (1970): Vorschläge zur Reform des Strafvollzugs. Bonn: Arbeiterwohlfahrt Bundesverband e. V.

Arbeitsgemeinschaft der bayerischen Fachstellen zur Vermittlung gemeinnütziger Arbeit (2006): Ziele und Leistungen. Qualitätsstandards der bayerischen Fachstellen zur Vermittlung gemeinnütziger Arbeit, Nürnberg: Treffpunkt e. V.

Arbeitsgemeinschaft Sozialdemokratischer Juristen (1988): Diskussionsentwurf eines Gesetzes zur Wiedereingliederung Straffälliger durch nicht freiheitsentziehende Maßnahmen – Bundesresozialisierungsgesetz (BResG). Stand: Juni 1988.

Arbeitsgruppe Resozialisierungsgesetz (2011): Empfehlungen für ein Brandenburgisches Resozialisierungsgesetz, Bericht der Arbeitsgruppe Resozialisierungsgesetz im Auftrag des Ministers der Justiz des Landes Brandenburg. Potsdam: Ministerium der Justiz.

Arquint Hill, Ladina; Heimgartner, Stefan (2013): Kommentierung zu Art. 67b StGB. In: Niggli, M. A.; Wiprächtiger, H. (Hrsg.): Basler Kommentar Strafrecht. 3. Aufl., Basel: Helbing Lichtenhahn Verlag, S. 1614-1626.

Andrews, Don A.; Bonta, James (2010): The Psychology of Criminal Conduct. New Providence, NJ: LexisNexis Matthew Bender.

Andrews, Don A. u. a. (1990): Does Correctional Treatment work? A Clinically Relevant and Psychologically Informed Meta-analysis. Criminology 28, S. 369-404.

Baechtold, Andrea u. a. (2011): Gerechtere Arbeitsentlohnung und Alterssicherung für Gefangene! Neue Kriminalpolitik 22, S. 160 (vgl. auch Forum Strafvollzug – Zeitschrift für Strafvollzug und Straffälligenhilfe 60, S. 140-141).

Baechtold, Andrea u. a. (2012): Neue Strafvollzugsgesetze: Nur gut gemeint reicht nicht! Forum Strafvollzug – Zeitschrift für Strafvollzug und Straffälligenhilfe 61, S. 175-177 (vgl. auch Neue Kriminalpolitik 24, S. 85-86).

Baum, Rudolf (2012): Übergangsmanagement in Nordrhein-Westfalen. In: DBH – Fachverband für Soziale Arbeit, Strafrecht und Kriminalpolitik (Hrsg.): Übergangsmanagement für junge Menschen zwischen Strafvollzug und Nachbetreuung. Handbuch für die Praxis. Köln, Halle: DBH – Fachverband für Soziale Arbeit, Strafrecht und Kriminalpolitik, S. 111-120.

Becroft, Andrew (2013): „From Little Things, Big Things Grow". Internet-Publikation Emerging Youth Justice Themes in the South Pacific. http://www.aic.gov.au/media_library/conferences/2013-youthjustice/presentations/becroft-paper.pdf.

Beese, Hans (1981): Haftentscheidungshilfe, ein zukunftsträchtiges Experiment für den weiteren Auf- und Ausbau der Gerichtshilfe für Erwachsene. Bewährungshilfe 28, S. 7-16.

Bertram, Claus (2004): Wider den organisierten Beziehungsabbruch. Entlassungsvorbereitung als kontinuierliches Hilfeangebot in einem vernetzten System. In: Rehn, G. u. a. (Hrsg.): Freiheit und Unfreiheit. Arbeit mit Straftätern innerhalb und außerhalb des Justizvollzuges. Herbolzheim: Centaurus Verlag, S. 430-447.

Bindel-Kögel, Gabriele; Heßler, Manfred (1999): Vermeidung von Untersuchungshaft bei Jugendlichen im Spannungsfeld zwischen Jugendhilfe und Justiz. Pfaffenweiler: Centaurus Verlag.

Bögelein, Nicole; Ernst, André; Neubacher, Frank (2014): Vermeidung von Ersatzfreiheitsstrafen. Evaluierung justizieller Haftvermeidungsprojekte in Nordrhein-Westfalen. Baden-Baden: Nomos Verlag.

Bögelein, Nicole; Ernst, André; Neubacher, Frank (2014a): Wie kann die Vermeidung von Ersatzfreiheitsstrafen gelingen? Zur Lebenssituation der Verurteilten und zur Zusammenarbeit staatlicher und nichtstaatlicher Organisationen. Bewährungshilfe 61, S. 282-294.

Böhm, Alexander (1998): Gemeinnützige Arbeit als Strafe. Zeitschrift für Rechtspolitik 31, S. 360-365.

Boers, Klaus (2009): Die kriminologische Längsschnittforschung. In: Schneider, H.-J. (Hrsg.): Internationales Handbuch der Kriminologie. Band 2. New York, Berlin: de Gruyter, S. 577-616.

Böttner, Sascha (2004): Der Rollenkonflikt der Bewährungshilfe in Theorie und Praxis. Baden-Baden: Nomos Verlag.

Boxberg, Verena (2014): Deviantes Verhalten in krisenhaften Lebenskonstellationen – Eine längsschnittliche Untersuchung männlicher Bewährungsprobanden, unveröffentlichtes Manuskript, zugleich Vortrag am 14.2.2014 anlässlich der Mitgliederversammlung des DBH – Fachverbandes für Soziale Arbeit, Strafrecht und Kriminalpolitik in Köln.

Brägger, Benjamin F. (2013): Kommentierung zu Art. 37-40 StGB. In: Niggli, M. A.; Wiprächtiger, H. (Hrsg.): Basler Kommentar Strafrecht. 3. Aufl., Basel: Helbing Lichtenhahn Verlag, S. 746-770.

Breuning, Annegret (1960): Bewährungshilfe – praktische Arbeit und Probleme der Bewährungshilfe an Hand einer soziologischen Untersuchung in Baden-Württemberg. Hamburg: Universität Hamburg.

Breuer, Maike M.; Gerber, Kerstin; Buchen-Adam, Nicola; Endres, Johann (2014): Kurzintervention zur Motivationsförderung: Ein Manual für die Arbeit mit straffällig gewordenen Klientinnen und Klienten. Lengerich: Pabst.

Bundesarbeitsgemeinschaft für ambulante Maßnahmen nach dem Jugendrecht in der DVJJ, Bonn (1992): Leitfaden für die Anordnung und Durchführung der neuen ambulanten Maßnahmen (Mindeststandards). In: Bundesarbeitsgemeinschaft für ambulante Maßnahmen nach dem Jugendrecht in der DVJJ, Bonn (Hrsg.): Ambulante Maßnahmen und sozialpädagogische Jugendhilfeangebote für junge Straffällige. Bonn: BAG für ambulante Maßnahmen, S. 402-418 (abgedruckt auch in DVJJ-Journal 1991, Nr. 135, S. 288-295).

Bundesarbeitsgemeinschaft Straffälligenhilfe (2014): Wegweiser für Inhaftierte, Haftentlassene und deren Angehörige. Bonn: BAG-S.

Bundesministerium der Justiz (2000): Abschlußbericht der Kommission zur Reform des strafrechtlichen Sanktionensystems. Berlin: Bundesministerium der Justiz. (s. auch: https://www.bib.uni-mannheim.de/fileadmin/pdf/ fachinfo/jura/abschlussber-der-komm-strafreform.pdf).

Bundesministerium der Justiz (2000a): Referentenentwurf für ein neues Sanktionenrecht vom 8.12.2000. Berlin: Bundesministerium der Justiz (s. auch http://www.bib.uni-mannheim.de/fileadmin/pdf/fachinfo/jura/ refentw-ref-des-sanktr.pdf).

Calliess, Rolf-Peter; Müller-Dietz, Heinz (2008): Strafvollzugsgesetz. 11. Aufl., München: C. H. Beck.

Cornel, Heinz (1983): Abschaffung der Freiheitsstrafe als konkrete Utopie. In: Kerner, H.-J.; Kury, H.; Sessar, K. (Hrsg.): Deutsche Forschungen zur Kriminalitätsentstehung und Kriminalitätskontrolle. Köln, Berlin, Bonn, München: C. Heymanns Verlag, S. 1461-1499.

Cornel, Heinz (1987): Die Praxis der Verhängung von Untersuchungshaft und Möglichkeiten, sie durch das Angebot sozialpädagogischer ambulanter Hilfen zu vermeiden oder zu reduzieren. Monatsschrift für Kriminologie und Strafrechtsreform 70, S. 65-81.

Cornel, Heinz (1994): Untersuchungshaftvermeidung und -reduzierung bei Erwachsenen durch Kooperation von Strafverteidigung und Sozialarbeit. Strafverteidiger 14, S. 202-211.

Cornel, Heinz (1996): Bericht der wissenschaftlichen Begleitung der in Brandenburg zur Untersuchungshaftvermeidung ergriffenen Maßnahmen. Berlin: Eigenverlag der Alice Salomon Hochschule Berlin.

Cornel, Heinz (1997): Strafrecht und seine Alternativen. In: Janssen, H.; Peters, F. (Hrsg.): Kriminologie für soziale Arbeit. Münster: Votum, S. 168-205.

Cornel, Heinz (2000): Abschlussbericht zur Beratung und wissenschaftlichen Begleitung der in Brandenburg eingesetzten Maßnahmen zur Abwendung von Freiheitsstrafen durch gemeinnützige Arbeit, Berlin: Eigenverlag der Alice Salomon Hochschule Berlin.

Cornel, Heinz (2002): Gemeinnützige Arbeit zur Abwendung der Vollstreckung von Ersatzfreiheitsstrafen und als selbstständige Sanktion. In: Prittwitz, C. u. a. (Hrsg.): Festschrift für Klaus Lüderssen zum 70. Geburtstag. Baden-Baden: Nomos Verlag, S. 821-834.

Cornel, Heinz (2008): Alternativen zum Gefängnis zwischen Alibi, Reformpolitik und realem Abolitionismus. Kriminologisches Journal 40, S. 54-66.

Cornel, Heinz (2009a): Haftentscheidungshilfe und Untersuchungshaftvermeidung. In: Cornel, H. u. a. (Hrsg.): Resozialisierung. Handbuch. 3. Aufl., Baden-Baden: Nomos, S. 277-291.

Cornel, Heinz (2009b): Rechtsgebiete der Resozialisierung. In: Cornel, H. u. a. (Hrsg.): Resozialisierung. Handbuch. 3. Aufl., Baden-Baden: Nomos, S. 61-72.

Cornel, Heinz (2009c): Zum Begriff der Resozialisierung. In: Cornel, H. u. a. (Hrsg.): Resozialisierung. Handbuch. 3. Aufl., Baden-Baden: Nomos, S. 27-60.

Cornel, Heinz (2011): 60 Jahre Soziale Arbeit, Strafrecht und Kriminalpolitik durch den Verein Deutsche Bewährungshilfe. Bewährungshilfe 58, S. 379-399.

Cornel, Heinz (2011a): Durchgehende Hilfen, Vernetzung, regionale Übergangseinrichtungen und soziale Integrationszentren als Basis der Resozialisierung – Empfehlungen für ein Brandenburgisches Resozialisierungsgesetz. Neue Kriminalpolitik 23, S. 127- 136.

Cornel, Heinz (2012): Übergangsmanagement im Prozess der Resozialisierung. Bewährungshilfe 59, S. 286-308

Cornel, Heinz (2012a): Übergangsmanagement als Beitrag einer rationalen innovativen Kriminalpolitik. In: DBH – Fachverband für Soziale Arbeit, Strafrecht und Kriminalpolitik (Hrsg.): Übergangsmanagement für junge Menschen zwischen Strafvollzug und Nachbetreuung. Handbuch für die Praxis. Köln, Halle: DBH – Fachverband für Soziale Arbeit, Strafrecht und Kriminalpolitik, S. 11-25.

Cornel, Heinz (2013): Neue Punitivität durch Reduzierung der Strafrestaussetzungsquote im deutschen Strafvollzug? Mönchengladbach: Forum Verlag Godesberg.

Cornel, Heinz (2013a): Der Weg in die Freiheit: Möglichkeiten und Grenzen der Resozialisierung. In: Dessecker, A.; Egg, R. (Hrsg.): Justizvollzug in Bewegung. Wiesbaden: Kriminologische Zentralstelle, S. 171-187.

Cornel, Heinz (2014): Anmerkungen zur Debatte um Fallzahlen bei den Sozialen Diensten der Justiz und insbesondere in der Bewährungshilfe. Bewährungshilfe 61, S. 356-375.

Cornel, Heinz; Simmedinger, Renate (1992): Wiederaufnahme der Strafvollzugsreform. Bestandsaufnahme und Vorschläge zur Fortentwicklung des Strafvollzugs in Schleswig-Holstein. Berlin: Eigenverlag der Fachhochschule für Sozialarbeit und Sozialpädagogik.

Council of Europe (2006): European Prison Rules (Recommendation No. R (2006) 2). Strasbourg: Council of Europe Publishing.

Council of Europe (2009) (Hrsg.): European Rules for juvenile offenders subject to sanctions or measures. Strasbourg: Council of Europe Publishing.

DBH – Fachverband für Soziale Arbeit, Strafrecht und Kriminalpolitik (2004): Schwitzen statt Sitzen – Handbuch Qualitätsstandards für Fach- und Vermittlungsstellen zur Ableistung von Gemeinnütziger Arbeit. Materialien Nr. 52. Köln: DBH.

DBH – Fachverband für Soziale Arbeit, Strafrecht und Kriminalpolitik (2012): Übergangsmanagement für junge Menschen zwischen Strafvollzug und Nachbetreuung. Handbuch für die Praxis. Köln: DBH-Materialien Nr. 68.

Deutsches Jugendinstitut (2011): Das Jugendgerichtshilfeb@rometer. Empirische Befunde zur Jugendhilfe im Strafverfahren in Deutschland. München: Deutsches Jugendinstitut.

Dölling, Dieter; Hermann, Dieter; Entorf, Horst (2014): Evaluation der Bewährungs- und Gerichtshilfe sowie des Täter-Opfer-Ausgleichs in Baden-Württemberg. Abschlussbericht. Internet-Publikation http://www.uni-heidelberg.de/institute/fak2/krimi/Evaluation%20der%20BWH_GH_TOA.pdf.

Dolde, Gabriele (1999): Vollzug von Ersatzfreiheitsstrafen – ein wesentlicher Anteil im Kurzstrafenvollzug. Zeitschrift für Strafvollzug und Straffälligenhilfe 48, S. 330-335.

Drenkhahn, Kirstin; Morgenstern, Christine (2012): Dabei soll es uns auf den Namen nicht ankommen – Der Streit um die Sicherungsverwahrung. Zeitschrift für die gesamte Strafrechtswissenschaft 124, S. 132-203.

Drewniak, Regina (1996): Ambulante Maßnahmen für junge Straffällige. Eine kritische Bestandsaufnahme in Niedersachsen, Baden-Baden: Nomos Verlag.

Dünkel, Frieder (1986): Möglichkeiten der Fortentwicklung der Sozialen Dienste in der Justiz – eine international vergleichende Betrachtung zu Aufgabenstellungen und Organisationsstruktur. Bewährungshilfe 33, S. 129-158.

Dünkel, Frieder (1986a): Durchgängige Hilfen für Straffällige – eine Aufgabe der Sozialen Dienste der Justiz. Soziale Arbeit 35, S. 370-375.

Dünkel, Frieder (1986b): Soziale Dienste in der Justiz – Möglichkeiten der Fortentwicklung unter besonderer Berücksichtigung ausländischer Erfahrungen. In: Maelicke, B.; Simmedinger, R. (Hrsg.): Die Reform der Sozialen Dienste in der Justiz – Argumente Pro und Contra. Frankfurt: Institut für Sozialarbeit und Sozialpädagogik, S. 25-58.

Dünkel, Frieder (1990): Zur Fortentwicklung von Bewährungshilfe und Strafentlassenenhilfe. Bewährungshilfe 37, S. 189-200.

Dünkel, Frieder (1992): Empirische Beiträge und Materialien zum Strafvollzug. Bestandsaufnahmen des Strafvollzugs in Schleswig-Holstein und des Frauenvollzugs in Berlin. Freiburg: Max-Planck-Institut für ausländisches und internationales Strafrecht.

Dünkel, Frieder (1993): Perspektiven für die Straffälligenhilfe in Deutschland unter Berücksichtigung inter-nationaler Erfahrungen. In: Nickolai, W.; Reindl, R. (Hrsg.): Sozialarbeit und Kriminalpolitik. Freiburg: Lambertus Verlag, S. 63-92.

Dünkel, Frieder (2000): Resozialisierungsvollzug (erneut) auf dem Prüfstand. In: Jehle, J.-M. (Hrsg.): Täterbehandlung und neue Sanktionsformen. Mönchengladbach: Forum Verlag Godesberg, S. 379-414.

Dünkel, Frieder (2003): Reform des Sanktionenrechts – neuer Anlauf. Neue Kriminalpolitik 15, S. 123-124.

Dünkel, Frieder (2004): Untersuchungshaft und Untersuchungshaftvermeidung. In: Grafl, C.; Medigovic, U. (Hrsg.): Festschrift für Manfred Burgstaller zum 65. Geburtstag. Wien, Graz: Neuer Wissenschaftlicher Verlag, S. 471-492.

Dünkel, Frieder (2005): Das Gefängnis ein absurdes System? Wie die Gefängniskapazitäten in Deutschland um 25.000 Haftplätze reduziert werden könnten! In: Pecher, W. u. a.: „ … die im Dunkeln sieht man nicht." Perspektiven des Strafvollzugs. Festschrift für Georg Wagner. Herbolzheim: Centaurus Verlag 2005, S. 52-66.

Dünkel, Frieder (2009): Rechtliche, rechtspolitische und programmatische Entwicklungen einer Sozialen Strafrechtspflege in Deutschland. In: DBH – Fachverband für Soziale Arbeit, Strafrecht und Kriminalpolitik/Justizministerium Mecklenburg-Vorpommern (Hrsg.): Kriminalpolitische Herausforderungen. Bewährungs- und Straffälligenhilfe auf neuen Wegen. Köln: DBH – Fachverband für Soziale Arbeit, Strafrecht und Kriminalpolitik, S. 20-60.

Dünkel, Frieder (2009a): Strafvollzug und Menschenrechte. Nationale und internationale Standards sowie Entwicklungstendenzen des Strafvollzugs im europäischen Vergleich. In: Koop, G.; Kappenberg, B.: Wohin fährt der Justiz-Vollzug? Strategien für den Justizvollzug von morgen. Lingen: Kriminalpädagogischer Verlag, S. 33-84.

Dünkel, Frieder (2010): Die Europäischen Strafvollzugsgrundsätze von 2006. In: Preusker, H.; Maelicke, B.; Flügge, C. (Hrsg.): Das Gefängnis als Risiko-Unternehmen. Baden-Baden: Nomos 2010, S. 202-215.

Dünkel, Frieder (2011): Die Europäischen Grundsätze für die von Sanktionen oder Maßnahmen betroffenen jugendlichen Straftäter und Straftäterinnen („European Rules for Juvenile Offenders Subject to Sanctions or Measures", ERJOSSM). Zeitschrift für Jugendkriminalrecht und Jugendhilfe 22, S. 140-154.

Dünkel, Frieder (2011a): Ersatzfreiheitsstrafen und ihre Vermeidung. Aktuelle statistische Entwicklung, gute Praxismodelle und rechtspolitische Überlegungen. Forum Strafvollzug – Zeitschrift für Strafvollzug und Straffälligenhilfe 60, S. 143-153.

Dünkel, Frieder (2013): Gemeinnützige Arbeit – *What Works?* In: Kuhn, A. u. a. (Hrsg.): Kriminologie, Kriminalpolitik und Strafrecht aus internationaler Perspektive. Festschrift für Martin Killias zum 65. Geburtstag. Bern: Stämpfli Verlag, S. 839-860.

Dünkel, Frieder (2013a): Kommentierung zu §§ 57-57b StGB. In: Kindhäuser, U.; Neumann, U.; Paeffgen, H.-U. (Hrsg.): Nomos-Kommentar Strafgesetzbuch. 4. Aufl., Baden-Baden: Nomos Verlag, S. 2078-2174.

Dünkel, Frieder (2015): Restorative Justice – Aktuelle Entwicklungen einer wiedergutmachenden Strafrechtspflege in Europa. In: Bannenberg, B. u. a. (Hrsg.): Festschrift für Dieter Rössner. (In Vorbereitung).

Dünkel, Frieder (2015a): Vollzugslockerungen im deutschen Strafvollzug – Gesetzgebung und Praxis. Schweizerische Zeitschrift für Kriminologie 14, S. 13-24.

Dünkel, Frieder; Drenkhahn, Kirstin (2001): Behandlung im Strafvollzug: von „nothing works" zu „something works". In: Bereswill, M.; Greve, W. (Hrsg.): Forschungsthema Strafvollzug. Baden-Baden: Nomos Verlag, S. 387-417.

Dünkel, Frieder; Drenkhahn, Kirstin; Morgenstern, Christine.(2008) (Hrsg.): Humanisierung des Strafvollzugs – Konzepte und Praxismodelle. Mönchengladbach: Forum Verlag Godesberg.

Dünkel, Frieder; Flügge, Christoph; Lösch, Manfred; Pörksen, Anke (2010): Für eine verantwortungsbewusste und rationale Kriminalpolitik – 14 Thesen des Ziethener Kreises zu Problemen des strafrechtlichen Sanktionensystems. Deutsche Richterzeitung, S. 54-58 (vgl. auch ZRP 43, S. 175-178).

Dünkel, Frieder; Grosser, Rudolf (1999): Vermeidung von Ersatzfreiheitsstrafen durch gemeinnützige Arbeit. Neue Kriminalpolitik 11, Heft l, S. 28-33.

Dünkel, Frieder; Grzywa-Holten, Joanna; Horsfield, Philip (2015) (Hrsg.): Restorative Justice and Mediation in Penal Matters – A stock-taking of legal issues, implementation strategies and outcomes in 36 European countries. Mönchengladbach: Forum Verlag Godesberg.

Dünkel, Frieder; Lappi-Seppälä, Tapio (2013): Community Service in Europe. In: Bruinsma, G.; Weisburd, D. (Hrsg.): Encyclopedia of Criminology and Criminal Justice. London, New York: Springer, S. 426-442.

Dünkel, Frieder; Morgenstern, Christine (2003): Aktuelle Probleme und Reformfragen des Sanktionenrechts in Deutschland. Juridica International (Estland) VIII, S. 24-35.

Dünkel, Frieder; Morgenstern, Christine; Zolondek, Juliane (2006): Europäische Strafvollzugsgrundsätze verabschiedet! Neue Kriminalpolitik 18, S. 86-89.

Dünkel, Frieder; Părosanu, Andrea (2015): Germany. In: Dünkel, F.; Grzywa-Holten, J.; Horsfield, P. (Hrsg.): Restorative Justice and Mediation in Penal Matters − A stocktaking of legal issues, implementation strategies and outcomes in 36 European countries. Mönchengladbach: Forum Verlag Godesberg, S. 293-329.

Dünkel, Frieder; Pruin, Ineke (2015): Wandlungen im Strafvollzug am Beispiel vollzugsöffnender Maßnahmen − Internationale Standards, Gesetzgebung und Praxis in den Bundesländern. Kriminalpädagogische Praxis, Heft 50, (im Erscheinen).

Dünkel Frieder; Scheel, Jens (2006): Vermeidung von Ersatzfreiheitsstrafen durch gemeinnützige Arbeit: das Projekt „Ausweg" in Mecklenburg-Vorpommern. Mönchengladbach: Forum Verlag Godesberg.

Dünkel, Frieder; Scheel, Jens; Grosser, Rudolf (2002): Vermeidung von Ersatzfreiheitsstrafen durch gemeinnützige Arbeit durch das Projekt ‚Ausweg' in Mecklenburg-Vorpommern. Bewährungshilfe 49, S. 56-72.

Dünkel, Frieder; Spieß, Gerhard (1992): Perspektiven der Strafaussetzung zur Bewährung und Bewährungshilfe im zukünftigen deutschen Strafrecht. Bewährungshilfe 39, S. 117-138.

DVJJ (2008): Zukunft schaffen! Perspektiven für straffällig gewordene junge Menschen durch ambulante Maßnahmen', DVJJ-Positionspapier vom 13. Oktober 2008. Zeitschrift für Jugendkriminalrecht und Jugendhilfe 19, S. 405-406.

Eberitzsch, Stefan (2011): Jugendhilfeangebote zur Vermeidung von Untersuchungshaft. Zeitschrift für Jugendkriminalrecht und Jugendhilfe 22, S. 259-263.

Eberitzsch, Stefan (2013): Die Abwendung von Untersuchungshaft für Jugendliche im Fokus der Jugendhilfeforschung − Eine empirische Analyse in NRW. Internet-Publikation, http://hdl.handle.net/2003/30571.

Entwurf eines Gesetzes über die Vollstreckung der Freiheitsstrafen für das Deutsche Reich vom 19. März 1879 (1879). In: Blätter für Gefängniskunde, Band 14, S. 1-86.

Farrall, Stephen (2015): The Long-Term Impacts of Probation Supervision. In: Dünkel, F.; Jesse, J.; Pruin, I. (Hrsg.): European Treatment, Transition Management, and Re-Integration of High-Risk Offenders. Mönchengladbach: Forum Verlag Godesberg (in Vorbereitung).

Feelgood, Steven (2015): The Good Life: The Effective Treatment of High Risk Offenders. In: Dünkel, F.; Jesse, J.; Pruin, I. (Hrsg.): European Treatment, Transition Management, and Re-Integration of High-Risk Offenders. Mönchengladbach: Forum Verlag Godesberg (in Vorbereitung).

Feest, Johannes (2007): Übergänge aus dem Strafvollzug in die Freiheit. Verantwortlichkeiten, Möglichkeiten und Gesetzgebung. Zeitschrift für soziale Strafrechtspflege, Nr. 44, S. 6-12.

Feuerhelm, Wolfgang (1999): Die gemeinnützige Arbeit im Strafrecht. Neue Kriminalpolitik 11, Heft 1, S. 22-27.

Garland, David (2008): Kultur der Kontrolle: Verbrechensbekämpfung und soziale Ordnung in der Gegenwart, Frankfurt am Main: Campus.

Gelber, Claudia (2012): Opferbezogene Vollzugsgestaltung, Erfahrungen mit dem Täter-Opfer-Ausgleich im deutschen und belgischen Strafvollzug. Monatsschrift für Kriminologie und Strafrechtsreform 95, S. 142-145.

Gelber, Claudia; Walter, Michael (2013): Opferbezogene Vollzugsgestaltung – Theoretische Perspektiven und Wege ihrer praktischen Umsetzung. Bewährungshilfe 60, S. 5-19.

Geiter, Helmut; Schuldzinski, Wolfgang; Walter, Michael (1994): Patient Gerichtshilfe: Haftentscheidungshilfe als belebende Vitaminspritze oder nur als Placebo? Bewährungshilfe 41, S. 425-443.

Glaeser, Bernhard (2011): Übergangsmanagement zwischen Strafvollzug und Bewährungshilfe. Forum Strafvollzug – Zeitschrift für Strafvollzug und Straffälligenhilfe 60, S. 184-189.

Goerdeler, Jochen (2006): The never ending story: Das Verhältnis von Jugendhilfe und Justiz im Jugendstrafrecht. Zeitschrift für Jugendkriminalrecht und Jugendhilfe 17, S. 4-11.

Goldblatt, Peter; Lewis, Chris (1998) (Eds.): Reducing offending: an assessment of research evidence on ways of dealing with offending behaviour. London: Home Office.

Grafl, Christian u. a. (2014): Evaluationsstudie zum Projekt Sozialnetz-Konferenz in der Bewährungshilfe. Wien: Institut für Strafrecht und Kriminologie der rechtswissenschaftlichen Fakultät der Universität Wien, Abteilung für Kriminologie.

Grosser, Rudolf (2009): Soziale Dienste der Justiz Mecklenburg-Vorpommern. Organisation und fachliche Steuerung im öffentlich rechtlichen Rahmen. In: DBH – Fachverband für Soziale Arbeit, Strafrecht und Kriminalpolitik, Justizministerium Mecklenburg-Vorpommern (Hrsg.): Kriminalpolitische Herausforderungen. Bewährungs- und Straffälligenhilfe auf neuen Wegen. Köln: DBH – Fachverband für Soziale Arbeit, Strafrecht und Kriminalpolitik, S. 61-80.

Grosser, Rudolf (2012): Integrale Straffälligenarbeit in Mecklenburg-Vorpommern – Übergänge gestalten. In: DBH – Fachverband für Soziale Arbeit, Strafrecht und Kriminalpolitik e. V. (Hrsg.): Übergangsmanagement für junge Menschen zwischen Strafvollzug und Nachbetreuung. Handbuch für die Praxis. Köln, Halle: DBH – Fachverband für Soziale Arbeit, Strafrecht und Kriminalpolitik e. V., S. 91-104.

Grzywa-Holten, Joanna (2015): Strafvollzug in Polen: Historische, rechtliche, rechtstatsächliche, menschenrechtliche und international vergleichende Aspekte. Mönchengladbach: Forum Verlag Godesberg.

Guéridon, Marcel; Marks, Erich (2014): Die Bedürfnisse von Straftätern. Für und Wider eines bedürfnisorientierten Umgangs mit Straftätern. In: Egg., R. (Hrsg.): Straffällige mit besonderen Bedürfnislagen. Wiesbaden: Kriminologische Zentralstelle, S. 21-57.

Hahn, Gernot (2010): Ambulante Nachsorge psychisch und suchtkranker StraftäterInnen in Deutschland. Stichtagserhebung „Forensische Fachambulanzen 2009". Klinische Sozialarbeit 6, S. 8-12.

Hanson, R. Karl.; Bourgon, Guy; Helmus, Leslie; Hodgson, Shannon (2009): The principles of effective correctional treatment also apply to sexual offenders: a meta-analysis. Criminal Justice and Behavior 36, S. 865-891.

Harders, Immo (2014): Die elektronische Überwachung in Deutschland – Entwicklung, Anwendungsbereiche, Möglichkeiten und europäische Erfahrungen. Mönchengladbach: Forum Verlag Godesberg.

Harper, Gemma; Chitty, Chloë (2004): The impact of corrections on re-offending: a review of 'what works'. London: Home Office (HORS 291).

Hellpap, Uwe; Welchner, Albrecht (2007): Übergangsmanagement vom Strafvollzug zur Nachbetreuung. In: DBH (Hrsg.): Sicherheit und Risiko. Köln, S. 114-121.

Helmken, Dierk (2009): Plädoyer für eine flächendeckende Einrichtung von Opferfonds. Zeitschrift für Jugendkriminalrecht und Jugendhilfe 20, S. 50-51.

Höscher, Rotraud; Trück, Thomas; Hering, Rainer-Dieter (2008): Opferberichterstattung im Strafverfahren. NStZ 28, S. 673-677.

Höynck, Theresia; Neubacher, Frank; Schüler-Springorum, Horst (2001): Internationale Menschenrechtsstandards und das Jugendkriminalrecht. Dokumente der Vereinten Nationen und des Europarats. Mönchengladbach: Forum Verlag Godesberg.

Hofinger, Veronika (2012): Desistance from Crime – eine Literaturstudie. Wien: IRKS.

Hollmann, Reiner; Haas, Ute I. (2012): Abschlussbericht Neue Wege: Vernetzte Betreuung. Übergangsmanagement in Niedersachsen. Braunschweig und Wolfenbüttel: Ostfalia.

Hosser, Daniela; Lauterbach, Oliver; Höynck, Theresia (2007): Und was kommt danach? Entlassungsvorbereitung und Nachentlassungssituation junger Strafentlassener. In: Goerdeler, J.; Walkenhorst, P.: Jugendstrafvollzug in Deutschland. Neue Gesetze, neue Strukturen, neue Praxis? Schriftenreihe der DVJJ Bd. 40. Mönchengladbach: Forum Verlag Godesberg, S. 396-412.

Jesse, Jörg; Kramp, Sabine (2008): Das Konzept der Integralen Straffälligenarbeit – InStar – in Mecklenburg-Vorpommern. In: Dünkel, F.; Drenkhahn, K.; Morgenstern, C. (Hrsg.): Humanisierung des Strafvollzugs – Konzepte und Praxismodelle. Mönchengladbach: Forum Verlag Godesberg, S. 135-144.

Justizministerium Baden-Württemberg (2014) (Hrsg.): Evaluation der Bewährungs- und Gerichtshilfe sowie des Täter-Opfer-Ausgleichs in Baden-Württemberg. Stuttgart: Justizministerium Baden-Württemberg.

Kammermeier, Bernd (2015): Die Struktur der Führungsaufsicht in Mecklenburg-Vorpommern. Internet-Publikation http://www.dbh-online.de/fa/Kammermeier_Struktur-FA-Stelle_M-V.pdf.

Katzmarzik, Anja (2009): „Aus dem Knast in den Knast". Forum Strafvollzug – Zeitschrift für Strafvollzug und Straffälligenhilfe 58, S. 54-60.

Kawamura-Reindl, Gabriele (2004): Steuern oder gesteuert werden? Zum Entwicklungsbedarf der Bewährungshilfe heute. Neue Kriminalpolitik 16, Heft 2, S. 59-63.

Kawamura-Reindl, Gabriele (2009): Freie und kommunale Hilfen für Straffällige. In: Cornel, H. u. a. (Hrsg.): Resozialisierung. Handbuch. 3. Aufl., Baden-Baden: Nomos, S. 200-219.

Kawamura-Reindl, Gabriele (2009a): Gemeinnützige Arbeit zur Vermeidung der Vollstreckung von Ersatzfreiheitsstrafen. In: Cornel, H. u. a. (Hrsg.): Resozialisierung. Handbuch. 3. Aufl., Baden-Baden: Nomos, S. 220-235.

Kawamura-Reindl, Gabriele; Reindl, Richard (2003): Rahmenbedingungen erfolgreicher Ableistung gemeinnütziger Arbeit – Evaluationsergebnisse des Modells der Fachstellen in Nordrhein-Westfalen. Neue Kriminalpolitik 15, S. 49-52.

Kawamura-Reindl, Gabriele; Reindl, Richard (2010): Gemeinnützige Arbeit statt Strafe. Freiburg i. Br.: Lambertus-Verlag.

Kerner, Hans-Jürgen (1993): Bewährungshilfe. In: Kaiser, G.; Kerner, H.-J.; Sack, F.; Schellhoss, H. (Hrsg.): Kleines Kriminologisches Wörterbuch. 3. Aufl., Heidelberg: C. F. Müller, S. 78-81.

Kerner, Hans-Jürgen; Weitekamp, Elmar (2013): Praxis des Täter-Opfer-Ausgleichs in Deutschland. Ergebnisse einer Erhebung zu Einrichtungen sowie zu Vermittlerinnen und Vermittlern. Mönchengladbach: Forum Verlag Godesberg.

Klug, Wolfgang (2008): Abgeliefert, aber nicht abgeholt. Forum Strafvollzug – Zeitschrift für Strafvollzug und Straffälligenhilfe 57, S. 9-13.

Koch, Rupert (2009): Integrale Straffälligenarbeit in Mecklenburg-Vorpommern: Nicht nur ein neuer Begriff. Bewährungshilfe 56, S. 116-144.

Kommission für Bewährungs- und Gerichtshelfer beim Justizministerium Baden-Württemberg (1974): Vorschläge zur Lage der Bewährungshelfer und Gerichtshelfer. Stuttgart: Justizministerium Baden-Württemberg.

Konrad, Norbert (2003): Ersatzfreiheitsstrafen – Psychische Störungen, forensische und soziodemographische Aspekte. Zeitschrift für Strafvollzug und Straffälligenhilfe 52, S. 216-223.

Konrad, Norbert (2004): Prävalenz psychischer Störungen bei Verbüßern einer Ersatzfreiheitsstrafe. Recht und Politik 40, S. 147-150.

Kowalzyck, Markus (2008): Untersuchungshaft, Untersuchungshaftvermeidung und geschlossene Unterbringung bei Jugendlichen und Heranwachsenden in Mecklenburg-Vorpommern. Mönchengladbach: Forum Verlag Godesberg.

Kubink, Michael (2001): Strafen und ihre Alternativen im zeitlichen Wandel. Berlin: Duncker & Humblodt.

Kunz, Karl-Ludwig (2011): Kriminologie. Eine Grundlegung. 6. Aufl., Bern, Stuttgart, Wien: Haupt UTB.

Kurze, Martin (1999): Soziale Arbeit und Strafjustiz, Wiesbaden: Kriminologische Zentralstelle.

Landesarbeitsgemeinschaft der Bewährungshelferinnen und Bewährungshelfer Nordrhein Westfalen (2010): Handbuch für den ambulanten sozialen Dienst der Justiz in Nordrhein-Westfalen. Herford: LAG Bewährungshilfe. Internet-Publikation www.bewährunsghilfe-nrw.de/Materialien/ Handbuch.html.

Lewis, Sam; Maguire, Mike; Raynor, Peter; Vanstone, Maurice; Vennard, Julie (2007): What works in resettlement? Findings from seven Pathfinders for short-term prisoners in England and Wales. Criminology and Criminal Justice 7, S. 33-53.

Lobinger, Karin (2015): Kostentragung und Anordnungskompetenz im Verhältnis von Justiz und Jugendhilfe. Baden-Baden: Nomos Verlag.

Lilly, Robert; Nellis, Mike (2013): The limits of techno-utopianism. Electronic monitoring in the United States of America. In: Nellis, M.; Beyens, K.; Kaminski, D. (2013): Electronically Monitored Punishment. London, New York: Routledge, S. 21-43.

Lipton, Donald S.; Pearson, Frank S.; Cleland, Charles M.; Yee, Dorline (2002): The effectiveness of cognitive-behavioural treatment methods on recidivism. In: McGuire, J. (Hrsg.): Offender rehabilitation and treatment: Effective programmes and policies to reduce re-offending. Chichester: Wiley, S. 79-112.

Lloyd, Caleb D.; Serin, Ralph C. (2014): Offender Change in Treatment. In: Bruinsma, G.; Weisburd D. (Hrsg.): Encyclopedia of Criminology and Criminal Justice. New York: Springer, S. 3301-3311.

Lösel, Friedrich (2012): Offender treatment and rehabilitation: What works? In: Maguire, M.; Morgan, R.; Reiner, R. (Hrsg.): The Oxford Handbook of Criminology, 5. Aufl., Oxford: Oxford University Press, S. 986-1029.

Lösel, Friedrich; Pomplun, Oliver (1998): Jugendhilfe statt Untersuchungshaft, Pfaffenweiler: Centaurus Verlag.

MacKenzie, Doris L. (2006): What Works in Corrections? Reducing the Criminal Activities of Offenders and Delinquents. New York: Cambridge University Press.

Maelicke, Bernd (1977): Entlassung und Resozialisierung, Karlsruhe: C. F. Müller.

Maelicke, Bernd (2006): Chaos als System? – Plädoyer für einen neuen Aufbruch in der ambulanten und stationären Resozialisierung in Deutschland. Bewährungshilfe 53, S. 39-42.

Maelicke, Bernd (2008): Integrierte Resozialisierung als strategische Innovationsaufgabe. Zeitschrift für soziale Strafrechtspflege, Nr. 44, S. 7-13 (s. auch Forum Strafvollzug 57, S. 7-8).

Maelicke, Bernd (2009): Perspektiven einer „Integrierten Resozialisierung". In: Cornel, H. u. a. (Hrsg.): Resozialisierung. Handbuch. 3. Aufl., Baden-Baden: Nomos, S. 598-604.

Maelicke, Bernd (2012): Integrierte Resozialisierung – Im Verbund zum Erfolg. In: DBH – Fachverband für Soziale Arbeit, Strafrecht und Kriminalpolitik e. V. (Hrsg.): Übergangsmanagement für junge Menschen zwischen Strafvollzug und Nachbetreuung. Handbuch für die Praxis. Köln, Halle: DBH – Fachverband für Soziale Arbeit, Strafrecht und Kriminalpolitik e. V., S. 240-253.

Maelicke, Bernd; Simmedinger, Renate (1987): Sozialarbeit und Strafjustiz, Weinheim, München: Beltz Verlag.

Martinson, Robert (1974): What works? Questions and Answers about Prison Reform. The Public Interest, S. 22-54.

Maruna, Shad (2001): Making Good: How Ex-Convicts Reform and Rebuild Their Lives. Washington, DC: American Psychological Association Books.

Maruna, Shad; LeBel, Thomas P. (2010): The desistance paradigm in correctional practice: from programmes to lives. In: McNeill, F.; Raynor, P.; Trotter, C. (Hrsg.): Offender Supervision. New directions in theory, research and practice. London, New York: Routledge, S. 65-87.

Matenaer, Hermann (1983): Die Beteiligung der Jugendgerichtshilfe bei der Unterbringung von Jugendlichen und Heranwachsenden in Untersuchungshaft. Zentralblatt für Jugendrecht und Jugendwohlfahrt 70, S. 21-25.

Matt, Eduard (2005): Haft und keine Alternative? Zur Situation von Ersatzfreiheitsstrafen-Verbüßern am Beispiel Bremen. Monatsschrift für Kriminologie und Strafrechtsreform 88, S. 339-350.

Matt, Eduard (2007): Integrationsplanung und Übergangsmanagement. Konzepte zu einer tragfähigen Wiedereingliederung von (Ex-)Strafgefangenen. Forum Strafvollzug – Zeitschrift für Strafvollzug und Straffälligenhilfe 56, S. 26-31.

Matt, Eduard (2010): Übergangsmanagement. Zur Konzeption einer systematischen Wiedereingliederungsstrategie von (Ex-)Strafgefangenen und Straffälligen. Neue Kriminalpolitik 22, S. 34-39.

Matt, Eduard (2010a): Entlassungsvorbereitung, Übergangsmanagement, Nachbetreuung. In: Preusker, H.; Maelicke, B.; Flügge, C. (Hrsg.): Das Gefängnis als Risiko-Unternehmen. Baden-Baden: Nomos Verlag, S. 148-162.

Matt, Eduard (2014): Übergangsmanagement und der Ausstieg aus Straffälligkeit. Wiedereingliederung als gemeinschaftliche Aufgabe. Herbolzheim: Centaurus Verlag.

Matt, E.; Hentschel, H. (2008): Das KompetenzCentrum an der JVA Bremen – Zur Umsetzung eines Übergangsmanagements für (Ex-) Gefangene. In: Dünkel, F.; Drenkhahn, K.; Morgenstern, C. (2008): Humanisierung des Strafvollzugs – Konzepte und Praxismodelle. Mönchengladbach: Forum Verlag Godesberg, S. 83-94.

Matt, Eduard; Siewert, Sandra (2008): Übergangsmanagement: Die Arbeit der Pilotprojekte. In: Baumann, K. u. a. (Hrsg.): Bildung und Qualifizierung im Gefängnis - Lösungsbeispiele aus der Praxis. Oldenburg: BIS-Verlag der Carl von Ossietzky Universität Oldenburg, S. 161-177 (im Internet unter: http://oops.uni-oldenburg.de/799/1/bambil08.pdf).

Mazzucchelli, Goran (2013): Kommentierung zu Art. 41 StGB. In: Niggli, M. A.; Wiprächtiger, H. (Hrsg.): Basler Kommentar Strafrecht. 3. Aufl., Basel: Helbing Lichtenhahn Verlag, S. 770-789.

McMurran, Mary (2009): Motivational interviewing with offenders: A systematic review. Legal and Criminological Psychology 14, S. 83-100.

Meinen, Gero; Schoenthal, Max (2011): Das Justizvollzugsdatenschutzgesetz des Landes Berlin. Forum Strafvollzug, ZfStVo 60, S. 321-325.

Meißner, Thomas (2004): Vom Aufbau zum Rückbau – ambulante sozialpädagogische Maßnahmen und ihre Stellenwert in der Jugendkriminalrechtspflege. Zeitschrift für Jugendkriminalrecht und Jugendhilfe 15, S. 124-127.

Meyer, Klaus (1963): Strafaussetzung – Bewährung – Bewährungshilfe. Ein Beitrag zur kriminalpolitischen Situation der Strafaussetzung zur Bewährung in der Bundesrepublik und in West-Berlin. Bonn: Verein Bewährungshilfe.

Meyer-Goßner, Lutz; Schmitt, Bertram (2014): Strafprozessordnung: Gerichtsverfassungsgesetz, Nebengesetze und ergänzende Bestimmungen, 57. Aufl., München: C. H. Beck.

Ministry of Justice (2013): Transforming Rehabilitation: a summary of evidence on reducing reoffending. London: Ministry of Justice.

Minke, Linda Kjaer (2011): The Effects of Mixing Offenders with Non-Offenders: Findings from a Danish Quasi-Experiment. Journal of Scandinavian Studies in Criminology and Crime Prevention 12, S. 80-99.

McMurran, Mary (2009): Motivational interviewing with offenders: A systematic review. Legal and Criminological Psychology 14, S. 83-100.

Moore, Robin u. a. (2006): Managing Persistent and Serious Offenders in the Community. Intensive community programmes in theory and practice. Cullompton: Willan Publishing.

Morgenstern, Christine (2002): Internationale Mindeststandards für ambulante Strafen und Maßnahmen. Mönchengladbach: Forum Verlag Godesberg.

Morgenstern, Christine (2009): European Initiatives for Harmonisation and Minimum Standards in the Field of Community Sanctions and Measures. European Journal of Probation 1, S. 128-141.

Morgenstern, Christine (2012): Europäische Standards für Bewährungshilfe. Bewährungshilfe 59, S. 213-239.

Morgenstern, Christine (2013): § 15 Vollstreckungshilfe. In: Böse, M. (Hrsg.): Enzyklopädie des Europarechts. Baden-Baden: Nomos Verlag, S. 529-566.

Morgenstern, Christine; Larrauri, Elena (2013): European Norms, Policy and Practice. In: McNeill, F.; Beyens, K. (Hrsg.): Offender Supervision in Europe. Houndmills, Basingstoke: Palgrave MacMillan, S. 125-154.

Neale, Ken (1991): The European Prison Rules: Contextual, philosophical and practical aspects. In: Muncie, J.; Sparks, R. (Hrsg.): Imprisonment. European perspectives. New York u. a.: Open University Press, S. 203-218.

148

Ndrecku, Milinda (2014): The Impact of Reentry Programs on Recidivism: A Meta-Analysis. University of Cincinnati: Elektronische Dissertation.

Nellis, Mike; Beyens, Kristel; Kaminski, Dan (2013): Electronically Monitored Punishment. London, New York: Routledge.

Petersilia, Joan (2003): When prisoners come home: Parole and prisoner reentry. New York: Oxford University Press.

Petersilia, Joan (2004): What works in Prisoner Reentry? Reviewing and Questioning the Evidence. Federal Probation 68, S. 4-8.

Plemper, Burghard (1979): Wem nützt die Haftentscheidungshilfe? Analyse des Zielfindungsprozesses in einem Modell. Kriminologisches Journal 11, S. 282-295.

Oschmiansky, Frank; Lucker, David (2012): Evaluation – „Vorbereitung der Entlassung von Strafgefangenen – Übergangsmanagement" – Schwerpunkt: Vorbereitung der Entlassung in den sozialen Empfangsraum von Gefangenen mit besonderem Hilfebedarf nach der Haft als Dienstleistung der freien Straffälligenhilfe. Berlin: Rambøll Management Consulting GmbH.

Pruin, Ineke (2013): Übergangsmanagement im Jugendstrafvollzug: Die Evaluation des Projekts BASIS in der JVA Adelsheim. In: Dölling, D.; Jehle, J.-M. (Hrsg.): Täter Taten Opfer, Grundfragen und aktuelle Probleme der Kriminalität und ihrer Kontrolle. Mönchengladbach: Forum Verlag Godesberg, S. 691-714.

Pruin, Ineke (2015): „What works" and what else do we know? Research on transition management. In: Dünkel, F.; Jesse, J.; Pruin, I. (Hrsg.): European Treatment, Transition Management, and Re-Integration of High-Risk Offenders. Mönchengladbach: Forum Verlag Godesberg (in Vorbereitung).

Raynor, Peter (2012): Community Penalties, Probation, and Offender Management. In: Maguire, M.; Morgan, R.; Reiner, R. (Hrsg.): The Oxford Handbook of Criminology, 5. Aufl., Oxford: Oxford University Press, S. 928-954.

Redlich, Melanie (2005): Vermeidung von Ersatzfreiheitsstrafen – wesentliches Anliegen aktueller Strafrechtsreformbestrebungen. Frankfurt: Verlag Peter Lang.

Rensmann, Theo (2007): Denkschrift zur Lage und Zukunft der Bewährungshilfe in Deutschland. Bewährungshilfe 54, S. 227-234.

Riekenbrauk, Klaus (2009): Schweigepflicht – Datenschutz – Zeugnisverweigerungsrecht. In: Cornel, H. u. a. (Hrsg.): Resozialisierung. Handbuch. 3. Aufl., Baden-Baden: Nomos, S. 521-550.

Robinson, Gwen (2005): What works in offender mamagement? Howard Journal 44, S. 307-318.

Rohde, Werner (1958): Der Stand der Bewährungshilfe in Schleswig-Holstein. In: Informationsdienst der Landesregierung Schleswig-Holstein, Kiel November 1958, Nummer 21, S. 162.

Rohrbach, Moritz (2014): Die Entwicklung der Führungsaufsicht unter besonderer Berücksichtigung der Praxis in Mecklenburg-Vorpommern. Forum Verlag Godesberg.

Roos, Helmut; Weber, Jörg (2009): Übergangsmanagement – Die Entwicklung in den Ländern. Forum Strafvollzug – Zeitschrift für Strafvollzug und Straffälligenhilfe 58, S. 62-66.

Rotthaus, Klaus-Peter (1987): Die Bedeutung des Strafvollzugsgesetzes für die Reform des Strafvollzugs. Neue Zeitschrift für Strafrecht 7, S. 1-5.

Sakalauskas, Gintautas (2006): Strafvollzug in Litauen. Kriminalpolitische Hintergründe, rechtliche Regelungen, Reformen, Praxis und Perspektiven. Mönchengladbach: Forum Verlag Godesberg.

Sampson, Robert B.; Laub, John H. (1993): Crime in the making. Pathways and turning points through life. Cambridge, MS: Harvard University Press.

Schöch, Heinz (1992): Empfehlen sich Änderungen und Ergänzungen bei den strafrechtlichen Sanktionen ohne Freiheitsentzug? Gutachten C für den 59. Deutschen Juristentag. München: Verlag C. H. Beck.

Schöch, Heinz (2003): Bewährungshilfe und humane Strafrechtspflege. Bewährungshilfe 50, S. 211-225.

Schreier, Kerstin (2012): Problemfelder beim Entlassungs- und Übergangsmanagement. In: DBH – Fachverband für Soziale Arbeit, Strafrecht und Kriminalpolitik e. V. (Hrsg.): Übergangsmanagement für junge Menschen zwischen Strafvollzug und Nachbetreuung. Handbuch für die Praxis. Köln, Halle: DBH – Fachverband für Soziale Arbeit, Strafrecht und Kriminalpolitik e. V., S. 254-269.

Seyfert Dieter; Schiffer Boris; Leygraf, Norbert (2003): Plädoyer für die Forensische Nachsorge. Ergebnisse einer Evaluation forensischer Ambulanzen im Rheinland. Psychiatrische Praxis 30, S. 235-241.

Sherman, Lawrence u. a. (1998): Preventing crime. What works, what doesn't, what's promising? Washington, D.C.: U. S. Department of Justice, Office of Justice Programs, National Institute of Justice (http//www.preventingcrime.org).

Solomon, Amy L. u. a. (2008): Putting Public Safety First: 13 Strategies for Successful Supervision and Reentry. Washington, DC: The Urban Institut, Justice Policy Centre.

Sonnen, Bernd-Rüdeger (2013): Empfiehlt sich ein Musterentwurf eines Landesresozialisierungsgesetzes (LResoG)? In: Boers, K. u. a. (Hrsg.): Kriminologie – Kriminalpolitik – Strafrecht. Festschrift für Hans-Jürgen Kerner zum 70. Geburtstag. Tübingen: Mohr Siebeck, S. 471-483.

Stapke, Thomas (1995): Mala`Me, Wohnprojekt zur Untersuchungshaftvermeidung und -verkürzung für kurdische Jugendliche und Heranwachsende in Bremen. Bewährungshilfe 42, S. 192-199.

Stelly, Wolfgang; Thomas, Jürgen (2001): Einmal Verbrecher – immer Verbrecher, Eine empirische Untersuchung von Entwicklungsmustern kriminellen Verhaltens von der Kindheit bis ins Erwachsenenalter. Wiesbaden: VS Verlag.

Streng, Franz (1999): Modernes Sanktionenrecht? ZStW 111, S. 827-862.

Streng, Franz (2000): Entwicklung neuer Sanktionsformen in Deutschland. In: Jehle; J.-M. (Hrsg.): Täterbehandlung und neue Sanktionsformen. Mönchengladbach: Forum Verlag Godesberg, S. 207-234.

Travis, Jeremy; Visher, Christie A. (2005) (Eds.): Prisoner Reentry and Crime in America. Cambridge: Cambridge University Press.

Trenczek, Thomas (1996): Strafe, Erziehung oder Hilfe? Neue ambulante Maßnahmen und Hilfen zur Erziehung – sozialpädagogische Hilfeangebote für straffällige junge Menschen im Spannungsfeld von Jugendhilferecht und Strafrecht. Bonn: Forum Verlag Godesberg

Trenczek, Thomas (2003): Die Mitwirkung der Jugendhilfe im Strafverfahren. Konzeption und Praxis der Jugendgerichtshilfe. Weinheim, Basel: Beltz Verlag.

Trenczek, Thomas (2010): Mitwirkung der Jugendhilfe im Strafverfahren – Jugendgerichtshilfe. In: Dollinger, B.; Schmidt-Semisch, H. (Hrsg.): Handbuch Jugendkriminalität. Wiesbaden: VS Verlag, S. 381-392.

Trenczek, Thomas (2014): Restorative Justice, TOA und Mediation – Grundlagen, Praxisprobleme und Perspektiven. In: Baier, D. u. a. (Hrsg.): Festschrift für Christian Pfeiffer. Baden-Baden: Nomos Verlag, S. 605-623.

United Nations Office on Drugs and Crime (2007): Handbook of basic principles and promising practices on Alternatives to Imprisonment. Wien: United Nations publication.

van Zyl Smit, Dirk (2006): Humanising Imprisonment: A European Project. European Journal on Criminal Policy and Research 12, S. 107-120.

van Zyl Smit, Dirk; Snacken, Sonja (2009): Principles of European Prison Law and Policy. Oxford: Oxford University Press.

Vennard, Julie (2007): The resettlement of prolific offenders: policy and practice. In: Hucklesby, A.; Hagley-Dickinson, L. (Hrsg.): Prisoner Resettlement. Policy and practice. Cullompton: Willan Publishing, S. 244-269.

Villmow, Bernhard; Savinsky, Alescha (2012): Neue Entwicklungen im Bereich der Jugenduntersuchungshaft und der Untersuchungshaftvermeidung. In: Hilgendorf, E.; Rengier, R. (Hrsg.): Festschrift für Wolfgang Heinz zum 70. Geburtstag. Baden-Baden: Nomos Verlag, S. 343-367.

Villmow, Bernhard; Savinsky, Alescha (2013): 14-/15-jährige Beschuldigte zwischen Jugenduntersuchungshaft und Untersuchungshaftvermeidung bzw. - verkürzung. Wie wirksam sind die §§ 71-72a JGG? Zeitschrift für Jugendkriminalrecht und Jugendhilfe 24, S. 388-397.

Villmow, Bernhard; Savinsky, Alescha; Woldmann, Christian (2011): Praxis des Vollzugs der Jugenduntersuchungshaft. Eine erste Bestandsaufnahme. Zeitschrift für Jugendkriminalrecht und Jugendhilfe 22, S. 240-250.

Visher, Christy A.; Travis, Jeremy (2012): The Characteristics of Prisoners Returning Home and Effective Reentry Programs and Policies. In: Petersilia, J.; Reitz, K. R. (Hrsg.): The Oxford Handbook of Sentencing and Corrections. Oxford, New York: Oxford University Press, p. 684-703.

Wallace-Capretta, Suzanne; Roberts, Julian (2013): The evolution of electronic monitoring in Canada. From corrections to sentencing and beyond. In. Nellis, M.; Beyens, K.; Kaminski, D. (2013): Electronically Monitored Punishment. London, New York: Routledge, S. 44-62.

Walter, Joachim; Fladausch-Rödel, Aleit-Inken (2008): Das Modellprojekt ISAB/BASIS in der JVA Adelsheim. In: Dünkel, F.; Drenkhahn, K.; Morgenstern, C. (2008): Humanisierung des Strafvollzugs – Konzepte und Praxismodelle. Mönchengladbach: Forum Verlag Godesberg, S. 55-64.

Walther, Jutta (2002): Möglichkeiten und Perspektiven einer opferbezogenen Gestaltung des Strafvollzuges. Herbolzheim: Centaurus Verlag.

Ward, Tony (2010): The Good Lives Model of offender rehabilitation:basic assumptions, aetiological commitments, and practice implications. In: McNeill, F.; Raynor, P.; Trotter, C. (Hrsg.): Offender Supervision. New directions in theory, research and practice. Abingdon, Oxon, New York: Routledge, S. 41-64.

Ward, Tony; Brown, Mark (2004): The Good Lives Model and Conceptual Issues in Offender Rehabilitation. Psychology, Crime & Law 10, S. 243 257.

Ward, Tony; Collie, Rachael M.; Bourke, Patrice (2009): Models of offender rehabilitation: The good lives model and the risk-needs-responsivity model. In: Beech, A. R.; Craig, L. A.; Browne, K. D. (Hrsg.): Assessment and treatment of sex offenders. Chichester, England: Wiley, S. 293-310.

Ward, Tony; Göbbels, Svenja; Willis, Gwenda (2014): Good Lives Model. In: Bruinsma, G.; Weisburd, D. (Hrsg.): Encyclopedia of Criminology and Criminal Justice. New York: Springer, S. 1966-1976.

Weber, Jörg; Klein, Lutz (2009): Übergangsmanagement im hessischen Strafvollzug. Bewährungshilfe 56, S. 101-115.

Wegener, Hartmut (2006): Organisatorisch-strukturelle Aspekte. In: Bickel, A. u. a. (Hrsg.): Denkschrift zur Lage und Zukunft der Bewährungshilfe in

Deutschland. Internet-Publikation www.dbh-online.de/service/denkschrift_ 06.pdf, S. 15-19.

Weilbächer, Lutwin; Klein, Lutz (2008): Das Modellprojekt „Arbeitsmarktintegration für jugendliche Strafentlassene" (ArJuS). In: Dünkel, F.; Drenkhahn, K.; Morgenstern, C. (2008): Humanisierung des Strafvollzugs – Konzepte und Praxismodelle. Mönchengladbach: Forum Verlag Godesberg, S. 125-132.

Welchner, Albrecht; Vrbancic Vera (2008): Die Rolle von freien Trägern am Übergang vom Strafvollzug in die Freiheit am Beispiel des Hoppenbank e. V. Bremen. Zeitschrift für soziale Strafrechtspflege, Nr. 44, Kiel, S. 41-50.

Welling, Robert (2009): „Fit für die Zukunft" – mit durchgängiger Betreuung über den offenen Vollzug sicher in die Freiheit! Bewährungshilfe 56, S. 135-144.

Weyel, Heiner (1992): Haftentscheidungshilfe durch die Jugendgerichtshilfe. Zbl 79, S. 29-32.

Wiedereingliederung Straffälliger durch nicht freiheitsentziehende Maßnahmen (1990): Dokumentation der Anhörung der SPD-Bundestagsfraktion am 30. Januar 1990 in Bonn, herausgegeben vom Arbeitskreis Rechtswesen der SPD-Bundestagsfraktion, Bonn, S. 5.

Wiesendanger, Werner (1973): Die durchgehende Sozialhilfe bei Straffälligen. Bewährungshilfe 20, S. 126-143.

Wiesner, Reinhard (1992): Über die Indienstnahme der Jugendhilfe für das Jugendstrafrecht. In: Bundesministerium der Justiz (Hrsg.): Grundfragen des Jugendkriminalrechts und seiner Neuregelung. 2. Aufl., Bonn: Forum Verlag Godesberg, S. 144-151.

Wilde, Frank (2002): Projekt ‚Arbeit statt Strafe', in: Bewährungshilfe 49, S. 211-220.

Will, Hans-Dieter (1999): U-Haftvermeidung in Thüringen. Evaluation einer Vereinbarung zwischen Jugendhilfe und Justiz. DVJJ-Journal 10, S. 49-64.

Wirth, Wolfgang (2000): Ersatzfreiheitsstrafe oder Ersatzhausarrest? Ein empirischer Beitrag zur Diskussion um die Zielgruppen potentieller Sanktionsalternativen. Zeitschrift für Strafvollzug und Straffälligenhilfe 49, S. 337-344.

Wirth, Wolfgang (2006): Arbeitslose Haftentlassene: Multiple Problemlagen und vernetzte Eingliederungshilfen. Bewährungshilfe 53, S. 137-152.

Wirth, Wolfgang (2009): Aus der Haft in Arbeit oder Ausbildung. Bewährungshilfe 56, S. 156-164.

Wirth, Wolfgang (2012): Übergangsmanagement zur Arbeitsmarktintegration – Erfahrungen und Perspektiven im nordrhein-westfälischen Strafvollzug.

In: DBH – Fachverband für Soziale Arbeit, Strafrecht und Kriminalpolitik (Hrsg.): Übergangsmanagement für junge Menschen zwischen Strafvollzug und Nachbetreuung. Handbuch für die Praxis. Köln, Halle: DBH – Fachverband für Soziale Arbeit, Strafrecht und Kriminalpolitik, S. 121-138.

Wirth, Wolfgang (2015): Übergangsmanagement im und nach (Jugend-)Strafvollzug: Von der Entlassungsvorbereitung zum Übergangssystem. In: Schweder, M. (Hrsg.): Handbuch Jugendstrafvollzug. Weinheim: Beltz Juventa: (in Vorbereitung).

Wolters, Gereon (2002): Der Entwurf eines „Gesetzes zur Reform des Sanktionenrechts". ZStW 114, S. 63-87.

Zimmermann, Dieter (2009): Verschuldung. In: Cornel, H. u. a. (Hrsg.): Resozialisierung. Handbuch. 3. Aufl., Baden-Baden: Nomos Verlag, S. 438-465.

Über die Autorin und die Autoren

Prof. Dr. *Heinz Cornel* ist seit 1988 Professor für Jugendrecht, Strafrecht und Kriminologie an der Alice Salomon Hochschule Berlin, wo er über Jahre auch Prorektor war. Er ist Jurist, Pädagoge und Kriminologe und wurde 1980 promoviert. Von 1981 bis 1985 war er wissenschaftlicher Mitarbeiter am Fachbereich Rechtswissenschaft der Johann Wolfgang Goethe-Universität Frankfurt/M. und zugleich Leiter der soziotherapeutischen Abteilung am Institut für psychoanalytische Soziotherapie und Kriminalsoziologie. Zwischen 1984 und 1988 war er Lehrbeauftragter an der Johann Wolfgang Goethe-Universität sowie an Fachhochschulen in Frankfurt/M. und Darmstadt. Er ist seit 2009 Präsident des DBH-Fachverbandes für Soziale Arbeit, Strafrecht und Kriminalpolitik (vormals Deutsche Bewährungshilfe), Mitglied des Vorstandes der DVJJ-Landesgruppe Berlin, Mitherausgeber der Fachzeitschrift „Neue Kriminalpolitik" und Mitglied im Ziethener Kreis. Seine Forschungsschwerpunkte liegen im Bereich der Sozialen Arbeit mit Delinquenten, der Resozialisierung, der Alternativen zur Freiheits- und Jugendstrafe, der Punitivität und der Rückfälligkeit.
Kontaktadresse: cornel@ash-berlin.eu

Prof. Dr. *Frieder Dünkel* ist seit Mai 1992 Universitätsprofessor an der Rechts- und Staatswissenschaftlichen Fakultät in Greifswald und Inhaber des Lehrstuhls für Kriminologie. Er war zuvor wissenschaftlicher Mitarbeiter am Max-Planck-Institut für ausländisches und internationales Strafrecht in der Forschungsgruppe Kriminologie bei Prof. Dr. Günther Kaiser. 1979 promovierte und 1989 habilitierte er an der Universität Freiburg i. Br. Er ist Vorsitzender der DVJJ-Regionalgruppe Mecklenburg-Vorpommern und Mitherausgeber der Zeitschrift „Neue Kriminalpolitik". Seine Forschungsschwerpunkte liegen im Bereich des Jugendstrafrechts, des Strafvollzugs, der ambulanten Sanktionen, der Jugendkriminalität, Kriminalprävention und des Sanktionenrechts allgemein (jeweils in international vergleichender Sicht) Er ist ferner Mitglied im Ziethener Kreis.
Kontaktadresse: duenkel@uni-greifswald.de

Dr. *Ineke Pruin* ist wissenschaftliche Mitarbeiterin am Lehrstuhl für Kriminologie der Universität Greifswald, wo sie 2006 promoviert wurde. Sie hat ehrenamtlich im Strafvollzug und nebenberuflich im Täter-Opfer-Ausgleich gearbeitet. Sie ist Mitglied des Vorstandes der DVJJ-Landesgruppe Baden-Württemberg

und Mitglied im Ziethener Kreis. Seit 2011 forscht sie zu Fragen der Wiederein-gliederung Haftentlassener; ihre weiteren Forschungsschwerpunkte liegen im Bereich des Jugendstrafrechts, des Strafvollzugsrechts und des Sanktionen-rechts.
Kontaktadresse: pruini@uni-greifswald.de

Prof. Dr. *Bernd-Rüdeger Sonnen* (em.) ist Professor für Strafrecht einschließ-lich Jugendstrafrecht und Jugendkriminologie an der Universität Hamburg. Er war 13 Jahre Vorsitzender der Deutschen Vereinigung für Jugendgerichte und Jugendgerichtshilfen (DVJJ). Sowohl an der Universität Hamburg als auch im Kontext der DVJJ ist er weiterhin aktiv. Er ist außerdem Mitherausgeber der „Zeitschrift für Jugendkriminalrecht und Jugendhilfe" sowie der Fachzeitschrift „Neue Kriminalpolitik" und Mitglied im Ziethener Kreis.
Kontaktadresse: bernd-ruedeger.sonnen@jura.uni-hamburg.de

Prof. Dr. *Jonas Weber* ist Professor für Strafrecht und Kriminologie an der Uni-versität Bern sowie nebenamtlicher Strafrichter in Basel-Stadt (beides Schweiz). Seine Forschungsschwerpunkte liegen im Bereich des Sanktionenrechts, des Straf- und Massnahmenvollzugs sowie des Jugendstrafrechts. Er ist Mitglied im Ziethener Kreis.
Kontaktadresse: jonas.weber@krim.unibe.ch